NORBERT REICHEL
DER TRAUM VOM HÖHEREN LEBEN

NORBERT REICHEL

DER TRAUM VOM HÖHEREN LEBEN

Nietzsches Übermensch und die Conditio humana
europäischer Intellektueller von 1890 bis 1945

WISSENSCHAFTLICHE BUCHGESELLSCHAFT
DARMSTADT

Einbandgestaltung: Neil McBeath, Stuttgart.

Einbandbild: Odilon Redon, L'homme ailé ou l'ange déchu (um 1890–1895).
Bordeaux, Musée des Beaux-Arts. © Cliché du Musée des Beaux-Arts.

Die Deutsche Bibliothek – CIP-Einheitsaufnahme

Reichel, Norbert:
Der Traum vom höheren Leben: Nietzsches
Übermensch und die Conditio humana
europäischer Intellektueller von 1890 bis 1945 /
Norbert Reichel. – Darmstadt: Wiss. Buchges.,
1994
ISBN 3-534-12316-6

Bestellnummer 12316-6

Das Werk ist in allen seinen Teilen urheberrechtlich geschützt.
Jede Verwertung ist ohne Zustimmung des Verlages unzulässig.
Das gilt insbesondere für Vervielfältigungen,
Übersetzungen, Mikroverfilmungen und die Einspeicherung in
und Verarbeitung durch elektronische Systeme.

© 1994 by Wissenschaftliche Buchgesellschaft, Darmstadt
Gedruckt auf säurefreiem und alterungsbeständigem Werkdruckpapier
Satz: Fotosatz Janß GmbH, Pfungstadt
Druck und Einband: Wissenschaftliche Buchgesellschaft, Darmstadt
Printed in Germany
Schrift: Linotype Times, 9.5/11

ISBN 3-534-12316-6

FÜR ANETTE

Inhalt

Vorwort IX

Die Generation des Culte du Beau 1

Grenzbewußtsein als Unglück 8
Die Macht des Körpers 8
Tod Gottes – Tod des Kindes 27

Die Lebensbedingungen der Intellektuellen 38
Bücherkult und edle Blässe 38
Der Zauber des Geldes 49
Der Künstler in der Polis 63

Eigenschaften eines Übermenschen 77
Die Macht der Sprache 77
Die Dramatik der Distinktion 88
Die Authentizität des Lebens 101
Pädagogen und Menschenfischer 113
Handeln jenseits aller Werte 123

Räume und Zeiten des Übermenschen 138
Enge und Weite in den Gärten des Lebens 138
Das Leben auf Distanz 152

Quellennachweise 163

Auswahlbibliographie 179

Vorwort

Dieses Buch behandelt ein Thema im Grenzbereich von Wissenschaft, Philosophie und Poesie. Um ihm trotz des zugrundeliegenden umfangreichen wissenschaftlichen, philosophischen und literarischen Fundus eine handliche, lesbare Form zu geben, habe ich für die Präsentation zwei Dinge mit dem Verlag abgesprochen, die manchem ungewöhnlich erscheinen mögen, anderen vielleicht jedoch die Lektüre angenehmer gestalten.

Zum einen wurden die fremdsprachigen Texte übersetzt. Da Übersetzungen wiederum Interpretationen sind, habe ich sie mit der Ausnahme eines Bibelzitats selbst vorgenommen. Gedichte und Begriffe, die in der Übersetzung zu Mißverständnissen Anlaß geben könnten, werden zweisprachig präsentiert. Im Original belassen wurden nur Titel. In den Quellennachweisen finden interessierte Leser die jeweilige Originalquelle, so daß sie sich dort selbst von der Tragfähigkeit der Übersetzung und Interpretation überzeugen können.

Zum zweiten wurde auf einen umfangreichen wissenschaftlichen Apparat verzichtet. Ich habe sozusagen – in einem Bild Hegels – die Leiter, auf der ich zum eigentlichen Text geklettert bin, beiseitegelegt. Ein Teil der wissenschaftlichen Literatur zum Thema wird im ersten Kapitel beispielhaft kurz angesprochen, so daß der Leser sich über die verschiedenen Akzente der Forschung orientieren kann. Die Auswahlbibliographie zum Abschluß des Bandes soll denen zur Anregung dienen, die bei der Lektüre auf den Geschmack gekommen sind und mehr lesen und wissen wollen. Es lohnt sich.

Es bleibt in diesem Vorwort das zu tun, was dort eigentlich das Wesentliche ist. Ich danke Professor Dr. Eberhard Leube, der 1991 unerwartet starb. Er ist der *spiritus rector* des Buches. Er war der Lehrer, der mein Denken und Schreiben geprägt hat und mir die vielfältigen Verknüpfungen von Wissenschaft, Poesie und Philosophie nahebrachte. Gerne denke ich an die vielen gemeinsamen, nicht nur fachlich, sondern auch persönlich tiefen Gespräche zurück. Ich hoffe, daß das Buch seinen Anregungen und Ansprüchen gerecht geworden ist. Es sei ihm mein letztes Geschenk.

Die Generation des Culte du Beau

In der Ausgabe letzter Hand der ›Geschichte des Christentums‹ ändert Feuerbach den Satz: „Alles daher, was im Sinne der hyperphysischen transzendenten Spekulation und Religion nur die Bedeutung des *sekundären*, des *Subjektiven*, des *Mittels*, des *Organs* hat, das hat im Sinne der Wahrheit die Bedeutung des *Primitiven*, des *Wesens*, des *Gegenstandes* selbst" wie folgt: „Alles daher, was im Sinne der übermenschlichen Spekulation und Religion nur die Bedeutung des Abgeleiteten, des Subjektiven oder Menschlichen, des Mittels, des Organs hat, das hat im Sinne der Wahrheit die Bedeutung des Ursprünglichen, des Göttlichen, des Wesens, des Gegenstandes selbst."[1] Den Begriff des „Übermenschlichen" bezieht Feuerbach nicht auf im Menschen angelegte Entwicklungsmöglichkeiten oder gar einen von ihm erreichbaren Zustand, sondern auf sein Denken. Darin, daß der Mensch sich als ein gegenüber der angenommenen Gottheit minderwertiges Wesen empfindet, liegen zugleich Kraft und Willen begründet, sich selbst auf den Weg zu begeben, der Verbesserung des individuellen Status quo verheißt. Die gesamte Spanne zwischen den modellhaft gedachten, im Prinzip aber auch in die Wirklichkeit hineinerlebten Eigenschaften des vollkommenen Gottes und des unvollkommenen Menschen gerät in den Mittelpunkt philosophischen Interesses. Über die Realisierbarkeit dieser Spanne im Leben eines Menschen, der damit an übermenschlichen Eigenschaften teilhätte, ist damit noch nichts gesagt. Feuerbach spricht von „übermenschlicher Spekulation". Und da er den Begriff der „Spekulation" mit dem der „Religion" verknüpft, scheint das mit dem Begriff der „Wahrheit" assoziierte „Göttliche" unerreichbar, das bloß „Menschliche", das „Sekundäre" unüberwindbar. Immanenz und Transzendenz bleiben getrennt, und das Transzendente dominiert das Bewußtsein.

Die von Feuerbach angesprochene „übermenschliche Spekulation und Religion" hat im Verlauf des ausgehenden 19. und des beginnenden 20. Jahrhunderts überall in Europa ihre Anhänger und ihre Kritiker gefunden. Philosophie, Kunst und Politik bestimmte dabei eine Art von Rhetorik des Übermenschen. Musil karikiert in ›Der Mann ohne Eigenschaften‹ die zeitgenössische Sucht, sich durch die Wahl einer quasi-, wenn nicht gar pseudo-philosophischen Rhetorik vor anderen Menschen auszuzeichnen. „Aus dem ölglatten Geist der zwei letzten Jahrzehnte des neunzehnten Jahrhunderts hatte sich plötzlich in ganz Europa ein beflügelndes Fieber erhoben. Niemand wußte genau, was im Werden war; niemand vermochte zu sagen, ob es eine neue Kunst, ein neuer Mensch, eine neue Moral oder vielleicht eine Umschichtung der Gesellschaft sein solle. Darum sagte jeder davon, was ihm paßte. Aber überall standen Menschen auf, um gegen das Alte zu kämpfen. (...) Es wurde der Übermensch geliebt, und es wurde der Untermensch geliebt; es wurden die Gesundheit und die Sonne angebetet, und es wurde die Zärtlichkeit brustkranker Mädchen angebetet; man begeisterte sich für das Heldenglaubensbekenntnis und für das soziale Allemannsglaubensbekenntnis; man war gläubig und skeptisch, naturalistisch und preziös, robust und morbid; man träumte von alten Schloßalleen, herbstlichen Gärten, gläsernen Weihern, Edelsteinen, Haschisch, Krankheit, Dämonien, aber auch von Prärien, gewaltigen Horizonten, von Schmiede- und Walzwerken, nackten Kämpfern, Aufständen der Arbeitssklaven, menschlichen Urpaaren und Zertrümmerung der Gesellschaft."[2]

Das Außergewöhnliche, das die Wirklichkeit in irgendeiner Art Verfremdende, sie aus der Sicht des jeweiligen träumenden Subjekts 'Erhöhende' charakterisiert Musil in Begriffen und Attributen, von denen der „Übermensch" lediglich einer ist, der darüber hinaus auch noch austauschbar ist. Entscheidend ist nach Musils Schilderung das jeweilige subjektive Gefühl, das aus mehr oder weniger exzentrischen Vorlieben ein Distinktiv gegenüber den anderen Menschen werden läßt. Die Bedeutung des Begriffs „Übermensch" liegt offenbar in der Legitimation eines sozial wirksamen Anspruchs, dessen Verwirklichung Nietzsche in ›Der Antichrist‹ noch vorsichtig zweifelnd für „in der Tat" möglich erachtete, Musil jedoch in das Reich persönlichen Ehrgeizes verweist. „In einem andern Sinne gibt es ein fortwährendes Gelingen einzelner Fälle an den verschiedensten Stellen der Erde und aus den verschiedensten Kulturen heraus, mit denen in der Tat sich ein *höherer Typus* darstellt: etwas, das im Verhältnis zur Gesamt-Menschheit eine Art Übermensch ist. Solche Glücksfälle des großen Gelingens waren immer möglich und werden vielleicht immer möglich sein. Und selbst ganze Geschlechter, Stämme, Völker können unter Umständen einen solchen *Treffer* darstellen."[3]

Zwischen der Absicht zu ernsthafter Vervollkommnung der Person vor einer anerkannten Autorität oder gegen sie und dem mitunter kämpferischen, mitunter spielerischen Ritual zur Legitimation einer sozialen, aus der Masse herausragenden Rolle oszillieren die Bilder des „Übermenschlichen" in der Literatur des ausgehenden 19. und beginnenden 20. Jahrhunderts. Dabei verwischen sich die Grenzen zwischen den verschiedenen Ausprägungen des „Übermenschen" in Formen wie „das Übermenschliche", „höherer Mensch", „Genie" und „Held" sowie all den Attributen und Nomina, die eine gewisse Überlegenheit des so Benannten über die anderen insinuieren, von denen vorerst nur auffällt, daß sie in der Vorstellung des jeweiligen Autors jene Benennung offenbar nicht verdienen oder nicht verdienen sollen. Die Begriffe des Übermenschen oder übermenschlicher Eigenschaften lassen sich empirisch nicht belegen. Es wiederholt sich die attributive Zuschreibung bestimmter Eigenschaften zum Übermenschen bis hin zur bloßen, wenig konkreten Verwendung des Generalattributs, der Leerformel des Übermenschlichen. Bentley nennt in einem Satz das Phänomen beim Namen, das andere Interpreten eher heuristisch-kryptisch umschreiben: „Christliche Dichter haben Gott nicht definiert. Ebensowenig hat Nietzsche den Übermenschen definiert."[4]

Daher sind auch sämtliche Versuche, sie mit logisch eindeutigen Inhalten zu füllen, von vornherein zum Scheitern verurteilt. Erst die phänomenologische Analyse ihrer jeweiligen unterschiedlichen Anwendung in der Sprache zeigt Wege auf, die verstehen lassen, was alles mit Übermenschlichkeit gemeint und was vor allem damit angestrebt wird. Bedeutend werden die Begriffe der Freiheit, der Überwindung und Umwertung, der quasi-magischen Beschwörung höheren Seins und vor allem der Distinktion. Hinzu kommt der ehrliche offene Bericht vom Gelingen und Scheitern als eine der bestimmenden literarischen Formen, in der das Übermenschliche gewissermaßen auf einer Metaebene thematisiert wird. Das Übermenschliche – nach Feuerbach im Bereich des Spekulativen – gerät zur Triebfeder von Intellektuellen, ihr eigenes Bestreben, sich selbst zu vervollkommnen oder gar eine neue Form menschlicher Existenz zu konstruieren, zu legitimieren.

Der Begriff des „Übermenschen" ist in Deutschland schon seit dem 16. Jahrhundert belegbar, entfaltete seine Wirkung jedoch erst mit dem Namen Nietzsches.[5] Besonders deutlich läßt sich dies in der französischen und in der italienischen Literatur ablesen. Geneviève Bianquis zitiert in ihrem Buch ›Nietzsche en France‹ einen Zeitgenossen mit den Worten: „Nietzsche ist der Mann, den man erwartete, der Philosoph par excellence eines der Methoden des Materialismus müden und nach allgemeinen Ideen süchtigen Jahrhundertendes (fin de siècle), das unfähig ist, das Pathos der Psychologen und der Wissenschaftler zu ertragen, es sei denn, daß eine bewundernswerte poetische Form es verschöne."[6] Paul Valéry, geboren 1871, notiert in diesem Sinne 1916 in den ›Cahiers‹, die Generation, die mit ihm den Begriff des Übermenschen propagiert habe, „die jungen um 70 und 80 geborenen Leute", sei „eine ‚durch den Kult des Schönen gebildete' Generation (une génération ‹formée par le culte du beau›)". Valéry hätte die sechziger Jahre des 19. Jahrhunderts hinzuzählen können, denn auch bei dem 1869 geborenen Gide und dem 1863 geborenen D'Annunzio, den Marinetti „den kleinen Bruder der großen französischen Symbolisten" nennt,[7] findet sich das von Valéry mit den Begriffen «culte» und «beau» verbundene Gemisch ästhetischer Ideale und quasi-religiöser Praxis, mit dem Künstler um die Jahrhundertwende ihre Lebensweise und ihren Geschmack legitimierten. All dies – so Valéry – sei „ein komplexer Geschmack, gemischt aus der Vollkommenheit, dem Übermenschen, Klassischem, Dekadentem, Fortschritt, Mystik, dem Philosophisch-Wissenschaftlichen, das noch unser gemeinsamer Hintergrund ist".[8] Der Mensch, der dem 'übermenschlichen' Anspruch gerecht werden will, wird – dies ist die positive Kehrseite der Musilschen Karikatur – folgerichtig in allen modernen Artes liberales zu Hause sein. Valéry prophezeit: „Seien Sie zugleich Dichter, Ingenieur, Philologe, Geometer, Soldat, Physiologe . . . Nun werden Sie von hundert Ideen, die in Ihnen geboren werden, 60 nutzen. – Von einem Eindruck werden Sie zehn lebende Arten an Gedanken ziehen. – Sie werden die Zahl der intellektuellen Mißgeburten, der verlorenen Lichtscheine ungemein reduzieren./ Es geht nicht um diese Dummheit: alles wissen – sondern um einen weit größeren Nutzen, ein Netz mit weit enger geknüpften Maschen sein."[9]

In einer Zeit, die zugleich Zeit der Vollendung («perfection» und «classique») und Zeit des Niedergangs («décadent») sein soll, besticht der Begriff des Übermenschen durch die in ihm gebotene Personalisierung. Der Übermensch erscheint bei aller den ihn umgebenden Begriffen und Attributen eigenen Unschärfe als Repräsentant der mit ihnen verbundenen Seinsweisen. Es geht nicht um die 'Allwissenheit' («tout savoir»), sondern um das Sein («être»). Den Übermenschen zu verwirklichen, ihn zu leben, wird zu einem der wichtigsten Ziele von Künstlern und Philosophen. Fragmentarisch-distanziert setzt Valéry ›The Way to Uebermensch‹;[10] und D'Annunzio fordert im Vorwort von ›Trionfo della morte‹ enthusiastisch: „Wir neigen das Ohr der Stimme des großmütigen Zarathustra, o Cenobiarca; und wir werden in der Kunst mit sicherem Glauben die Ankunft des *Uebermenschen*, des Superuomo, vorbereiten."[11] Und daß damit ein

Anspruch nicht nur an die Kunst formuliert ist, schreibt wiederum Valéry: „Die Poesie allein kann einem Geist von gewisser Kraft nicht genügen."¹²

Was über die Poesie hinausgehen könnte, konkretisiert Marinetti in der Kampfschrift ›Contro i professori‹. Auch für ihn spielt die Auseinandersetzung mit Nietzsche eine zentrale Rolle bei der Definition des Begriffs des Übermenschen. Allerdings verlangt er, daß Verfechter der Idee des Übermenschen sich von Nietzsches vergangenheitsorientierten Elementen lösen müßten. Nietzsche ist für Marinetti „einer der beharrlichsten Verteidiger der antiken Größe und Schönheit". Sein Übermensch ist ein mit den drei verfaulten Kadavern des Apollo, des Mars und des Bacchus geschaffenes Produkt der hellenischen Imagination. Es ist eine Mischung der eleganten Schönheit, der kriegerischen Gewalt und der dionysischen Trunkenheit, die uns in der großen klassischen Kunst enthüllt worden sind. – Wir setzen diesem im Staub der Bibliotheken geborenen Übermenschen den durch eigene Werke vielfältigen Menschen (L'Uomo moltiplicato) entgegen, Feind des Buches, Freund der persönlichen Erfahrung, Schüler der Maschine, beharrlicher Pfleger des eigenen Willens, glänzend im Schein seiner Inspiration, ausgerüstet mit katzenhafter Witterung, blitzschneller Berechnung, wildem Instinkt, Intuition, List und Tollkühnheit."¹³

Drei Formen der Auseinandersetzung mit Autoritäten übermenschlichen Seins zeichnen sich bereits ab. Dem aphoristisch-rationalen Kommentar Valérys stehen die schwärmerische Beschwörung D'Annunzios und der antiromantische modernistische Impetus Marinettis gegenüber. Alle drei lassen sich aus Biographien und sozialen Umständen begründen. Aus phänomenologischer Sicht erscheint jedoch der Primat der 'übermenschlichen' Praxis vor jeder theoretischen Begründung von Interesse. Die von Musil karikierten Ausprägungen übermenschlichen Seins finden ihre *ex eventu* konstruierten Theorien in den Werken verschiedener Autoren, denen zunächst scheinbar hochphilosophische, in der Tat inhaltsleere Begriffshülsen dazu dienen, vor allem sich selbst – oder *in effigie* in ihren fiktiven Figuren – als Anwärter auf den Namen des Übermenschen oder zumindest die Eigenschaften des Übermenschlichen ins Spiel zu bringen. Julien Benda nennt dies «la trahison des clercs», den „Verrat der Intellektuellen". „Der Verrat der Intellektuellen liegt darin, daß gewisse unter ihnen, und nicht die schlechtesten, das Ideal nicht in die zu erreichende Vollkommenheit, sondern in die Anstrengung, sich ihr zu nähern, legen, nicht in die göttliche Ewigkeit, sondern in die menschliche Unruhe: Für sie ist das Ideal keine gegenüber den Realitäten, die sich nach ihm zu formen haben, feste und transzendente Sache mehr; es wird von den Realitäten bestimmt und ist mit ihnen wandelbar. Ob gewollt oder ungewollt, diese Position ist die offene Tür für die Rechtfertigung aller Gewalttätigkeiten, die das Bedürfnis einfordert, die Negation jedes Anhaltspunkts in dieser moralischen Ordnung, die der weltliche Intellektuelle in die Welt einführen will."[14] Wer – dies ist die Quintessenz der Kritik Bendas – sich mit dem Begriff eines 'idealen', personalisiert: 'übermenschlichen' Seins befaßt, wird möglicherweise Opfer seiner eigenen Ideologie, gleichviel, ob er diese als puren Individualismus oder gar Voluntarismus, als Kollektivismus in Form von Kommunismus, Faschismus oder Katholizismus oder vielleicht auch ‚nur' als Ästhetizismus präsentiert, es sei denn, ihm gelingt es wiederum, den „Verrat" auf einer Metaebene aufzuheben, im intellektualisierenden Kommentar – wie beispielsweise Valéry in seinen ›Cahiers‹ – oder im aufrichtigen Bekenntnis – wie etwa in mehreren Erzählungen Gides.

Im Blickfeld erscheinen Horizonte statt Begriffe: Das Transzendente rückt in die Immanenz, und Über-Orte und Über-Zeiten werden zum angemessenen Ambiente menschlicher Existenz, die mehr sein will als das, wofür sie sich hält oder meint, gehalten zu werden. „Vitalismus", „Kult der Verfehlung"[15], der Entwurf schein-verwandter „mythischer Figur(en)"[16], die „Künste" als Methode zur „Verwirklichung einer Ordnung"[17], eine Spanne von „antikem Herrscherkult" zum „Heroenbild der Renaissance", vom „Dämonischen" zur „Evolutionslehre Darwins",[18] der Versuch, sich als Avantgarde einer „Art Aristokrat" zu erweisen, „der jedes andere Gesetz als das seine zurückweist"[19], und schließlich die Verherrlichung eines für vorbildlich erachteten Intellektuellen im Sinne der Aussage Gides über Nietzsche: „Jedesmal, wenn ich Nietzsche wiederlese, scheint mir, daß nichts mehr zu sagen bleibt und daß es genügt zu zitieren"[20], aber auch im Sinne der verschiedenen Transformationen des Nietzschebildes,[21] all dies sind bereits Bausteine für die Interpretation eines Traums vom höheren Leben, das den von Nietzsche populär gemachten Übermenschen als „eine *Möglichkeit*, einen mit poetischen Schleiern verhüllten Traum"[22], einen individuell, aber auch sozial wirkenden Mythos verwirklicht. Erlebte und imaginierte Wirklichkeiten, die diesem Bestreben entgegenstehen, werden dabei zu kritikablen Mythologemen, sei es die bloße Kritik an für Prätendenten auf den Namen des Übermenschen unzulänglichen sozialen Verhältnissen,[23] an der Religion,[24] am philosophischen Idealismus,[25] denen wiederum entweder die neue Wirklichkeit oder – wenn diese nicht erfolgreich gestaltbar ist – das aufrichtige Bekenntnis der Mißerfolge auf dem Weg zur übermenschlichen Existenz entgegengehalten werden kann und muß.[26]

Mit den Begriffen des Übermenschen und des Übermenschlichen wird mit sprachlichen Mitteln eine neue subjektive, zumindest in der Intention jedoch nach Objektivierbarkeit drängende Wirklichkeit konstruiert. Die oben beispielhaft genannten Bausteine zerstörerischer und aufbauender Arbeit an der Konkretisierung der zunächst utopisch anmutenden Begrifflichkeit weisen auf ein mögliches Gesamtbild übermenschlicher Imagination und Illusion sowohl für die psycho-soziale Verfassung einzelner Individuen als auch für eine gesamte Epoche hin. Wer sich in diesem Sinne den hinter der Verwendung der Begriffe verborgenen Inhalten nähern möchte, formuliert einen Beitrag zu einer modernen Philosophie – für die Literaturkritik gilt dies analog –, wie sie Deleuze und Guattari in ›Qu'est-ce que la philosophie?‹ zu definieren suchten: „Niemals ist die Beziehung des Denkens zum Wahren in den Doppeldeutigkeiten der unendlichen Bewegung eine einfache, weniger noch festgefügte Angelegenheit gewesen. Es ist nämlich vergeblich, eine solche Beziehung herbeizurufen, um die Philosophie zu definieren. Der erste Charakterzug des modernen Bildes des Denkens ist daher der vollständige Verzicht auf diese Beziehung, um so zu erwägen, daß die Wahrheit nur das ist, was das Denken unter Berücksichtigung des Immanenzplans, den es sich als Voraussetzung gibt, und all der im Negativen wie im Positiven unfaßbar gewordenen Züge dieses Plans schafft: Denken ist Schöpfung, nicht Wille zur Wahrheit."[27] Bleibt hinzuzufügen: Der Traum vom höheren Leben ist offenbar ein gelebter Tagtraum.

Grenzbewußtsein als Unglück

Die Macht des Körpers

In der Novelle ›Sterben‹ aus dem Jahr 1894 beschreibt Arthur Schnitzler die letzten Monate im Leben eines Menschen, von dessen Alltag der Leser nichts erfahren wird, weil es wohl nichts Erwähnenswertes darin gibt. Erst die Gewißheit des Todes erhebt diesen Menschen über andere, zumindest in seinem eigenen Bewußtsein. Er beginnt, über Leben und Tod zu philosophieren, als wäre er der erste, der je etwas darüber zu denken und zu sagen gehabt hätte. Er greift zu philosophischen Schriften, um diese zu verwerfen, weil ihm die Autoren als „Poseure" erscheinen. „Er wandte sich den Philosophen zu und ließ sich von Marie Schopenhauer und Nietzsche aus dem Bücherschrank geben. Aber nur für kurze Zeit strahlte diese Weisheit ihren Frieden über ihn aus."[1] Wie sollte sie auch, war doch er, der Sterbende, der erste, der die Grenzerfahrung des Todes nicht nur beschreiben, sondern auch erleben durfte, wie sie tatsächlich war und ist: „Man muß verurteilt sein wie ein Verbrecher – oder wie ich, dann kann man darüber reden. Und der arme Teufel, der gefaßt unter den Galgen schreitet, und der große Weise, der Denksprüche erfindet, nachdem er den Schierlingsbecher geleert hat, und der gefangene Freiheitsheld, der lächelnd die Flinten auf seine Brust gerichtet sieht, sie alle heucheln, *ich* weiß es, – und ihre Fassung, ihr Lächeln ist Pose, denn sie alle haben Angst, gräßliche Angst vor dem Tode; die ist so natürlich wie das Sterben selbst!"[2] Menschen, von ihren Mitmenschen bewundert und verehrt, verlieren vor dem Augenblick der Wahrheit, der „Schrecksekunde", wie sie Hermann Kasack in ›Die Stadt hinter dem Strom‹ nennt,[3] ihre Aura. „Weisheit" und „Gelassenheit" vor dem Tod sind Lüge. „Stets hörten die Protokolle der Schrecksekunde in dem Augenblick auf, in dem die letzte irdische Regung des Tiefenbewußtseins ihr Ende gefunden hatte. Wer den Fuß über die Brücke gesetzt und die nüchterne Stadt hinter dem Strom erreicht hatte, war mit seinem Denken und Fühlen bedeutungslos geworden."[4]

Aber gerade aus dem Wissen um die eigene Vergänglichkeit vermögen Menschen die ihnen eigene Überlegenheit über ihre Mitmenschen abzuleiten. Henry de Montherlant ironisiert diese Fähigkeit in ›Les célibataires‹ als „Religion der Krankheit"[5]. Eine todbringende Krankheit kann denen, die ihre narzißtischen Bedürfnisse weder mit Hilfe eines Leben und Tod als Einheit zusammenfügenden, vielleicht sogar transzendent vermittelten Systems noch mit ihrer eigenen kreativen Kraft befriedigen können, die letzte, die eigentliche Chance bieten, sich selbst als etwas Besonderes zu erleben.

Nietzsche setzt in ›Ecce Homo‹ seine eigene Krankheit und seine eigene Genialität in eben diesen Zusammenhang: „Ein typisch morbides Wesen kann nicht gesund werden, noch weniger sich selbst gesund machen; für einen typisch Gesunden kann umgekehrt Kranksein sogar ein energisches *Stimulans* zum Leben, zum Mehrleben sein. So in der Tat erscheint mir *jetzt* jene lange Krankheits-Zeit: ich entdecke das Leben gleichsam neu, mich selber eingerechnet, ich schmeckte alle guten und selbst kleinen Dinge, wie sie andre nicht leicht schmecken könnten – ich machte aus meinem Willen zur Gesundheit, zum *Leben*, meine Philosophie..."[6]

Nietzsche läßt diesen Zusammenhang zwischen Krankheit und Genialität nicht für jedermann gelten. Nicht ohne Blick auf Wagner schreibt er in ›Zur Genealogie der Moral‹: „Das kranke Weib insonderheit: niemand übertrifft es in Raffinements, zu herrschen, zu drücken, zu tyrannisieren. Das kranke Weib schont dazu nichts Lebendiges, nichts Totes, es gräbt die begrabensten Dinge wieder auf (die Bogos sagen: ‚das Weib ist eine Hyäne')."[7] Nietzsche maßt sich nicht an, von solch „dekadenter" Krankheit frei zu sein: Sein Bewußtsein um den doppelten Begriff der Krankheit unterscheidet ihn von denen, die eben nur «décadent» sind: „Wagner ist ein großer Verderb für die Musik. Er hat in ihr das Mittel erraten, müde Nerven zu reizen – er hat die Musik damit krank gemacht. Seine Erfindungsgabe ist keine kleine in der Kunst, die Erschöpftesten wieder aufzustacheln, die Halbtoten ins Leben zu rufen. Er ist der Meister hypnotischer Griffe, er wirft die Stärksten noch wie Stiere um."[8] Der Konkurrent Wagner wird der Magie bezichtigt, die Todeswürdigen, die Masse der „Viel-zu-Vielen", die, für die es besser wäre, sie stürben aus wie eine überlebte Tier- oder Pflanzenart, noch einmal mit der Illusion des guten Lebens zu beschenken.[9]

Manès Sperber hat nur zum Teil recht, wenn er von Nietzsches Übermensch sagt, er sei „nur das Persönlichkeitsideal des kranken, schwachen, lebensschwachen Menschen, der Nietzsche war"[10]. Nietzsche versteht das Verhältnis zwischen Krankheit und Gesundheit dialektisch. So wie der Kranke dazu neigt, seine Krankheit zur 'wahren' Gesundheit zu erklären, um sich über den 'nur' physisch Gesunden erhaben zu fühlen, entdeckt dieser in jenem all die Defekte, deren Bannung sein Selbstbewußtsein als „Gesunder" konstituiert. Gesundheit in der Krankheit und Krankheit in der Gesundheit fungieren jeweils als Parolen einer Form von 'Willen zur Macht'.

Gide nimmt das dialektische Denken Nietzsches auf. Er beschreibt Menschen, deren körperliche, seelische oder soziale Defekte anderen Selbstbewußtsein geben. In ›Si le grain ne meurt‹ erwähnt er ein Erlebnis aus der eigenen Kindheit, das seine Affinität zur Doppelgesichtigkeit der Metaphorik um Krankheit und Gesundheit bei Nietzsche mit motiviert haben mag. Im „Luxembourg", dem Ort, dem ihn das Kindermädchen Marie zu seinen Kinderspielen zuführte, trifft er „ein Kind meines Alters, zart, sanft, ruhig", das eine so starke Brille trägt, daß man seine Augen nicht sehen kann.[11] Dieses Kind, Mouton (Schaf, hier aber eher: Lamm) genannt, erblindet. Gide erinnert sich, daß er selbst allmählich begriffen habe, was sich da ereignete, Marie und das Kindermädchen Moutons hätten nur darüber geflüstert, er habe jedoch einige Worte aufgeschnappt und versucht, mit dem Schrecklichen ins reine zu kommen, indem er sich selbst blind gestellt habe. „Ich ging in mein Zimmer, um zu weinen, und mehrere Tage lang übte ich mich darin, mit geschlossenen Augen zu verweilen, umherzugehen, ohne sie zu öffnen, mich heftig zu bemühen, das zu empfinden, was Mouton erleiden mußte."[12] Die Krankheit schreckt den jungen Gide. Es hilft ihm – einem Bericht aus ›Si le grain ne meurt‹ zufolge – nicht, daß ihm angesichts seiner Furcht, sich mit der Syphilis infiziert zu haben, Pierre Louis versichert, es gebe genug berühmte Menschen («de grands hommes»), die mehr als drei Viertel ihres Genies der Syphilis verdankten. Das Unheimliche, Erschreckende der Vorstellung, von einer unheilbaren Krankheit befallen zu werden, findet sich mehrfach in Gides Erzählungen. In ›L'immoraliste‹, ›Les caves du Vatican‹ und in ›La symphonie pastorale‹ spielen Krankheiten im Leben der Protagonisten eine wichtige Rolle. Der Erzähler in ›L'immoraliste‹ und seine Frau Marceline, Anthime Armand-Dubois und Gertrude leiden an unterschiedlichen Krankheiten. Marceline erkrankt in Nordafrika an Tuberkulose, Anthime begibt sich wegen seines Rheumas zu einem Spezialisten nach Rom, und Gertrude ist blind.

Am wenigsten problematisch scheint die Krankheit von Anthime Armand-Dubois zu sein. Er ist als Freimaurer selbstbewußt, setzt sich über die freundlichen Hinweise seines Schwagers Julius de Baraglioul hinweg, er solle lieber seine Seele als seinen Körper in Rom kurieren lassen, und straft seine Frau Véronique mit Gleichgültigkeit, wenn sie für sein Seelenheil betet.[13] Doch es kommt anders. Er sieht Julius, dessen Frau Marguerite, Véronique und seine Nichte Julie kniend beten. Julie betet für alle, die ihr lieb und teuer sind, mit einer solch seltsamen Naivität, daß Anthime nicht an sich halten kann, sie mit den Worten „Und für den Onkel, erbittest du nichts für ihn beim lieben Gott?" zu provozieren. Die Antwort, sie bete auch „für die Sünden des Onkel Anthime", trifft sein nur scheinbar atheistisches Herz.[14] Anthime träumt, er habe eine Erscheinung der Jungfrau Maria, gekleidet, daß er sie erst für Julie hält, die ihn zurechtweise, er könne nicht verlangen, geheilt zu werden, wenn er sie mit seinen Worten und Taten ständig verletze.[15] Anthime bekehrt sich. Véronique findet ihn vor seinem Bett auf den Knien: „Anthime der Gelehrte, der Atheist, dessen lahmes Knie sich seit Jahren wie auch der ungebeugte Wille niemals gebeugt hatte (denn es ist anzumerken, wie sehr bei ihm Geist und Körper miteinander harmonierten), Anthime lag auf den Knien."[16]

Anthime – dies ist schließlich der entscheidende Punkt dieser Geschichte – akzeptiert einen spirituellen Krankheitsbegriff. Krankheit existiert lediglich als körperlicher, d. h. sinnlicher Ausdruck eines spirituellen Defizits. Die Kirche verlangt von Anthime sogar, daß er alle sichtbaren Zeichen seines alten Unglaubens ablege.[17] Anthime muß sich in letzter Konsequenz erst wirtschaftlich und sozial ruinieren, um das Wohlwollen der Kirche auf Dauer genießen zu dürfen.[18] Er tauscht die körperliche Krankheit gegen die soziale. Diese wiederum hilft der Kirche und ihren Gläubigen, zu denen sich die gesamte Familie Anthimes zählt, reale Macht zu erleben. Die Spiritualisierung im Handeln Anthimes bewirkt – wie bei kommunizierenden Röhren – die Materialisierung der Macht seiner Mitmenschen. Solange Anthime sein körperliches Leiden pflegen konnte, besaß er die ungeteilte Aufmerksamkeit all derer, die darin ein Zeichen für die Verderbtheit seiner Seele sahen. Jetzt hat er nichts mehr, womit er sich vor seiner Familie auszeichnen kann. Er ist assimiliert, identitätslos, sozial vernichtet. In einer Welt, in der er der einzige Andersdenkende, Anderslebende ist, steht er auf verlorenem Posten. Die anderen, nicht er, definieren, was gesund ist und was krank. Sein „manisches Bedürfnis nach Blasphemie" wird zur Beziehungsfalle.[19] Er hat aus seiner eigenen Krankheit kein Kapital schlagen können, da es ihm nicht gelang, sie auf das zu reduzieren, was sie war: bloßer Rheumatismus. Krankheit – spirituell verstanden – gerät zur Waffe derer, die das soziale Kapital besitzen, ihre ‚Natur' zu definieren und diese

Definition durchzusetzen. Sobald Anthime merkt, daß er sich auf die Sprache seiner Familie einlassen muß, wenn er überhaupt noch wahrgenommen werden will – von Verständnis ist schon gar nicht mehr die Rede –, gibt er auf. Die Naivität Julies, die den Lästernden nicht mehr als Lästernden anerkennt, sondern bloß als armen, zu bekehrenden Sünder, zerstört all seine Illusionen, als Freimaurer eine freiere, individualistischere Welt vertreten zu können. Anthime gelingt es nicht, seine Krankheit in eine soziale Waffe zu verwandeln. Hingegen dient sie seinen Mitmenschen dazu, ihn an seiner Unvollkommenheit, in metaphysisch sublimierter Form: seiner Sündhaftigkeit leiden zu lassen.

Ebenso wie die Verwandten Anthimes benutzt der «pasteur» in ›La symphonie pastorale‹ die Krankheit eines Mitmenschen, um seine eigene Überlegenheit zu begründen. Als der «pasteur» Gertrude, „ein unbestimmtes Wesen", „eine willenlose Masse",[20] zum ersten Mal sieht, ahnt er seine Chance, etwas zu tun, das zu tun ihm sonst immer verwehrt geblieben sein könnte. Er entschließt sich heroisch, Gertrude aufzunehmen, im vollen Bewußtsein der ihn erwartenden Konflikte mit seiner Familie, als sei er der neue Jesus, der sich von seiner Familie hatte trennen müssen, um seine Erlösungstat zu vollbringen. „Viele Dinge täten sich leicht, ohne die wesenlosen Einwände, die die Menschen sich manchmal zu erfinden gefallen."[21] Seine in diesen Einwänden lebende Familie erlebt er als das eigentliche Hemmnis für ein eigenes erfülltes Leben. Der amorphe Zustand des Wolfskindes Gertrude gibt ihm endlich die ersehnte Gelegenheit, wie Gott einem Menschen die Seele zu schenken.

Der «pasteur» konzipiert „einen ganzen Erziehungsroman mit Gertrude"[22]. Wie wenig dieses Projekt jedoch mit Gertrude selbst zu tun hat, verrät die Sprache des «pasteur», sobald er auf ihre Krankheit, die Blindheit, zu sprechen kommt. Sein Ziel beschreibt er noch halbwegs klar: „Ihr dunkles Universum begrenzten eben die Wände dieses einzigen Zimmers, das sie niemals verlassen hatte; kaum wagte sie sich an Sommertagen, wenn die Tür zum großen helleuchtenden Universum geöffnet blieb, an den Rand der Schwelle."[23] Man könnte als unbefangener Leser annehmen, daß sich die Erzählung des «pasteur» im folgenden auf die einzelnen Schritte Gertrudes in jenes lichte Universum beziehen dürfte, doch wird die wahre Absicht des selbsternannten Pädagogen deutlich, als er merkt, daß ihm in seinem Sohn Jacques ein Konkurrent erwächst. Weil er glaubt, daß Gertrudes Blindheit eine Form der göttlichen Reinheit ist, die er im Jenseits selbst einst zu erreichen sucht, hält er seine pädagogischen

Entscheidungen über die für Gertrude beste Welt für unfehlbar. Das wahre Licht kommt aus dem Jenseits, und Gertrudes Blindheit ist ihm Zeichen ihrer und seiner Gotterwähltheit: „Und dieses Wort Christi hat sich leuchtend vor mir erhoben. ‚Wäret ihr blind, hättet ihr keine Sünde.' Die Sünde verdüstert die Seele, stellt sich ihrer Freude entgegen. Das vollkommene Glück Gertrudes, das von ihrem ganzen Wesen ausstrahlt, kommt daher, daß sie keine Sünde kennt. In ihr gibt es nur Helligkeit, nur Liebe."[24]

Wer in dieser unmittelbaren Nähe zu den göttlichen Wahrheiten lebt, braucht keine Bücher. Er kann der Schriften der Interpreten Christi, vor allem die des von Jacques verehrten heiligen Paulus, entbehren. Da aber auch Gertrude nicht nur ihren Lehrer kennt, ist sie vor den Gefahren der Welt, der 'wahren Dunkelheit', nicht gefeit. Sie ist – so notiert der «pasteur» aufmerksam – sehr darauf erpicht zu hören, was in den einzelnen Büchern geschrieben steht, aber er weiß es zumindest teilweise zu verhindern: „Bedacht, ihr Denken so weit wie möglich zu begleiten, zog ich es vor, daß sie nicht viel las – zumindest nicht viel ohne mich – und vornehmlich nicht die Bibel, was für einen Protestanten sehr seltsam scheinen mag."[25] Der Konflikt spitzt sich zu, als eine erfolgreiche Augenoperation möglich wird. Auch der «pasteur» ist voller Freude über die gelungene Operation,[26] doch relativiert er dies selbst, wenn er Gertrudes folgenden Lebens- und Leidensweg als die notwendige Konsequenz der Fähigkeit erklärt, die Welt so zu sehen, wie sie ist. Er will Gertrude glauben machen, sie sei in ihrer Blindheit vollkommener, ein Gott näherer Mensch gewesen. Und sie bestätigt ihn in seinem Urteil, als sie ihm ihren Konflikt gesteht, ihn stets gehört, aber Jacques geliebt zu haben, weil sie nicht habe unterscheiden können, welcher Identität ihr Lehrer nun tatsächlich war. Zwischen Jacques und dem «pasteur» erlebt sie sich als die sehende Sünderin. Sie zitiert Paulus: „Ich lebte einst fern vom Gesetz; als jedoch das Gebot kam, lebte die Sünde auf, ich aber starb."[27] Der «pasteur» ist gescheitert. Gertrude hat sich selbst als unvollkommenes Wesen, in der erlernten religiösen Sprache: als Sünderin entdeckt. Das pädagogische Experiment führt sie in den Tod, weil sie nicht lernen durfte, mit ihren eigenen Gefühlen als selbständiges soziales Wesen zu leben. Den «pasteur», der sich auf ein in seinen Phantasien womöglich vollkommenes Wesen konzentrieren wollte, bestätigt es in der spirituellen Ödnis, die zu verlassen er aufgebrochen war: „Ich hätte beten wollen, aber ich fühlte mein Herz öder als die Wüste."[28] Die ihn letztlich nicht mehr erhebende, sondern vernichtende Krankheit ist die Einsamkeit.

In ›Les nourritures terrestres‹, einem in lyrisch-exaltierter Sprache gehaltenen Werk, formuliert Gide das Programm der psychischen Gesundung durch physische Krankheit. Hier gelingt in der lyrischen Phantasie, was sich in den prosaischen Realitäten der ›Symphonie pastorale‹ und der ›Caves du Vatican‹ an festen sozialen Zwängen messen lassen muß. Liest man allein die ›Nourritures‹, könnte man die Umwertung physischer Krankheit in psychische Größe für eine logisch zwingende Entwicklung halten. Ein Zustand folgt dem anderen, als gäbe es keine andere als diese Kausalität: „Ich wurde krank; ich reiste, ich traf Ménalque, und meine wunderbare Genesung wurde eine Wiedergeburt. Ich wurde mit einem neuen Sein wiedergeboren, unter einem neuen Himmel und inmitten völlig neu gestalteter Dinge."²⁹ Ménalque erscheint als der in sich ruhende Lehrer, dem nachzueifern sich das Ich der ›Nourritures‹ mit der Frage anschickt, ob es möglich sei, aus „der Erschöpfung des Fleisches eine Befreiung des Geistes" zu gewinnen. Die logische Stringenz all dieser und ähnlicher Formulierungen bleibt jedoch immer abstrakt. Konkrete Lebensgeschichten, die die abstrakte Theorie beweisen könnten, fehlen. Die Zauberformel der ›Nourritures terrestres‹ sublimiert womöglich reale Krankheit, reale Angst, reale Depression. Ihre Kraft aber liegt in der Fiktion. Einen Ausweg für den zwischen sozialen Realitäten und fiktiven Idealen irrenden Leser Gides weist Nietzsche, der betont, es komme auf den jeweiligen Blickwinkel an, was krank genannt werde und was genial, so daß es an jedem selbst liege, wie sehr er seine Krankheit zu seinem Glück machen könne: „Die Pietät, welche wir dem alten Manne entgegenbringen, zumal wenn es ein alter Denker und Weiser ist, macht uns leicht blind gegen die *Alterung seines Geistes*, und es tut immer not, die *Merkmale* solcher Alterung und Ermüdung aus ihrem Versteck, das heißt: das *physiologische* Phänomen hinter dem moralischen Für- und Vorurteile hervorzuziehen, um nicht die Narren der Pietät und die Schädiger der Erkenntnis zu werden. Nicht selten nämlich tritt der alte Mann in den Wahn einer großen moralischen Erneuerung und Wiedergeburt und gibt von dieser Empfindung aus Urteile über das Werk und den Gang seines Lebens ab, wie als ob er jetzt hellsichtig geworden sei: und doch steht hinter diesem Wohlgefühle und diesem zuversichtlichen Urteilen als Einbläserin nicht die Weisheit, sondern die *Müdigkeit*. Als deren gefährlichsten Kennzeichen mag wohl der *Genieglaube* bezeichnet werden, welcher erst um diese Lebensgrenze große und halbgroße Geister zu überfallen pflegt: der Glaube an eine Ausnahmestellung und an Ausnahmerechte."³⁰

In ›L'immoraliste‹ bezieht sich Gide deutlicher als in jedem anderen Werk auf das in der zitierten Stelle der ›Morgenröte‹ charakterisierte Phänomen. Dabei tut es nichts zur Sache, ob Gide diese Stelle explizit im Sinn gehabt hat. In ›L'immoraliste‹ dokumentiert Gide im Lebensbericht des Ich-Erzählers Michel die dialektische Spanne zwischen den verschiedenen Interpretationen von Krankheit und Gesundheit. Als Marcel erfährt, daß er an Tuberkulose erkrankt ist, wehrt er sich zunächst dagegen, die Krankheit als solche anzuerkennen. Doch dann stürzt ihn das Bewußtsein, sich als sterblich erfahren zu müssen, in nahezu hysterische Verzweiflung. Er beklagt die Schwächen seines Körpers, die ihn hindern, die Dinge zu tun, die ihm bisher das Gefühl der Selbstsicherheit und Beherrschung seiner Umwelt gaben: Denken und Lesen. Seine physische Schwäche beginnt die geistig begründete Überlegenheit zu zerstören: „Ich tue nichts. Ich schaue sie an. O Marceline! . . . Ich schaue. Ich sehe die Sonne; ich sehe den Schatten; ich sehe, wie sich der Schatten verändert; ich habe so wenig zu denken, wenn ich sie beobachte. Ich bin noch sehr schwach; ich atme schwach; alles ermüdet mich, sogar das Lesen; übrigens, Lesen? Sein, das beschäftigt mich genug."[31] Dagegen steht die physische Kraft Marcelines, die ihm gerade in ihren alltäglichen Verrichtungen unheimlich wird. Auch Marceline liest. Aber ihr Lesen ist Bewegung des Körpers – wie Nähen und Schreiben: Ihre Überlegenheit erscheint ihm in ihrer geistig-körperlichen Integrität. „Dahin flossen stundenlose Tage. Wie oft habe ich in meiner Einsamkeit diese langsamen Tagesläufe wiedergesehen! . . . Marceline ist nahe bei mir. Sie liest; sie näht; sie schreibt."[32] Michel muß dieser aus körperlicher Ruhe erwachsenen Macht das einzige entgegensetzen, das er wirklich beherrscht. Er benutzt das ihm geläufige philosophische Vokabular wie eine Waffe. Er behauptet schlechtweg, die Gesundung sei „eine Willenssache"[33], sein Leben gerät ihm zu „dieser Anstrengung zur Existenz"[34], alles Worte, die er sich bei Nietzsche hätte angelesen haben können, der in der Vorrede zu ›Menschliches, Allzumenschliches‹ schreibt: „Von dieser krankhaften Vereinsamung, von der Wüste solcher Versuchs-Jahre ist der Weg noch weit bis zu jener ungeheuren überströmenden Sicherheit und Gesundheit, welche der Krankheit selbst nicht entraten mag, als eines Mittels und Angelhakens der Erkenntnis, bis zu jener *reifen* Freiheit des Geistes, welche ebensosehr Selbstbeherrschung und Zucht des Herzens ist und die Wege zu vielen und entgegengesetzten Denkweisen erlaubt –, bis zu der inneren Umfänglichkeit und Verwöhnung des Überreichtums, welche die Gefahr ausschließt, daß der Geist sich etwa selbst in die eignen Wege verlöre und verliebte und in irgendeinem Winkel berauscht sitzenbliebe, bis zu jenem Überschuß an plastischen, ausheilenden, nachbildenden und wiederherstellenden Kräften, welcher eben das Zeichen der *großen* Gesundheit ist, jener Überschuß, der dem freien Geiste das gefährliche Vorrecht gibt, *auf den Versuch* hin leben und sich dem Abenteuer anbieten zu dürfen: das Meisterschafts-Vorrecht des freien Geistes! Dazwischen mögen lange Jahre der Genesung liegen, Jahre voll vielfarbiger, schmerzlich-zauberhafter Wandlungen, beherrscht und am Zügel geführt durch einen zähen *Willen zur Gesundheit,* der sich oft schon als Gesundheit zu kleiden und zu verkleiden wagt."[35] Hier findet sich das gesamte Arsenal der Waffen, mit denen Michel seine Krankheit besiegen will – und zunächst auch zu besiegen scheint. Er entdeckt neue Tugenden,[36] allen voran die in der Sprache latente Kraft, sich selbst über die Wahl der Worte zu neuem Leben aufzuputschen.[37] So gewaltsam die Beschwörung des bestandenen Todeskampfes – zweimal spricht er von seiner «agonie» –[38], so überspannt klingt sein Triumphgeschrei, er habe sich jetzt als «être perfectible», als vervollkommnungsfähiges Wesen entdeckt,[39] weil er den wahren Sinn der Krankheit als Station auf dem Weg zu übermenschlichem Dasein begriffen habe. „Keiner hat darum gewußt, krank zu sein. Sie leben, haben den Anschein zu leben und nicht zu wissen, daß sie leben."[40] Und aus Worten werden Systeme. Sein neues – gesundes – Leben erfährt Michel als philosophisch-poetische Aktion, die sogar jedes politische Großereignis übersteigt: „Die politischen Großtaten sollten mich also weniger bewegen als die in mir für Dichter oder gewisse Männer der Tat wiederauflebende Emotion. In Syrakus las ich wieder Theokrit und träumte, daß seine Schäfer mit den schönen Namen eben dieselben waren, die ich in Biskra geliebt hatte."[41]

Die in all diesem Enthusiasmus versteckte Lüge entlarvt Nietzsche: Der Wille zur Gesundheit ist nicht die Gesundheit selbst. Er ist – wie Nietzsche in ›Also sprach Zarathustra‹ andeutet – sogar ein Widerspruch in sich: „Denn: was nicht ist, das kann nicht wollen; was aber im Dasein ist, wie könnte das noch zum Dasein wollen!"[42] Michel lebt nun auch mehr in seinen Worten als in seinen Taten. Darüber täuscht die vordergründige körperliche Gesundung nicht weg. Wie dem «pasteur» fehlt ihm der unmittelbare Kontakt zu seinen Mitmenschen. Als Marceline erkrankt, versucht er zwar zunächst noch, ihr von seiner vermeintlichen Kraft zu geben, „ein wenig von meinem Leben in das ihre" zu übertragen,[43] läßt von diesem 'Projekt' aber ab, sobald er seine Ohnmacht spürt. Marceline wird Objekt seiner

Verachtung, die er wiederum für ein Zeichen besonderer Stärke zu halten beginnt: „Ich verabscheue Sympathie; alle Ansteckungen verstecken sich dort; man sollte nur mit den Starken sympathisieren." [44] Hinter den Parolen der Macht steckt nichts. Michel zerbricht wie der «pasteur». Beide verlieren mit dem (menschlichen) Objekt ihrer narzißtischen Bemühungen all ihre Kraft, weil diese sich nie aus ihnen selbst, sondern immer nur von außen, aus ideologisch verstandenen Büchern oder aus der Unterlegenheit eines abhängigen Menschen definierte. Montherlant nennt den Urheber der Unfähigkeit, sich selbst zwischen Krankheit und Gesundheit – gleichviel, ob wörtlich oder metaphorisch verstanden – zu orientieren: Es ist der Mensch selbst, der sich mit Schein-Lösungen, beispielsweise mit Ideologien, über das Problem hinwegtäuscht, das er selbst ist. Ihm erscheint wie dem Revolutionär in ›Le chaos et la nuit‹ der Tod in der Tat als „ein unvergleichbares Desaster" [45]. Aber der Mensch könnte sich retten: „Der Mensch macht die Tragödie, und der Mensch löst sie auf." [46]

In seinem Essay ›Genie und Gesundheit‹ postuliert Gottfried Benn mit dem Gestus einer anthropologischen Wahrheit, daß Krankheit geradezu unabdingbare Voraussetzung genialen Handelns sei. „Also kein Zweifel, der individuelle Organismus als medizinischer Begriff ist der Gestalter des Genies. Die geistigen Spannungen sind Korrelate körperlicher Anomalien, nicht im vagen Sinne der der Parallelität, sondern des Identischen. Geschlossenes System, Monismus der Krisen. Das 'le style c'est l'homme' des achtzehnten Jahrhunderts, verwandelt unter dem Einfluß der Konstitutions- und Typenforschung der letzten Jahrzehnte in ein 'le style c'est le corps'; die Kabbalistik einer Psychologie der Seele und ihrer Vermögen verflüchtigt sich vor einer von Geisteswissenschaften und Pathographie angesetzten Analyse biologischer Zusammenhänge." [47] Benn kann seine Analyse mit den Leben zahlreicher Persönlichkeiten aus Politik, Philosophie, Literatur, Musik und Kunst belegen. Ihm kommt es dabei weniger darauf an, ob die jeweiligen Künstler, Philosophen oder Politiker ihre geistige (mehr oder weniger magische) Überlegenheit über die anderen Menschen selbst aus ihren körperlichen Defekten ableiteten. Er konstatiert nüchtern eine auffallend hohe Korrelation zwischen physischer Schwäche – vom Kleinwuchs bis zur Drogensucht – und geistiger Stärke.

Benns biologistische Ableitung des Geniebegriffs schließt – wenn auch in ihrer Drastik simplifizierend – gleichermaßen an eine Tradition im französischen Denken an, für die Pascal und Chateaubriand zitiert werden sollen, wie auch an die Religionskritik der deutschen

Philosophie des 19. Jahrhunderts, für die diesmal nicht Nietzsche, sondern Feuerbach vorgestellt wird. Die Begriffe des 'Elends' und des 'Leidens' stehen – auch hier spiritualistisch gewendet – im Mittelpunkt der Analysen. Pascal verwendet den Begriff der «misère» (Elend, Not). Die «misère de l'homme sans Dieu» steht dem «bonheur de l'homme avec Dieu» gegenüber, das „Elend des Menschen ohne Gott" dem „Glück des Menschen mit Gott".[48] Der Mensch steht über den Tieren und Pflanzen, denn nur er vermag es, sich selbst als unvollkommenes Wesen zu definieren, und diese Einsicht konstituiert seine Position in der göttlichen Weltordnung. „Die Größe des Menschen ist groß, als daß er sich als elend erkennt. Ein Baum erkennt sich nicht als elend."[49] Im Wissen um seine Schwäche liegt die Stärke des Menschen, und aus dem Wissen um das höhere, stärkere Wesen erwachsen Trost und Rettung. In seinem anerkennenden Wissen um das Verhältnis zwischen Gott, Mensch und Universum findet das in der Natur scheinbar schwächste Wesen sein stärkendes Selbstbewußtsein. „Der Mensch ist nur ein Schilfrohr, das schwächste der Natur; aber es ist ein denkendes Schilfrohr (un roseau pensant). Es ist nicht nötig, daß sich das ganze Universum bewaffnet, um ihn zu zerdrücken: ein Hauch, ein Wassertropfen genügt, um ihn zu töten. Aber wenn das Universum ihn zerdrückte, wäre der Mensch noch edler als das, was ihn tötet, da er weiß, daß er stirbt, und von dem Vorteil, den das Universum über ihn hat, weiß dieses nichts."[50] Chateaubriand dynamisiert in ›Génie du christianisme‹ die Pascalsche Polarität zwischen «misère» und «bonheur». Er betont die „Doppelnatur" des Menschen, der stets im Spannungsfeld zwischen dem Nur-Menschlichen und dem Göttlichen in sich lebe, so wie Gott selbst, als „Gott-Mensch, ein Kind als Herr der Welt, der Schöpfer der Welt aus dem Schoß einer Kreatur", es ihm vorgelebt habe.[51] Chateaubriand spricht allerdings nicht wie Pascal in der Sprache eines Wissenschaftlers von Wissen und Erkenntnis, sondern poetisch von Affekten. Er kommt jedoch zum selben Ergebnis: Der Mensch kann den Widerspruch in sich, zwischen göttlichen Perspektiven und menschlichen Wirklichkeiten, in Pascals Antithetik: zwischen Glück und Elend, nicht ertragen, braucht daher die dieses fundamentale Leiden lindernde Religion: „Ah! das Christentum ist vor allem ein Balsam für unsere Wunden, wenn die zunächst in unserer Brust in Wallung geratenen Affekte sich entweder durch einen plötzlichen Schicksalsschlag oder durch die Dauer zu besänftigen beginnen."[52] Nur im Eingeständnis der Schwäche erwächst Größe. Das Christentum hilft dem Menschen, indem es anstelle des antiken Ideals des «orgueil» (Hochmut) – Pascal spricht von «amour-propre» (Eigenliebe)[53] – «humilité» – dies ist der Sinn des essentiellen «avec Dieu» Pascals – predige.[54]

Feuerbach hat das Lob des 'Leidens' in christlichen Texten als Gegenpol zu den mit dem Gottesbegriff verbundenen Vorstellungen eines zugleich rationalen und aktiven Ideal-Wesens identifiziert. „Gott als Gott ist der Inbegriff aller menschlichen Vollkommenheit, Christus der Inbegriff allen menschlichen Elends. Die heidnischen Philosophen feierten die Aktuosität, die Spontaneität der Intelligenz als die höchste, als die göttliche Tätigkeit; die Christen heiligten das Leiden, setzten das Leiden selbst in Gott."[55] In der Tat fehlt den Lobpreisungen des Elends und der stimulierenden Kräfte der Krankheit der Wille zum Handeln. Die Kranken handeln nicht mehr in die sie umgebende Welt hinein, sondern ergehen sich in erster Linie in Worten, die ihnen den Einsatz ihrer verlorenen Gesundheit vorgaukeln sollen. Sie schwören der körperlichen Unvollkommenheit des Menschen ab, spiritualisieren das Sein des Menschen und erheben sich zu höheren Menschen von eigenen Gnaden. Metaphysische Systeme wie das Christentum oder dessen Surrogat, die Illusion eines ungebundenen freigeistigen Künstler- und Philosophentums, verdecken die fehlende Verankerung in der Welt. Das Tagebuch der Krankheit bestätigt monologisch die eigene Größe.

Exemplarisch für den Hang zur Sublimation der in der physischen Krankheit symbolisch erahnten Defekte sei Nervals ›Aurélia‹ zitiert, die das Werden des Selbst-Bildes eines Bennschen Genies geistesgeschichtlich legitimiert: „Swedenborg nannte seine Visionen *Memorabilia*; er schuldete sie öfter der Träumerei als dem Schlaf; ›Der goldene Esel‹ des Apuleius, ›Die göttliche Komödie‹ des Dante sind die poetischen Modelle dieser Studien der menschlichen Seele. Ich werde versuchen, nach ihrem Beispiel die Eindrücke einer langen Krankheit in Worte zu fassen, die sich ganz und gar in den Geheimnissen meines Geistes ereignet hat; und ich weiß, warum ich mich des Begriffs Krankheit bediene, denn niemals habe ich mich, was mich selbst anbetrifft, besser gefühlt. Manchmal glaubte ich meine Kraft und meinen Tatendrang verdoppelt; es schien mir, als wüßte ich alles, als verstünde ich alles; die Einbildungskraft (l'imagination) brachte mir unendliche Wonnen."[56] Nerval formuliert – wenn auch in enthusiastisch-onirischer Sprache – ein Konzept zur poetischen Auflösung eines philosophischen Dilemmas. Der aufrichtige, bekennende Poet, als der sich Nerval in ›Aurélia‹ selbst inszeniert, ähnelt dem Christusbild Feuerbachs ebenso wie dem physisch kranken Genie der wissenschaftlichen Analyse Benns. Sein Schreiben ist – im Sinne Chateaubriands – seine Religion. Seine Kunst steht nicht für sich allein, erst in der, gleichviel, ob real erlebten oder fiktiv imaginierten Biographie des Künstlers findet sich der Schlüssel zu einem Selbstbewußtsein als höherer Mensch.

Wie groß die Versuchung ist, das ersehnte geniale Werk aus der bloßen Schilderung der Krankheiten seines Autors abzuleiten, gesteht Gide in ›Si le grain ne meurt‹. Gide berichtet, sich selbst dabei überrascht zu haben, offenkundiges aktuelles Leid in seiner Vergangenheit in ein Schlüsselereignis umzudeuten: Erstmals habe er das Gefühl gehabt, anders, sprich: mehr und besser als die anderen zu sein. Er erzählt vom Tod eines vierjährigen Cousins und einem plötzlichen Weinanfall kurz nach dem Tod seines Vaters, den er im Alter von elf Jahren hatte erleben müssen. „Man hätte sagen können, daß sich jäh die besondere Schleuse ich weiß nicht welchen allgemeinen, unbekannten inneren Meeres öffnete, dessen Fluß maßlos in die Abgründe meines Herzens stürzte; ich war weniger traurig als in Schrecken; aber wie sollte ich dies meiner Mutter erklären, die inmitten meines Schluchzens nur diese wirren Worte unterschied, die ich verzweifelt wiederholte: Ich gleiche nicht den anderen! Ich gleiche nicht den anderen!"[57] Diesem Anderssein entspricht keine Wirklichkeit. Ex post ließe sie sich vielleicht – der autobiographische Charakter des Textes legt die Vermutung nahe – aus dem Wissen um Gides weiteren Lebensweg begründen oder zumindest konstruieren. Der eigentliche Ort des Andersseins ist jedoch die unpräzise Sprache. Wendungen wie «on eût dit» und «je ne sais quelle commune mer», Attribute wie «brusque», «particulier» und «confus» heben aktuelles Leid in metaphysische übermenschliche Dimensionen. Der Abgrund, «le gouffre» – «le flot s'engouffrait démésurément dans mon cœur» –, droht, hier sogar einen Elfjährigen zu verschlingen, ohne daß dieser sagen könnte, was das Eigentliche dieses Abgrundes sei. Nichts wird hier „klassisch gedämpft".[58]

Krankheit und Tod bezeichnen in unterschiedlicher Intensität das ambivalente Schreckliche schlechthin, das einerseits die Vernichtung der menschlichen Individualität, Identität und Integrität ankündigt, andererseits aber auch – sofern als zu Überwindendes beim Namen genannt – die Zukunft übermenschlichen Seins in sich birgt. In ›Menschliches, Allzumenschliches‹ verbindet Nietzsche den Begriff der Krankheit auch mit dem der Freiheit. Krankheit wird – im Lebensverlauf betrachtet – zu einem Experiment mit dem Leben. „Von dieser krankhaften Vereinsamung, von der Wüste solcher Versuchs-

Jahre ist der Weg noch weit bis zu jener ungeheuren überströmenden Sicherheit und Gesundheit, welche der Krankheit selbst nicht entraten mag, als eines Mittels und Angelhakens der Erkenntnis, bis zu jener *reifen* Freiheit des Geistes, welche ebensosehr Selbstbeherrschung und Zucht des Herzens ist und die Wege zu vielen und entgegengesetzten Denkweisen erlaubt –, bis zu jener inneren Umfänglichkeit und Verwöhnung des Überreichtums, welche die Gefahr ausschließt, daß der Geist sich etwa selbst in die eignen Wege verlöre und verliebte und in irgendeinem Winkel berauscht sitzenbliebe, bis zu jenem Überschuß an plastischen, ausheilenden, nachbildenden und wiederherstellenden Kräften, welcher eben das Zeichen der *großen* Gesundheit ist, jener Überschuß, der dem freien Geiste das gefährliche Vorrecht gibt, *auf den Versuch* hin leben und sich dem Abenteuer anbieten zu dürfen: das Meisterschafts-Vorrecht des freien Geistes!"[59] Der Mensch bewährt sich im „Willen zur Gesundheit"[60]. Ein Merkmal des Übermenschen läßt sich somit aus seinem Verhältnis zu Krankheit und Sterben ableiten. Der Übermensch befreit sich von jener „großen Müdigkeit" des Geistes, die Nietzsche in ›Also sprach Zarathustra‹ dem „Wahrsager" zuschreibt.[61]

Bisher wurden körperliche Defekte in erster Linie als Signal für mögliche spirituelle Erhebung interpretiert. Krankheit und Sterben symbolisieren eine Grenze, die zu überschreiten den Weg zum Übermenschen einzuschlagen hieße. Andererseits können die Schwächen des Körpers die geistige Erhebung verhindern. Verzweiflung ist eine mögliche Reaktion. Die andere ist die von Nietzsche im Dekadenzbegriff kritisierte Akzeptanz der Schwäche, die sich jedoch wieder in eine zunächst intellektuelle, schließlich auch ästhetisch höhere Daseinsform überführen läßt.

Gabriele D'Annunzio hat in ›Le vergine delle rocce‹ die dialektische Beziehung zwischen dem von der Sehnsucht nach übermenschlicher Zukunft Besessenen und den von der Unwiederbringlichkeit einer einst großen Vergangenheit Überzeugten ausgelotet. Antonella, eine der drei Schwestern, die der Erzähler Claudio Cantelmo besucht, führt ihm vor Augen, was der überwinden muß, der die Welt 'erobern' will, um selbst zu herrschen.[62] Wer den Träumen von einer angeblich wiederzuerobernden Vergangenheit nachhängt, schleppt gewissermaßen einen Karren kranker Gegenwart hinter sich her. „Aber stellen Sie sich einen Eroberer vor, Claudio, der einen Karren voller Kranker hinter sich herzieht und sich auf einen Kampf vorbereitet, indem er ihre ausgezehrten Gesichter betrachtet und ihren Klagen zuhört!"[63] Darum zu wissen, genügt nicht. Antonella hat in

wenigen Sätzen das Dilemma des selbsternannten Künders des
«superuomo» charakterisiert. Die Utopie, die D'Annunzio im Vorwort von ›Il trionfo della morte‹ kämpferisch fordert,[64] verliert ihren
Glanz in der Wirklichkeit des Claudio Cantelmo in ›Le vergini delle
rocce‹. Wer die Herrschaft eines einzelnen oder einiger weniger als Ausdruck einer übermenschlichen Kultur versteht, d. h. einen zumindest
bei Nietzsche in erster Linie philosophisch begründeten Begriff politisiert, muß in Kauf nehmen, daß die Gegenwart, oft unscharf „Welt",
«le monde», «il mondo» genannt, wie ein kranker Körper die Höhenflüge des Geistes hemmt. Er erlebt die Realität der in Baudelaires
›L'albatros‹ poetisch verkleideten Conditio humana des sich überlegen gerierenden, aber in der Welt immer wieder auf seine nurmenschliche Existenz verwiesenen Künstlers.[65] Programmatisch verkündet der Erzähler in ›Le vergini delle rocce‹ zu Beginn des ersten
Buches seine Philosophie: „Die Welt ist die Vorstellung der Empfindlichkeit und des Denkens weniger höherer Menschen, die sie geschaffen und daher im Lauf der Zeit erweitert und geschmückt haben und
sie in der Zukunft immer mehr erweitern und schmücken werden.
Die Welt, so wie sie heute erscheint, ist eine großartige Gabe, von
den Wenigen der Vielen, von den Freien den Sklaven gewährt: von
denen, die denken und empfinden, denen, die arbeiten müssen. –
Und so erkannte ich einen höchsten Ehrgeiz in dem Wunsch, dieser
menschlichen Welt irgendeinen Schmuck mitzubringen, irgendeinen
neuen Wert hinzuzufügen, auf daß sie ewig an Schönheit und Leid
wachse."[66] Das Leiden wird im Begriffspaar „Schönheit und Leid"
«bellezza e dolore» ähnlich wie in Feuerbachs Christusbild konstitutives Element übermenschlicher Träume und übermenschlichen Seins.
Die Sprache verrät, welcher Art das Leiden an der Welt ist. Wer sich
selbst martialisch zu den Wenigen, den Freien, die anderen jedoch gewollt autoritär zu den Vielen, den Sklaven rechnet, sagt mehr über
seine eigene Schwäche als die der anderen aus. Andererseits schließt
der psalmodierende, geradezu magische Gestus der Sprache das reale
Unbehagen als Element einer Ästhetisierung der Wirklichkeit mit
ein.

Bedeutung und Bedeutungslosigkeit, Macht und Ohnmacht,
Selbstbewußtsein und Selbstzweifel bedingen beim «uomo superiore» dannunzianischer Prägung einander. Erst der um die potentielle Schönheit seines Leidens wissende Künstler gilt als Sieger über
die die Menschheit als Gesamt wie in ihren einzelnen Gliedern bedrohende Unvollkommenheit, weil er in sich sowohl großartig geträumte

Zukunft als auch defizitär erlebte Gegenwart birgt. Auf der einen Seite – so auch Nietzsche – fungiert die Intellektualität eines Menschen bzw. der Grad der Fähigkeit, den Intellekt zur Beherrschung der weltlichen Dinge einzusetzen, als Distinktiv, auf der anderen Seite wirkt die Überlegenheit des Menschen ohne das Gespür für die produktiven Kräfte, die gerade aus der Schwäche erwachsen, nicht in die Welt hinein. „Wie weit auch unser *Intellekt* eine Folge von Existenzbedingungen ist –: wir hätten ihn nicht, wenn wir ihn nicht *nötig* hätten, und hätten ihn nicht *so*, wenn wir ihn nicht *so* nötig hätten, wenn wir auch *anders* leben könnten."[67] Daß es eben nicht „anders" geht, ist eine der Einsichten Nietzsches, die in D'Annunzios ›Le vergini delle rocce‹ wiederzufinden sind. Im Kampfbegriff erscheint endlich auch die dynamische Spannung zwischen übermenschlichem Traum und realem Unbehagen. „Leben ist für sie sich ständig bejahen und vermehren, ist ständig kämpfen und siegen: Leben ist für sie herrschen."[68] Dies wird auf die Italiener («la gente italiana») bezogen. Aber gleichviel, ob D'Annunzio auf die konkrete Realität Cantelmos oder die abstrakte eines fiktiven mächtigen Italien rekurriert: Bestehen bleibt die ästhetisch aufgehobene Dialektik zwischen Krankheit und Gesundheit, Körper und Geist, Sterben und Leben.

Die Fähigkeiten, die der Körper dem Menschen bietet, formuliert Valéry 1912 in einer Notiz der ›Cahiers‹: „Wenn der Mensch reiner Geist (pur esprit) wäre, – es gäbe weder Überraschung noch die verschiedenen Bedeutsamkeiten der Dinge, weder dieses Tasten noch diese Wirren, die die Arbeiten versinnlichen, die den Gedanken ausmachen, ihm einen Körper geben, eine Zeit zu sein, eine Zeit, in der er nicht ist, und eine, in der er ist."[69] Der Körper ist das Sprachrohr der Seele, durch ihn erst kann sich die Seele in dem Sinne äußern, veräußern, daß die Außenwelt sie als Ursache der in sie hineingeworfenen Wirkungen wahrnehmen kann. Der Körper gibt der Seele erst die Macht, im scholastischen Sinne eine *potentia* in die Tat umzusetzen, *actus* werden zu lassen. Valéry konstatiert, daß der Körper nicht nur Grenzen, sondern auch neue Perspektiven des Menschen setzt. Freiheit entsteht erst aus der Verbindung der intellektuellen Fähigkeiten mit dem Körper: „Dieser Körper ist ein bewundernswertes Instrument, und ich bin sicher, daß die Lebenden, die ihn alle zu ihrer Verfügung haben, ihn nicht in seiner ganzen Fülle nutzen."[70]

Ein Gegenbegriff zu der „ganzen Fülle" (plénitude), von der Valéry spricht, ist die „Askese", ein allerdings auch nicht eindeutig belegter Begriff, dessen Ambivalenz Nietzsche aufgreift. Einerseits beruft sich Nietzsche auf die „praktische Asketik aller griechischen

Philosophen", die seiner Ansicht nach Vorbild jeder zukünftigen „Asketik" sein müßte.[71] Wie wenig diese jedoch in der Moderne verwirklicht wird, belegt er in seiner Kritik des Bildungswesens seiner Zeit. In dem Aphorismus „*Die sogenannte klassische Erziehung*" beschwört er die Harmonie von Körper und Geist, die die Bildung der griechischen Philosophen ausgezeichnet habe.[72] Dialektik und Faustkampf hätten einander ergänzt, eine These, die später beispielsweise in Montherlants Stierkampf- und Olympiadehymnik zugespitzt wiederauftaucht.

Zu dieser Form der „Askese" gehört notwendig die Bereitschaft, auf die weltlichen Güter zu verzichten, die die Zeit des 19. Jahrhunderts prägen: Geld und politische Macht. „Also, meine Freunde, verwechselt mir diese Bildung, diese zartfüßige, verwöhnte, ätherische Göttin nicht mit jener nutzbaren Magd, die sich mitunter auch die 'Bildung' nennt, aber nur die intellektuelle Dienerin und Beraterin der Lebensnot, des Erwerbs, der Bedürftigkeit ist. Jede Erziehung aber, welche an das Ende ihrer Laufbahn ein Amt oder einen Brotgewinn in Aussicht stellt, ist keine Erziehung zur Bildung, wie wir sie verstehen, sondern nur eine Anweisung, auf welchem Wege man im Kampfe um das Dasein sein Subjekt rette und schütze."[73] Die soziale „Askese", die Einsamkeit, ist – so Nietzsche – unabdingbar, um Körper und Geist in ein harmonisches Verhältnis zu bringen. Die Tatsache, daß Nietzsche dies zu betonen für notwendig hält, sowie der Ton, in dem er seine Klagen über das Fehlen einer in griechisch-klassischer Tradition gelebten „Askese" als Element der Bildung junger Menschen vorträgt, signalisieren den anderen Begriff der „Askese", den Nietzsche in seiner Zeit ausgemacht haben will. „Askese" wird in Nietzsches Invektiven gegen die sogenannten „asketischen Ideale" zum Kampfbegriff einer Kaste, der „Priester", die ihn verwenden, nicht, um sich selbst zu einem solchen Verhalten zu ermahnen, sondern um die „Gläubigen", die unter die Herrschaft ihrer Ideologie zu Unterwerfenden, an ihre Unvollkommenheit zu erinnern, aus der nur sie, die Wissenden, sie herausführen könnten. Es wird ein Ideal gepredigt, das die Vernichtung jeden individuellen Lebens meint. Als 'übermenschliches Wesen' gilt „der *Asket* und Märtyrer, er empfindet den höchsten Genuß dabei, eben das als Folge seines Triebes nach Auszeichnung selber davon zu tragen, was sein Gegenbild auf der ersten Sprosse der Leiter, der *Barbar*, dem anderen zu leiden gibt, an dem und vor dem er sich auszeichnen will"[74].

Gide formuliert in einer Tagebuchnotiz vom 1. Juli 1942 die Konsequenz einer solchen Lust am Leid: „Ich bewundere die Märtyrer.

Ich bewundere all diejenigen, die gleichviel für welche Religion auch immer zu leiden und sterben wissen. Aber wenn Sie mich überzeugten, lieber Pater X., daß nichts als der Glaube dem Hitlerismus Widerstand leisten kann, sähe ich zudem weniger geistiges Verderben in der Akzeptanz des Despotismus als in dieser Art des Widerstandes, so wie ich jedes Unterordnen des Geistes für seine Interessen schädlicher erachte als eine Unterwerfung unter Gewalt, da diese ihn wenigstens nicht verpflichtet, in nichts kompromittiert."[75] Hier gerät soziale Askese zur moralischen Korruption. Wer sich nur auf einen spirituellen Akt als einzige Äußerung seines Geistes, seines Intellekts, verläßt, gibt sich selbst letztlich auf. Prototyp einer solchen Haltung ist für Nietzsche das „Christentum" als eine der „Religionen *für Leidende*", in dem „Askese" als Strategie der „Entweltlichung" und „Entsinnlichung" funktioniert.[76]

In der Identifizierung „asketischer Ideale" zur Zähmung körperlichen Aufbegehrens als Teil einer konsequenten Machtstrategie setzt Nietzsches Interpretation der sozialen Zustände seiner Zeit an. In ›Jenseits von Gut und Böse‹ erklärt er „Asketismus und Puritanismus" – dieser als die Form, in der jener im 18. und 19. Jahrhundert auftritt – als Instrumente, die diejenigen zur Etablierung und Sicherung ihrer Herrschaft einsetzen müßten, die aufgrund ihrer Legitimationsschwäche nicht in der Lage seien, ihre Anerkennung durch ihre Mitmenschen auf anderem Wege durchzusetzen. „Asketismus und Puritanismus sind fast unentbehrliche Erziehungs- und Veredlungsmittel, wenn eine Rasse über ihre Herkunft aus dem Pöbel Herr werden will und sich zur einstmaligen Herrschaft emporarbeitet."[77] Auch die Gründe des scheinbar karitativen, in Wirklichkeit jedoch durchaus geplant machtorientierten Verhaltens eines «pasteur» erschließen sich in diesem Kontext. Diejenigen, die die „Askese" als Weg zum Heil anpreisen, verdecken in ihren metaphysischen Reden das sozial motivierte Bedürfnis, eine eigene Art der Selbstbestätigung nicht nur 'über', sondern vor allem 'vor' den anderen zu konstituieren. Nicht das eigene Verhalten, sondern das der anderen schafft Selbstbewußtsein. Nicht Leiden an sich, womöglich gemildert in der Form des Mitleidens, sondern Leiden-Machen, somit das Erlebnis, selbst Ursache des Leidens anderer zu sein, legitimiert die frisch errungene Machtposition. Ursache zu sein, in der Sprache der scholastischen Theologie: Für ein anderes oder einen anderen *motor primus* zu sein, wird zum vorrangigen Ziel der Aufstrebenden erklärt. Die eigene Krankheit wird externalisiert und auf das andere oder den anderen verschoben, dem sie 'an den Hals' gewünscht und gepredigt wird, damit man selbst trotz aller Unzulänglichkeiten noch als der eigentlich Mächtigere und real Herrschende erscheinen kann. Die inszenierte Selbst-Überwindung des Asketen wiederum funktioniert als demagogisches pseudo-dialektisches Mittel, wie nicht nur Nietzsche, sondern auch Feuerbach betont: „Der Erfüller des Gesetzes tritt daher notwendig an die Stelle des Gesetzes und zwar als ein neues Gesetz, ein Gesetz, dessen Joch sanft und milde ist. Denn statt des nur kommandierenden Gesetzes stellt er *sich selbst* als *Beispiel*, als ein *Objekt der Liebe*, der Bewunderung und Nacheiferung hin – und wird dadurch zum *Erlöser* von der Sünde. (...) Das Gesetz ist tot; aber das Beispiel animiert, begeistert, reißt den Menschen unwillkürlich mit sich fort."[78]

Eine materialistische Version der „Askese" formuliert Marinetti. Er nennt sie weniger pathetisch, weniger metaphysisch begründet, aber naturwissenschaftlicher, materieller: „Hygiene". Besonders in ›La guerra sola igiene del mondo‹ demonstriert er, wie notwendig die Zeit, in der er lebt, seine und der Futuristen Herrschaft brauche. Ausführlich zählt er die Krankheiten Italiens auf. Stellvertretend für die gesamte Tradition der literarischen Kritik an den italienischen Zuständen klagt er erneut über ein „Rom", das „unter der Trümmerlepra" leide.[79] Diese Form der Italien-Kritik hat eine Tradition, die von Petrarcas ›Italia mia‹ bis zu Pasolinis ›L'umile Italia‹ (aus ›Le ceneri di Gramsci‹) reicht, doch fügt Marinetti der langen Liste der in kriegerischen Auseinandersetzungen geschlagenen Wunden eine Krankheit hinzu, die in der Regel als unheilbar galt und mit der Sanktion verbunden war, sich von anderen fernzuhalten. Ähnlich wie Barrès, der vom «virus» der orientalisierenden Fin-de-siècle-Dekadenz im Blut eines der Protagonisten in ›Les Déracinés‹ spricht,[80] macht er den Einfluß einer fremden Kultur für die Leiden des Landes verantwortlich: „Denken Sie, daß Rom mit seinen Geschäften, die schließen, wenn die Amerikaner gehen, durch den bloßen Verdacht eines Cholerafalls verarmt sein könnte. / Die Industrie der Fremden: Das bekämpfen wir ohne Gefechtspause!"[81] Marinetti plädiert dafür, das bestehende Verhältnis zwischen Kranken und Gesunden umzukehren. Er predigt den Krieg als Chance, gleichzeitig die physische Dekadenz des Einzelnen wie die der Nation zu überwinden. Kosmopolitismus und Pazifismus hätten ausgedient: „Wir betrachten die Hypothese der freundschaftlichen Verbindung der Völker als überwunden und noch überwindbar, und wir lassen für die Welt nur eine einzige Hygiene zu: den Krieg."[82] In einer „verjüngten, wiedergeborenen Stadt" ließe sich wieder leben.[83] Der Kampfbegriff der „Hygiene" dient Marinetti dazu, die zur Durchsetzung seiner mehr oder weniger politischen Ziele notwendigen physiologischen Voraussetzungen zu schaffen. Der Krieg ist die Kunst, mit der er die Seuche seiner Zeit besiegen will, die Kunst ist das Elixier, das die erforderliche „glorreiche Leidenschaft" (la gloriosa passione) lebendig werden läßt und lebendig hält.[84] Marinetti trägt seinen Gesundheitskult zur Schau, um seinen – universalen – Herrschaftsanspruch zu legitimieren. Der politische Furor seiner Sprache läßt die Leser (und Hörer) zunächst nicht an die Probleme des Claudio Cantelmo denken. Dennoch ähneln sich die Texte. In beiden Fällen entstehen vor allem sprachliche Modelle der Selbst-Inszenierung eines Menschen zum Übermenschen. Ein intellektueller Akt läßt erlebte Krankheit, erlittene Unvollkommenheit im Körper der Sprache zu einem in sich geschlossenen Kunstwerk gerinnen, dessen Rückwirkung auf den Leser nicht aus ihm selbst, sondern aus der Phantasie seines Lesers entsteht. Wer sich an den ästhetischen Bildern D'Annunzios berauscht oder von Marinettis rhetorischem Pathos ergreifen läßt, wiederholt in sich den kreativen Akt der beiden Autoren, die sich nicht – wie Gide in seinen Erzählungen und autobiographischen Schriften – auf den in seinen Affekten immer noch psychologisch analysierenden Bericht des Werdens und Scheiterns eines höheren Selbstbewußtseins und Seins beschränken wollen. Allen gemeinsam ist jedoch das Bild einer wie auch immer zu überwindenden Grenze zwischen Körper und Geist, hegelianisch gesprochen: ein „unglückliches Bewußtsein"[85].

Tod Gottes – Tod des Kindes

Physische Defekte können über narzißtische Erfüllung zum Distinktiv verschiedener Formen höheren oder niederen Menschseins geraten. Schwächen anderer Menschen verhelfen sogar in ihrem Selbstbewußtsein unsicheren Menschen zu einem Erlebnis höheren Seins, das jedoch nicht in sich selbst ruht, sondern an die Hegelsche Typologie von Herr und Knecht gebunden ist. Die errungene Macht zerbricht schnell, wenn sie mit dem Verschwinden oder der Befreiung des Knechts das Spiegelbild verliert, in dem sie allein existent war. Narzißtische Erfüllung ist nur scheinbare Erfüllung; in Wirklichkeit signalisiert sie die innere Leere des eines Spiegels bedürftigen Ichs. „Beide Momente sind wesentlich – da sie zunächst ungleich und entgegengesetzt sind und ihre Reflexion in die Einheit sich noch nicht ergeben hat, so sind sie als zwei entgegengesetzte Gestalten des

Bewußtseins; die eine das selbständige, welchem das Fürsichsein, die andere das unselbständige, dem das Leben oder das Sein für ein Anderes das Wesen ist; jenes ist der *Herr*, dies der *Knecht*."[86]

Nietzsche deckt den Zusammenhang zwischen narzißtischem Bedürfnis und innerer Leere auf. Während Hegels „Herr" einerseits nach der Vernichtung des „Knechtes" als letzter Erfüllung seines Herrschaftsanspruchs streben muß, diese zugleich aber nicht vollziehen kann, weil er sich so der eigenen Existenzgrundlage beraubte, propagiert Nietzsche die Aufhebung der Dialektik von Herr und Knecht im Tod des „Herrn", dessen philosophisch und politisch wirkungsvollstes Symbol der „Gott" des „christlichen" Zeitalters ist. Mehr noch: von der traditionellen Gottesvorstellung des „Christentums" darf nicht einmal mehr ein „Schatten", kein Surrogat übrigbleiben, das die wahre Befreiung verhindere. „Es gibt keine ewig dauerhaften Substanzen; die Materie ist ein ebensolcher Irrtum wie der Gott der Eleaten. Aber wann werden wir am Ende mit unserer Vorsicht und Obhut sein! Wann werden uns alle diese Schatten Gottes nicht mehr verdunkeln? Wann werden wir die Natur ganz entgöttlicht haben! Wann werden wir anfangen dürfen, uns Menschen mit der reinen, neu gefundenen, neu erlösten Natur zu *vernatürlichen!*"[87] Im Symbol „Gott" identifiziert Nietzsche die Sehnsucht der narzißtisch bedürftigen Menschen, sich eine „ewig dauerhafte Substanz" zu denken, die das eigene Handeln bestimmen und vor allem rechtfertigen soll, so daß sie sich selbst in ihrem Leben als quasi stellvertretende Götter beweisen können. Die Figur des «pasteur» aus Gides ›Symphonie pastorale‹ prägt die Eigenschaften des sich doppelt in einem rechtfertigenden höheren Wesens und in einem auf niederem Zustand erlebten Menschen spiegelnden Narziß besonders deutlich aus. Somit muß der Tod des Herrn, der „Tod Gottes" im Sinne der Negation metaphysisch verbrämter, real jedoch rein narzißtischer Bedürfnisse als Metapher für den Aufbruch zur Freiheit erscheinen. Für denjenigen jedoch, der seine eigenen Möglichkeiten nicht erkennt oder aus Angst vor dem Scheitern – metaphysisch formuliert: vor „Strafe" – nicht zu nutzen wagt, muß der „Tod Gottes" als Botschaft aggressiv atheistischer oder materialistischer Philosophie jede Existenzgrundlage zerstören. Er ist darauf angewiesen, daß da jemand ist, der für ihn im doppelten Sinne alles 'richtet'. Der „Tod Gottes" nimmt ihm das vermutete Recht, sich gegen andere Menschen selbst als 'kleiner Gott' zu verhalten.

Die Metapher vom „Tod Gottes" bezeichnet nicht das Selbstbewußtsein des Sterbenden, sondern das Empfinden dessen, der Gott sowohl als metaphysisches Konstrukt als auch als personale Instanz braucht. Diese Form „unglücklichen Bewußtseins" spiegelt die Mentalität von aus welchen Gründen auch immer Unfreien. Nicht umsonst koppelt Nietzsche die Genese des Typus des „Freien Geistes" mit dem „Tod Gottes". Die Radikalität seines Konzepts erhält ihre schärfste Form schließlich in einer Extremform der Geburt des „Freien Geistes": der Metapher des Kindes gefaßt. Damit ist nicht das Kind als unmündiges, ignorantes Wesen gemeint. Nietzsche suggeriert dem Leser – durchaus in der Tradition der Definition Schillers[88] – die Utopie eines naiven, freien, weil für alle Möglichkeiten offenen Seins, das seine Erfüllung eben darin entdeckt, daß es sie nicht wie vorgefunden akzeptieren muß, sondern wie zu schaffen, sozusagen im Gerundivum, selbst pro-vozieren kann. Das „Kind" fungiert in der metaphorischen Sprache Nietzsches als der „werdende Gott", der sich jedoch von dem getöteten oder je nach subjektiver Befindlichkeit des Einzelnen noch zu tötenden Gott darin unterscheidet, daß er ohne Jünger und somit ohne Priester und „Herde", d. h. blind Gläubige, für sich und nur für sich existieren will und wird: „Unter Menschen war Heraklit als Mensch unglaublich; und wenn er wohl gesehen wurde, wie er auf das Spiel lärmender Kinder achtgab, so hat er dabei jedenfalls bedacht, was nie ein Sterblicher bei solcher Gelegenheit bedacht hat – das Spiel des Weltenkindes Zeus und den ewigen Scherz einer Weltzertrümmerung und einer Weltentstehung."[89] Dieser Begriff des „Kindes" assoziiert Leben schlechthin, so wie der des „(christlich-jüdischen) Gottes" die Notwendigkeit seines Todes impliziert. In Worten des ›Zarathustra‹: „Wahrlich, gleich tausendfältigem Kindsgelächter kommt Zarathustra in alle Totenkammern, lachend über diese Nacht- und Grabwächter, und wer sonst mit düsteren Schlüsseln rasselt."[90] Die Wertschätzung des Kindes als dem naiv-freien Wesen schlechthin rührt gleichzeitig an das Motiv der Unbefangenheit einer Zeit, an die der Erwachsene sich gerne erinnert, und an das Motiv der in jedem Erwachsenen wiederentdeckbaren Freiheit vor der Welt. Proust läßt Marcel seine 'Reise' in die Vergangenheit mit der Evokation der „schönen Wangen des Kopfkissens, die, voll und frisch, wie die Wangen unserer Kindheit sind", beginnen.[91] Die andere Linie knüpft bei der Geschichte der Geburt Christi an und setzt die Geburt des göttlichen Kindes als moralische Möglichkeit jedes Menschen gegen die Korruption der Gott entfremdeten Welt. Chateaubriand schreibt über die Taufe: „Dieses Sakrament erinnert uns an die Verderbtheit, in der wir geboren sind, den schmerzenden Schoß, der uns trug, die Heimsuchungen, die uns in dieser Welt erwarten; es sagt uns, daß unsere Fehler auf unsere Kinder überkommen, daß wir alle eines Geschlechts sind: schreckliche Lehre, die, wäre sie wohl bedacht, alleine genügen sollte, um die Tugend (vertu) unter den Menschen herrschen zu machen."[92] Ziel ist „die Erneuerung der Welt", denn auch wenn der Begriff des „Kindes" nicht explizit fällt, verrät Chateaubriand mit der das Taufkapitel abschließenden Datierung der 1. Beichte auf das 7. Lebensjahr – als dem Alter, in dem das Kind gelernt habe, „Gut" und „Böse" zu unterscheiden –, daß er das Kind als den Träger potentieller moralischer Reinheit, somit der Zukunft eines „christlichen" Gesellschaftsvertrages definiert.[93] In jedem Kind beginnt die Heilsgeschichte sozusagen von vorn. Jedes Kind ist eine neue Chance der Menschheit, das ererbte Böse zu besiegen. Mythen um den Begriff des Kindes zeugen von der Hoffnung auf eine höhere, entweder quasi-göttliche oder eben übermenschliche Existenz des Menschen. Aus subjektiver Sicht gesprochen: In den „Gott" wie in das „Kind" projiziert der Mensch seine eigene Schwäche, indem er sie in der Stärke eines idealisierten höheren Zustands aufhebt, dem zu gleichen er sich vorgenommen hat.

Goethe integriert auch den Tod in die in ein „Kind" gelegte Vollkommenheitsidee. An einem nach dem Modell des Ikarus-Mythos konzipierten Wesen demonstriert er die Irrealität der Sehnsucht nach einem Menschentypus, in dem sich artistische, moralische und politische Perfektion verkörpern. Faust und Helena rufen in ›Faust – Der Tragödie zweiter Teil‹ verzweifelt: „Kaum ins Leben eingerufen, / Heitrem Tag gegeben kaum, / Sehnest du von Schwindelstufen / Dich zu schmerzenvollem Raum."[94] Der Tod des Gewarnten, des Euphorion, gerät bei Goethe zum exemplarischen Ereignis. Euphorion sucht den eigenen Tod als höchste Erfüllung seines Seins: „Und hört ihr donnern auf dem Meere? / Dort widerdonnern Tal um Tal, / In Staub und Wellen Heer dem Heere, / In Drang um Drang zu Schmerz und Qual. / Und der Tod / Ist Gebot, / Das versteht sich nun einmal."[95] Der leicht bänkelsängerische Schluß der Rechtfertigungsrede des Euphorion suggeriert eine geradezu spielerische Lebensphilosophie, die sich später in Nietzsches Heraklitbild wiederfindet. Die bewußt eingegangene Lebensgefahr schafft ein neues kreatives Potential. Der Tod wird Teil eines kreativen Aktes.

Baudelaire läßt seinen Ikarus in ›Les plaintes d'un Icare‹ (›Die Klagen eines Ikarus‹) die Anonymität des Absturzes in ein Meer beklagen, dessen Abgründe nicht zuließen, eine bestimmte Stelle nach dem Namen des großen Abgestürzten zu taufen. Im Vordergrund prägt jedoch die überaus große, nicht beschreibbare Schönheit des Stürzenden den Text:

> En vain j'ai voulu de l'espace
> Trouver la fin et le milieu;
> Sous je ne sais quel œil de feu
> Je sens mon aile qui se casse;
>
> Et brûlé par l'amour du beau,
> Je n'aurai pas l'honneur sublime
> De donner mon nom à l'abîme
> Qui me servira de tombeau.[96]

[Vergeblich habe ich Ende und Mitte des Raumes finden wollen; unter ich weiß nicht welchem Feuerauge fühle ich meinen zerbrechenden Flügel; und von der Liebe zum Schönen verbrannt, werde ich nicht die erhabene Ehre haben, meinen Namen dem Abgrund zu geben, der mir als Grab dienen wird.]

Bei Baudelaire wird deutlich, daß Ikarus, das tote Kind, Imago des Dichters ist, der beim Versuch, die Höhen seiner Kunst zu erreichen, scheitern muß, ohne in der Nachwelt dafür irgendeine kompensierende Anerkennung erwarten zu dürfen, daher aber um so mehr, nunmehr selbst Gegenstand der Dichtung, die Erhabenheit des Augenblicks des Absturzes preisen wird. Die Bereitschaft zur Lebensgefahr gerät zum ethisch-ästhetischen Augenblick schlechthin.

Marinetti läßt in ›Mafarka le futuriste‹ den Negerkönig Mafarka aus Trauer über den Tod seines Bruders Magamal ohne weibliche Hilfe den futuristischen Ikarus Gazourmah zeugen und gebären. Dieser schwingt sich zu einem Flug auf, in dem alle je errungenen Höhen – ganz im übertragenen Sinne von Baudelaires ›Les plaintes d'un Icare‹ – übertroffen werden. Weder Sonne noch Planeten begrenzen Gazourmahs Flug: „So verwirklichte sich endlich im Flug Gazourmahs die große Hoffnung der Welt, der große Traum der totalen Musik ... Der Aufschwung aller Lieder der Erde erfüllte sich in seinen großen inspirierten Flügelschlägen! ... Erhabene Hoffnung der Poesie!"[97] Die Gegenden, die Gazourmah hinter sich läßt, ähneln den „todbringenden Miasmen", von denen Baudelaire in ›Elévation‹ schreibt. „Pouah! Dieser Mumiengeruch, dieser Gestank toter Jahrhunderte rufen in mir Ekel hervor! Steigen wir höher!"[98] Dieser Ekel wird – wie schon bei Baudelaire – auch bei Marinetti nicht konkret begründet. Sobald die Sprache poetisch wird, finden sich selbst in scheinbar programmatisch gefaßten Texten wie Mafarkas ›Discours futuriste‹ fast nur Metaphern, Allegoresen, enigmatische Formeln.

Marinetti beschwört Mafarkas bedingungslose Gläubigkeit an die „absolute und definitive Macht des Willens", den es in „grausamer Disziplin" zu „kultivieren" (!), zu „intensivieren" gilt; Gazourmah ist fleischgewordener Wille.[99]

Das Satyrspiel zu Marinettis Tragödie eines selbstgezeugten Deus ex machina – zugleich eine treffende Parodie der Situation der politisch ohnmächtigen Künstler um die Jahrhundertwende – ist Apollinaires ›Les mamelles du Tirésias‹: „Der Wille, mein Herr, führt uns zu allem."[100] Selbst die bald im Land der Thérèse-Tirésias, einem imaginären Zanzibar, durch die von ihrem/seinem Ehemann, kurz und entindividualisierend „der Gatte" genannt, an einem Tag gezeugten 40050 Kinder entstandene Hungersnot wirkt lächerlich.[101] Das Werk des Gatten erscheint als die selbstsüchtige Tat eines seiner selbst nicht bewußten Narziß, der in der Quantität der von ihm gezeugten Kinder die eigene Nichtigkeit zu verbergen trachtet. Die Absurdität der Kombination von übermenschlicher Energie und kindlicher Zukunftsgewißheit in einem Wesen wird im schon in der Wiege wahrsagenden, aber in den Augen des Vaters mißratenen Sohn angedeutet.[102] Gerade im Gelingen der romantisch vermittelten futuristischen Utopie eines übermenschliches Sein versprechenden, im Motiv des Kindes fixierten Lebens- und Weltentwurfes bestätigt sich bei Marinetti und Apollinaire erneut der Zusammenhang zwischen den Motiven des Gottes und des Kindes. In ihren Kindern manifestieren Mafarka und der Gatte ihre Sehnsucht nach einer höheren Wirklichkeit, in der sie selbst eine schöpferische Hauptrolle spielen.

Betrachtet man das ikarische Konzept aus der Perspektive dessen, dem der Ikarier entfliehen will, tritt die mythische Gestalt des Stellvertreters Gottes auf Erden auf den Plan, dessen Prototyp Laios, der Vater des Ödipus, ist. Laios ist eine Figuration des sterbenden Gottes, der sein Leiden nur bewältigen zu können meint, wenn er den, der ihm folgt, der ihn überleben wird, der ihn aus allen soziale Macht repräsentierenden Positionen verdrängen und somit zumindest sozial, wenn nicht gar physisch töten will und wird, selbst tötet. Michel Leiris hat diesen Typus in ›L'âge d'homme‹ beschrieben. „Ich habe immer Widerwillen gegen schwangere Frauen gehabt, Furcht vor der Niederkunft und einen offenen Abscheu angesichts von Neugeborenen." Die Begründung dieses Ekels folgt wenige Zeilen weiter: „Vor allem konnte ich nicht ertragen, nicht mehr der jüngste zu sein, der, den man in der Familie den 'kleinen letzten' nannte. Ich erfaßte, daß ich nicht mehr die letzte Generation vertrat; ich hatte die Enthüllung des *Alterns*; ich empfand eine große Traurigkeit und ein Unbehagen,

– Angst, die sich seitdem nur noch verschärfte."[103] Ein jüngeres, neues Wesen bedroht die Illusion, man sei einzigartig, allein die Zukunft der Welt. D'Annunzio greift den Laios-Mythos in ›L'innocente‹ auf. Tullio Hermil ahnt, daß die Haßgefühle, die er gegenüber seinem ‚Sohn‘ hegt, uralte Gründe haben: „Ich sah mich also selbst jene besonderen schon von einem anderen vollbrachten Taten vollbringen, das Verhalten eines anderen in einem dem meinen ähnlichen Fall nachahmen. Das Gefühl der ursprünglichen Spontaneität fehlte mir."[104] Er grübelt darüber nach, wer dieser Unbekannte gewesen sein könnte, dessen Handlungen er geradezu in magischer Erfüllung nachvollziehe.[105] Die Tat ist der Mord am selbst gezeugten Thronfolger, dem erstgeborenen Sohn. Ebenso wie Laios wird Tullio Hermil seinen Sohn aussetzen: „Ganz langsam, die Angst unterdrückend, nahm ich das Kind; ich hielt es von meinem zu stark klopfenden Herz entfernt und trug es zum Fenster; ich setzte es der Luft aus, die es sterben machen mußte."[106] Seine Angst ist – im Sinne von Canettis Ausführungen in ›Masse und Macht‹ – die vor dem jüngeren, stärkeren, ihn wenn vielleicht auch nicht physisch, so doch psychisch tötenden „Überlebenden".[107]

Tullio Hermil kann nicht einmal die potentielle Überlegenheit eines anderen ertragen. Schon gegenüber seiner Frau Giuliana versucht er ständig, seine eigene Überlegenheit zu demonstrieren, sich selbst in seinen Mitmenschen, deren Symbol sie und das Kind sind, zu spiegeln. Tullio will auf keinen Fall ein „Mensch wie alle anderen" sein. Allein die Gewißheit, daß seine Frau ihn nicht so einschätzt, gibt ihm Sicherheit im Denken und Handeln.[108] Sicher ist er sich der Zuneigung Giulianas nur, wenn diese ihm in jeder konkret denkbaren Situation unterlegen bleibt, so daß er sein „instinktives Bedürfnis, gegenüber Giuliana meine Überlegenheit (superiorità) zu erweisen", befriedigen kann.[109] Gleichzeitig erklärt er diese Pose des patriarchalischen Ehemanns zum Wunschtraum aller Intellektuellen, gleichviel ob Künstler, Philosoph oder Politiker: „Ich glaubte, durch mich könne der Traum aller Intellektuellen Wirklichkeit werden: – einer beständig treuen Frau beständig untreu sein."[110] Zu dieser Selbstinszenierung paßt die selbstgefällige Feststellung, ihm fehle der «senso morale» (das „moralische Empfinden" – gemeint sind die zeitgenössischen, in juristischen und kirchlichen Texten kodifizierten moralischen Konventionen), eine offenkundige Parallele zu Gides ›L'immoraliste‹: Auch Michel konstatiert, daß ihm der «sens moral» (in diesem Fall konkret der der «propriété», des Verhältnisses zur Unverletzlichkeit des Eigentums) abgehe.[111]

Tullio definiert seinen Standpunkt nicht aus sich. Sein Bruder berät ihn, und sein Rat ähnelt dem des Ménalque in ›L'immoraliste‹. Ménalque rät zur «ferveur», Tullios Bruder zu «ardore» (Eifer, Hitze, Glut des Gefühls).[112] Wie Michel vermag Tullio diesen Rat nicht in Taten umzusetzen. Seine Begeisterung für ein ungebundenes, dem Bild des Intellektuellen – so wie er ihn sieht – entsprechendes Leben schwindet in dem Augenblick, in dem er – wie Michel, der an der im Dialog mit Ménalque erwachsenen Aufgabe, sich von allen sozialen Bindungen zu befreien, verzweifelt[113] – mit den Konsequenzen seiner sozialen Bindungen konfrontiert wird. Weil nicht er Giuliana, sondern diese ihn vor aller Augen sichtbar betrogen hat, weil er das Kind, das sie von einem anderen Mann empfangen hat, als den Makel schlechthin auf seiner amoralischen Integrität erlebt, verliert er seine aufgesetzte Selbstsicherheit. Der Mord an 'seinem' Sohn erscheint ihm als der einzige Ausweg, seine Überlegenheit zu beweisen. Wenn Giuliana sich ihm schon überlegen gezeigt hat, soll sie wenigstens nicht den Genuß des Erfolges bis über den eigenen Tod hinaus besitzen. Das Kind muß sterben, weil es zugleich den moralischen Tod seines 'Vaters' und die Unausweichlichkeit der letzten Konsequenz jeder sozialen Beziehung symbolisiert. Überlegenheit läßt sich im Geflecht der zwischenmenschlichen Beziehungen nicht auf Dauer etablieren, weil sie voraussetzt, daß sich das Leben in einem dem nach Überlegenheit strebenden Menschen genehmen Aggregatzustand verfestigen müßte. Dies ist jedoch nur in symbolischen Handlungen möglich, der Fixierung und Entäußerung des Ich-Ideals in einem Kunstwerk. Hierzu sind jedoch weder Tullio Hermil noch Michel in der Lage. Für sie darf es kein selbstbestimmtes Leben außerhalb des eigenen Selbst geben: Die Gesellschaft als solche muß negiert werden, um Selbstbewußtsein positiv zu definieren. An die Stelle eines authentischen, ihr eigenes selbstbestimmtes Leben spiegelnden Werks tritt das Bekenntnis einer Schuld, das in Wirklichkeit das Eingeständnis der Ohnmacht vor dem Leben ist, das die anderen Menschen symbolisieren. „Das Gefühl meiner Schwäche, das Gefühl der Notwendigkeit dessen, was geschah und im Geschehen begriffen war, lähmten mich. (...) Ich erfuhr ein blindes Bedürfnis, auch jenem letzten dunklen Bewußtsein des Seins zu entfliehen."[114] Dieses Sein ist das soziale Sein. Das Kind Giulianas, der „ehebrecherische Fötus"[115], läßt ihn nach und nach erleben, daß die einzige Lebensform, die seinen Wunsch hätte erfüllen können, die Einsamkeit gewesen wäre. Laios erfuhr nie von dieser Wirklichkeit, Tullio muß mit ihr leben.

Kinder sind in den zitierten Texten von Apollinaire, Leiris, D'Annunzio Symbole der sozialen Dimension von Gottesphantasien. Der Traum von der Autarkie ist dort immer mit der Utopie möglicher Übermenschlichkeit verbunden. Das Erwachen findet in den banalen Alltagssituationen des Ehedramas oder der Geburt eines Kindes statt. Dem „Gatten" gelingt es vorerst, selbst Ursache unzähliger Existenzen sein zu können, ohne eine soziale Beziehung wie den Zeugungsakt eingehen zu müssen, er verliert aber die Kontrolle über seine Geschöpfe. Tullio Hermil und der Erzähler von ›L'âge d'homme‹ können die Anwesenheit eines sozialen Konkurrenten nicht dulden. Sie sehnen den Tod, die Nicht-Existenz des Ärgernisses herbei. Sie fürchten das Wesen, das ihnen demonstrieren könnte, daß sie nicht nur Herr, sondern auch Knecht sind. Körperlich ohnmächtige Wesen geraten in dieser Phantasie zu jede Individualität, persönliche Integrität und Freiheit verderbenden Monstern. Für sie wirkt Hegels These nicht, daß Herr und Knecht „zwei entgegengesetzte Gestalten des Bewußtseins" sind, die einander ständig befehden, aber letztendlich nie völlig vernichten, sondern jeweils das Andere in sich „aufheben".[116] Übermenschlichkeit ist für sie ebenso wie beispielsweise für Mafarka, den Futuristen, ein absoluter Wert, der durch keine andere, konkurrierende Existenz gemindert werden darf. Ihr nach außen grandioses, nach innen jedoch schwaches Selbstbewußtsein duldet keine Relativierung.

Wird die soziale Existenz des Menschen als Grundbefindlichkeit anerkannt, verändert sich das Motiv des Todes des Kindes. In ›Les faux-monnayeurs‹ demonstriert Gide am Beispiel des Boris, wie ein Mensch seine Sehnsucht nach einer dauerhaften sozialen Beziehung erst durch einen öffentlichen Selbstmord befriedigen kann. Boris ist narzißtisch zutiefst unbefriedigt. Er klammert sich an jede Person, die ihm Freundschaft und Liebe für die Dauer eines Lebens zu versprechen scheint. Als diese Personen sich ihm jedoch entziehen, verzweifelt er. Dies eskaliert nach dem Tod seiner Freundin Bronja. Er ist nie in der Lage, eine eigene Position in der Welt zu definieren, weil er immer in Reaktion auf andere denkt und handelt. Boris ist in seiner Einsamkeit bereit, alles Denkbare für soziale Anerkennung zu wagen, die ihm helfen könnte. Die Zwangslage, in der Boris sich zu befinden glaubt, definiert Gide als Bewußtsein einer potentiell gegebenen, aber real verpaßten Freiheit. Obwohl Boris im Verzicht auf eine soziale Dimension seines Lebens eine Chance verspürt, sich von jeder Bestimmung durch eine äußere Autorität – einschließlich der religiösen – zu befreien, entscheidet er sich im Konfliktfall für eine

Lösung, die sein Unbehagen in diesem Zwiespalt zwischen der Sehnsucht nach dem in einer geliebten Person als Symbol des Sozialen verkörperten verlorenen Paradies und der Ahnung ferner, noch nicht eroberter Reiche auf die vermeintliche Ursache, eben den Verlust des Sozialen, zurückwirft. So empfindet er schließlich die mögliche freie Zukunft, in die hinein er die Vergangenheit hätte überwinden müssen, als Zeit der unbeherrschbaren Ferne, des Verlustes, einer «perdition». „Ihm schien, daß er sich verlor, daß er sehr weit vom Himmel versank; aber er fand Vergnügen darin, sich zu verlieren, und machte aus diesem Verlust sogar seine Wollust. / Und dennoch behielt er in sich trotz seiner Zärtlichkeit in der Tiefe seiner Verlassenheit solchen Bedarf an Zärtlichkeit, ein so lebendiges Leiden an der Verachtung, mit der ihn seine Kameraden verletzten, daß er egal was, etwas Gefährliches, Absurdes für ein wenig Wertschätzung getan hätte."[117] Boris geht ein solches Risiko ein. In der Klasse erschießt er sich bei einer Art russischem Roulette, das drei Mitschüler von ihm für die Aufnahme in ihren Geheimbund, die «Confrérie des hommes forts» (die Bruderschaft der starken Männer), verlangt hatten. Wie sehr sich Boris in den Machtphantasien seiner Kameraden verliert, zeigt Gide in der Schilderung seiner letzten Augenblicke. Er schreibt, Boris gehe nach vorne, langsam, „wie ein Automat, mit starrem Blick; eher wie ein Schlafwandler"[118]. Um so infamer erscheint das Verlangen der Mitglieder der «Confrérie des hommes forts», um so vergeblicher das Bemühen von Boris, 'dazuzugehören', wenn der Leser erfährt, daß keiner der Urheber des Selbstmordes je daran gedacht hatte, Boris als gleichberechtigten Freund aufzunehmen: „Und da findet sich in dieser scheußlichen Geschichte vielleicht das, was mir das Monströseste scheint: diese Komödie der Freundschaft, die Georges zu spielen billigte."[119]

Die drei „Brüder" haben ihre Macht bewiesen. Boris ist gescheitert, weil er das Soziale als Wert überschätzt hat. Das Hegelsche Drama der Beziehungen zwischen Herr und Knecht hat sich zwischen vier Kindern abgespielt. Die drei 'Täter' wissen, daß Boris nicht Selbstmord verübt hat, sondern daß bereits beim Auslosen dessen, der in der Klasse auf sich selbst schießen sollte, manipuliert wurde.[120] Subjektiv gesehen mag Boris eine Figuration des Euphorion-Typus sein, objektiv ist er das Opfer seiner Verstrickung im Laios-Komplex derjenigen, die vor ihm da waren. Er erlebt mit Gleichaltrigen, daß die Wahrheit des Laios-Mythos soziale Wirklichkeit ist. Das tödliche Spiel zwischen Herr und Knecht kann sich im Vater-Sohn-Konflikt ebenso materialisieren wie in den Binnenkonflikten einer sozialen Clique.

Die Motive des Todes Gottes und des Todes eines Kindes signalisieren das Bestreben des jeweiligen ‚Täters', sich im Überleben als der in Wirklichkeit Überlegene zu erweisen. Das Motiv des Todes eines Kindes kann einerseits das Scheitern eines Versuches belegen, sich selbst in einer transzendente Strukturen aufhebenden und einschließenden Existenz auf Dauer einzurichten, andererseits aber auch allein verschiedene Ausformungen der Realität des sozialen Spieles von Herr und Knecht im Hegelschen Sinne spiegeln. Der Tod Gottes – gleichviel, ob im Sinne Nietzsches oder im Sinne der Mythologie um das Kind – ist Phantasie des knechtischen Bewußtseins, Illusion und Utopie zugleich, weil er sowohl den Zustand des Phantasierenden als auch die Perspektive einer zukünftigen, aus der Überwindung dieses Zustands hervorgehenden Welt enthält. Im Akt des Tötens wiederum imaginiert sich der Mensch als Gott: „Grausamkeit, das erste der Attribute Gottes." [121]

Die Lebensbedingungen der Intellektuellen

Bücherkult und edle Blässe

Die in der poetischen Verarbeitung der Motive des Todes Gottes und des Todes eines Kindes enthaltene Kritik trifft das Soziale, das den vom Töten seines ihm übermächtig erscheinenden Gegners besessenen Menschen umgibt. Der seelische Druck, der den Tötenden zu seiner Tat treibt, manifestiert sich zunächst in der Angst, nichts wirken oder gar bewirken zu können. Das Soziale erscheint in diesem Kontext als das dem Gestaltungswillen eines Menschen sich entziehende Objekt schlechthin. In den Personen 'Gott' und 'Kind' wird es scheinbar materialisiert, findet aber seine reale Grundlage in Klagen über eine Welt, die weder materiell noch ästhetisch die lebensnotwendige Chance, sich frei zu entfalten, gebe. Wer die Tradition dieser Klage verfolgt, stößt immer wieder auf Emma Bovary, die – Ikarierin im Alltag – in ihrem Mann Charles ebenso die verhaßte Mediokrität ihrer Umwelt personifiziert, wie sie in ihren Liebhabern Rodolphe und Léon ihre Träume materialisieren und realisieren zu können glaubt. Je mehr sie sich – bezeichnenderweise als Schreibende – in ihre Träume versenkt, um so mehr entfernt sie ihr ideales Ich von der Wirklichkeit. Der mystischer Literatur nachempfundene, in einer Gottesphantasie objektivierte Traum findet in der Person des Geliebten ein schließlich die Träumende bestimmendes Subjekt: „Aber während sie schrieb, nahm sie einen anderen Mann wahr, eine Traumgestalt, die aus ihren glühendsten Erinnerungen, aus ihren schönsten Leseerlebnissen, aus ihren stärksten Begierden gemacht war; und er wurde zum Ende so wahrhaftig und erreichbar, daß sie entzückt bebte, ohne ihn sich indessen klar und deutlich vorstellen zu können, so sehr verlor er sich, wie ein Gott, unter der Fülle seiner Eigenschaften." Emmas Traumwirklichkeit wird schließlich zur wahren Wirklichkeit, in der sie ihre Energien mehr verausgabt als bei „großen Ausschweifungen".[1]

Bücher sind die Droge Emma Bovarys. Als Lesende und als Schreibende entfaltet sie die Möglichkeiten eines Künstlers, der in der Sprache das entscheidende oder gar einzig wirksame Instrument zur Erschließung und Eroberung der Welt, seiner Welt, zu finden vermeint. Mallarmé vergleicht in einem 1893 geschriebenen Entwurf einer literarischen Doktrin das literarisch-philosophische Handeln – «les Lettres» – mit einer Art „Theologie".[2] Gide, der an den 'Mardis' Mallarmés teilnahm, ist diese Mystifizierung der Literatur nicht fremd. Gott soll nicht im Sinne Nietzsches getötet werden. Der Künstler der Phantasie Mallarmés soll Gott egalisieren, es ihm gleichtun, indem er eine eigene Theologie schafft. 1891 hat Gide im ›Traité du Narcisse‹ die Dichter mit Propheten auf eine Stufe gestellt. Beide erzählen immer wieder vom „verlorenen Paradies".[3] Selbst wenn der zum Paradies verklärte Zustand der Einheit von Gott und Welt, Körper und Geist, Subjekt und Objekt, individuellem und sozialem Interesse nicht als solcher wiedererreichbar, der Topos des verlorenen Paradieses sozusagen immer einzig angemessener Ausdruck des Seelenzustandes des Dichters ist, bleibt das sekundäre Erlebnis einer in poetisch-philosophischen Zirkeln sogar kollektivierbaren Erinnerung an ein Werk von ewiger Dauer. Jedes Buch wird zum Versuch, diesen Traum zu materialisieren.

Ebenso würdigt D'Annunzio den Zugang zur Welt über die Lektüre von Büchern. In ›La città morta‹ wünscht sich Alessandro, Bianca Maria die ›Electra‹ des Sophokles „im Schatten des Löwentores", also am mythischen Schauplatz Mykene vorzulesen. Der Inhalt des Werkes entsteht erst in den Leidenschaften, die es provoziert.[4] Vergleichbar ist der Einfluß der Phaidonlektüre Cantelmos in ›Le vergini delle rocce‹. Socrates, «L'Antico», wird geradezu zu Cantelmos persönlichem Lehrer. Lektüre wächst zum Dialog über Räume und Zeiten hinweg. „Und schließlich vermittelte sich mir auch sein Glaube an das Dämonische; es war nichts anderes als die geheimnisvoll bedeutsame Kraft des von niemandem und nicht einmal von ihm selbst in seiner Person jemals verletzbaren Stils."[5]

Dennoch: Die Lektüre von Büchern hilft den Figuren D'Annunzios im Leben nicht weiter. Sie scheitern ebenso wie Emma Bovary daran, daß sie ihr Leben nur aus 'zweiter Hand' leben. Sie umgehen wortreich die Einsicht in ihre sterile Wirklichkeit. Gleichviel ob sie ihre potentielle Übermenschlichkeit politisch, poetisch oder erotisch begründen wollen, verfallen sie der Illusion, allein in der Formulierung ihrer Utopie sei der Schritt über die Schwelle zwischen Wirklichkeit und Ideal getan. Die ironische Selbst-Distanz Gides ist ihnen fremd. Während sie sich in immer intensivere, mitunter immer affektiertere, schwülstigere Tiraden verstricken, erkennt der Erzähler von Gides ›Paludes‹ seine Leere als Teil seiner Identität, wenn nicht diese selbst an. Leere avanciert bei Gide zur Metapher eines wie auch immer gearteten poetisch-philosophischen Ziels: „Das Blatt im Notizbuch war weiß; – das hieß: *Paludes*."[6] Schon bei Mallarmé wird der formale Charakter der Sehnsucht nach Literatur als Schlüssel der Weltgeheimnisse offenbar.

Programmatisch für diese Einsicht ist das Gedicht ›Brise marine‹ (›Meeresbrise‹) aus dem Mai 1865. Bereits im ersten Vers erklärt das Ich seinen poetischen Bankrott: „Das Fleisch ist traurig, ach! und ich habe alle Bücher gelesen."[7] Alle Intellektuellen, Künstler, Philosophen, auch Wissenschaftler, können als verschiedene Ausprägungen dieses Typus interpretiert werden: Mallarmé repetiert die Professorenklage des Eingangsmonologs von Goethes Faust. Er bereitet selbst die Kritik vor, die ihn später vor allem durch Gide treffen wird, aber gleichzeitig paradigmatisch für die Mentalität des Leidens an Sterilität und Formalismus ist, soweit sich diese in der Kritik an dem Medium manifestiert, durch das der Dichter überhaupt zum Dichter wird: dem Buch.

Bei Gide, Barrès, Fogazzaro, D'Annunzio und Marinetti findet sich immer wieder das Verdikt gegen das Lesen als Surrogat der Wirklichkeitserfahrung. Im ›Immoraliste‹ öffnet Michel den Bücherkoffer nicht;[8] Ménalque rät in ›Les Nourritures terrestres‹ Nathanael, er solle alle Bücher in sich verbrennen;[9] der «pasteur» sieht es nicht gerne, wenn Gertrude ein Buch ohne sein Wissen liest.[10] Barrès kritisiert in ›Un homme libre‹ die Lektüre von Büchern, in denen die soziale Relevanz fehle. Nur Balzac, in dessen Werk man „an bestimmten Tagen das Heimweh nach dem, auf das wir verzichtet haben", entdecken könne, sei in diesem Sinne lesenswert.[11] In ›Les déracinés‹ wird schließlich die desaktivierende Wirkung der Beschäftigung mit Literatur und sogenannter klassisch-humanistischer Bildung ironisiert: „Man fragt sich, wohin die verdrießlichen klassischen Studien führen, die man dem jungen Bürgertum aufzwingt: Sie führen ins Café."[12] Der Einsamkeit des Lesens setzt Barrès die politische Gemeinschaft entgegen: „die beste Schule, das soziale Laboratorium ist der Zusammenschluß, die freie Vereinigung."[13] Fogazzaro charakterisiert in ›Il santo‹ in Giovanni Selva einen intellektuellen Buchgelehrten, der sich in seiner selbstgeschaffenen Welt einrichtet, um wenigstens spirituell die materiell nicht erreichbare Harmonie zu spüren. „Giovanni war ein Mystiker, der sich im Herzen aus jeder menschlichen Liebe eine Harmonie mit dem Göttlichen machte." Es versteht sich, daß Giovanni und seine Frau wenig an weltlichen Gütern interessiert sind. Sie geben ihr Geld vor allem für Bücher und ihre Post aus.[14] In ›Piccolo mondo antico‹ beschreibt Fogazzaro den Weg des Franco Maironi vom versonnenen Intellektuellen zum politischen Aktivisten. Zu Beginn des Romans heißt es: „Franco hatte die Leidenschaft der Poesie und war wahrer Dichter in den erlesenen Feinheiten des Herzens (...). Seine bevorzugten Modelle waren Foscolo und Giusti; er verehrte sie wahrhaftig und plünderte sie beide aus, weil seine zugleich enthusiastische und satirische Erfindungsgabe nicht fähig war, sich eine eigene Form zu schaffen und es so nötig hatte, nachzuahmen."[15] Allerdings zeichnen sich auch die politischen Ideen Franco Maironis eher durch ihre kräftige, Kraft nur suggerierende Sprache aus. Er propagiert „einen Aufstand mit Zorn und Waffen" und eine „ungeheure Rebellion, eine Befreiung des Universums".[16] In ›Il piacere‹ parodiert D'Annunzio die Bibliophilie der feinen römischen Gesellschaft, die sich in ihrer sozialen Position gefällt, ohne daran zu denken, wie überholt sie ist. Am Anfang des vierten Buches zählt er minutiös auf, welche Bücher Andrea Sperelli und sein Kreis in welchen mehr oder weniger antiquarischen Ausgaben schätzen.[17] Lord Heathfield und der Marchese di Mount Edgcumbe malträtieren Andrea mit Ausgaben von Büchern ausgesprochen erlesenen oder in anderen Augen zweifelhaften Inhalts. Ein Beispiel für viele, im 'style indirect libre' aus der Sicht Andreas geschildert: „Sie waren schrecklich; sie schienen der Traum eines von der Satyriasis gepeinigten Totengräbers zu sein; sie wanden sich wie ein furchterregender und priapischer Totentanz, sie stellten hundert Variationen eines einzigen Motivs, hundert Episoden eines einzigen Dramas dar: Und die *dramatis personae* waren zwei: ein Priap und ein Skelett, ein *Phallus* und ein *Grinsen*."[18] Natürlich darf der göttliche Marquis in diesem Horrorkabinett nicht fehlen. D'Annunzio entlarvt den sterilen Charakter dieser 'Bibliophilie', indem er die Bibliophilen vor allem die Rarität und die Ausstattung der Ausgabe, weniger die Inhalte loben läßt. Eine einschlägige Beschreibung endet mit dem Satz: „Der göttliche Marquis verdiente diesen Ruhm."[19] Die geringe Auflage und die Wahl der Lettern und des Papiers werden zum Distinktiv einer Aristokratie, die in der politischen Realität nichts mehr zu vermelden hat. Für Andrea ist dies alles eine „Marter".[20] Die Gesellschaft, in der die von ihm verehrte Elena verkehrt, zermürbt ihn. Und dennoch: Obwohl er von der zersetzenden Kraft lebensferner, antiquarisch-rückständiger Bibliophilie weiß, gibt er sich ihr hin: Seine Verliebtheit verstellt ihm den Blick für befreiende Gedenkenblitze wie den des die Weiße seines Blattes ironisierenden Erzählers von ›Paludes‹.

Der schärfste Kritiker der Bücherwelt ist Marinetti. Er wird in seinen zahlreichen Traktaten über die Ziele und vor allem die zu vernichtenden Gegner seines Futurismus nicht müde, die Buchgläubigen zu beschuldigen, Zukunft und Fortschritt im Wege zu stehen. Das Buch ist die Waffe der Jünger der Vergangenheit, der «passatisti», schlechthin. Im Manifest ›La cinematografia futurista‹ vom 11. September 1916 verheißt er dem Buch dasselbe Schicksal wie Kathedralen, Türmen, bezinnten Wehrmauern, Museen und dem Ideal des Pazifismus: „Das Buch, statischer Begleiter der Sitzenden, der Nostalgiker und Neutralisten, kann die neuen, von revolutionärem und kriegerischem Dynamismus trunkenen futuristischen Generationen weder unterhalten noch erheben."[21] Zeitgemäß sei hingegen der Film. An anderer Stelle schleudert Marinetti dem Intellektualismus den Schlachtruf „Wir wollen die Museen, die Bibliotheken zerstören!" entgegen.[22] Die Zukunft muß nach Marinetti von Bewegung, Geschwindigkeit, ständiger Erneuerung, Modernität und permanenter Modernisierung des Lebens geprägt sein.

Marinettis Kritik greift in der Wortwahl und in der mit der Bücherkultur assoziierten Darstellung steril-statischer Existenz auf einen weiteren Grundgedanken der Literatur des 19. Jahrhunderts zurück. Bei Baudelaire findet sich in ›Les chats‹ die Beschreibung eines sozialen Typus, der mit den Attributen «frileux» und «sédentaire» belegt wird.

> Les amoureux fervents et les savants austères
> Aiment également, dans leur mûre saison,
> Les chats puissants et doux, orgueil de la maison,
> Qui comme eux sont frileux et comme eux sédentaires.
>
> Amis de la science et de la volupté,
> Ils cherchent le silence et l'horreur des ténèbres;
> L'Erèbe les eut pris pour ses coursiers funèbres,
> S'ils pouvaient au servage incliner leur fierté.[23]

[Die sehnsüchtigen Liebenden und die strengen Gelehrten / Lieben gleichermaßen, in ihrer Reifezeit, / die mächtigen und süßen Katzen, Stolz des Hauses, / Die wie sie kälteempfindlich und wie sie häuslich sind. // Freunde der Wissenschaft und der Wollust, / Suchen sie die Stille und den Schrecken der Dunkelheit; / Der Erebos hätte sie zu seinen Todesrossen genommen, / Wenn sie nur ihren Stolz einem Dienst beugen könnten.]

Liebe und Wissenschaft, Wollust und Weisheit werden als Zustände beschrieben, in denen sich derjenige einrichtet, der den Kontakt zur Außenwelt auf einen Partner beschränkt, die Geliebte oder das

Buch. Dabei gewichtet Baudelaire beide Alternativen gleich. Beide Lebensformen sind an einen Raum gebunden; die Gelehrten und die Liebenden ignorieren die Außenwelt, kümmern sich nicht um ihre Existenz, schwelgen in der Sehnsucht – wie die von Baudelaire bedichteten Katzen –, ihre Wildheit und Freiheit im Intérieur ihres Denkens und Handelns zu perpetuieren. Die Welt erscheint gleichgültig; Wildheit und Dienstbarkeit werden zu Metaphern des unüberwindbaren Gegensatzes von Innenwelt und Außenwelt, den die Bewohner der Innenwelt auch gar nicht überwinden wollen.

Die Museen und Bibliotheken, die Marinetti zu zerstören verlangt, repetieren die Aura der «sédentaires». Jeden, der sich in ihnen gefällt, und sei es auch nur fiktiv, trifft sein Bannfluch, so auch D'Annunzio, den „kleinen Bruder der großen französischen Symbolisten, nostalgisch wie diese und wie diese über den nackten Körper der Frau gebeugt"[24], und natürlich Mallarmé: „Ein absurder Versuch ist auch jener, die Poesie mit eiskalten Hermetismen und Preziosismen zu verdunkeln, die aus den nordischen Poesien und vor allem von Mallarmé kommen und unsere männliche, von Revolutionen und schnellen imperialen Kriegen dynamische Zeit pessimistisch angreifen."[25] Das Vokabular der Sterilität und des Immobilismus zeichnet diese Kurzcharakteristiken aus: Vergangenheitsorientiert («nostalgico»), unfruchtbar und gefühllos («gelidi»), ohne Kommunikation mit der Außenwelt («ermetismi»), überreizt und hypertroph («preziosismi»), unauthentisch («dalle poesie nordiche e specialmente da Mallarmé») und voller Ressentiment gegen die Moderne («offendendo pessimisticamente il nostro virile tempo dinamico») leben die Literaten im Gefolge Mallarmés und D'Annunzios an ihrer Zeit vorbei. Marinetti hält ihnen das Bild des „glühenden politischen Genies Benito Mussolini" entgegen, der es verstehe, jede Stagnation und Reaktion erfolgreich zu bekämpfen.[26] Oder: Das Buch, das das Medium ist, über das Richter und Philosophen versuchen, Kontakt mit ihrer Außenwelt aufzunehmen, wird verdächtig: Narziß erschrickt vor seinem Spiegelbild im Buch – mehr ist es nicht.

Die Kritik des Buches ist eng mit der Kritik verschiedener Bildungsinstitutionen verknüpft. Gide beklagt den Eklektizismus in Konzerten und Museen. Museen bezeichnet er beiläufig als „große Friedhöfe der Kunst"[27]. Gide, Barrès und Montherlant wenden sich gegen Institutionen, in denen Jugendlichen das Leben geradezu aberzogen wird. Entscheidende Passagen von ›Les faux-monnayeurs‹ spielen in einem Privatkolleg; das Schicksal der sieben jungen

Lothringer in ›Les déracinés‹ findet seinen Ausgangspunkt in den Unterrichtsstunden des liberalen Demokraten Paul Bouteiller; das Leben des Alban de Bricoule wird schließlich nicht nur in ›Les bestiaires‹ und ›Le songe‹, sondern auch im Alterswerk ›Les garçons‹ aus den Zwängen der Jugend im Kolleg abgeleitet. Auch wenn in diesen Texten die individuelle Beziehung zwischen Lehrer und Schüler im Vordergrund des Interesses steht, bleibt die Kritik an der modernen Massenbildung mit ihren Kasernen und Klöstern gleichenden Institutionen deutlich. Der Optimismus eines Victor Hugo verkehrt sich in sein Gegenteil. Das Buch, von dem er in ›Notre-Dame de Paris‹ behauptet, daß es in der Neuzeit die Architektur der Kathedralen als Symbol des Wissens und Glaubens einer Zeit ablöse – «Le livre tuera l'édifice»[28] –, kompiliert 'totes', vergangenheitssüchtiges Wissen. Der Gestus des prophetisch-philosophischen Lehrers verliert sich in der Fixierung angeblich das für das Leben in der Welt notwendige Wissen zusammenfassender Curricula.

Nietzsche nimmt die fundamentale Buch- und Bildungskritik eines Marinetti in seinen Vorträgen ›Über die Zukunft unserer Bildungsanstalten‹ vorweg. Auch er verweist auf die Notwendigkeit eines utopischen, in der jeweiligen Wirklichkeit zu konkretisierenden Bildungsideals. „Jede Erziehung aber, welche an das Ende ihrer Laufbahn ein Amt oder einen Brotgewinn in Aussicht stellt, ist keine Erziehung zur Bildung, wie wir sie verstehen, sondern nur eine Anweisung, auf welchem Wege man im Kampfe um das Dasein sein Subjekt rette und schütze."[29] 'Bildungsanstalten' – so Nietzsche – sind immer nur so viel wert wie diejenigen, die in ihnen lehren: „Diese Einzelnen sollen ihr Werk vollenden, das ist der Sinn ihrer gemeinschaftlichen Institution – und zwar ein Werk, das gleichsam von den Spuren des Subjekts gereinigt und über das Wechselspiel der Zeiten hinausgetragen sein soll, als lautere Widerspiegelung des ewigen und unveränderlichen Wesens der Dinge. Und alle, die an jenem Institute teilhaben, sollen auch mit bemüht sein, durch eine solche Reinigung vom Subjekt, die Geburt des Genius und die Erzeugung seines Werkes vorzubereiten."[30]

Ein bleibendes Werk kann nach den zuletzt zitierten Sätzen Nietzsches nur entstehen, wenn sich sein Autor von den subjektiven Empfindungen befreit, die ihn bei der unkritischen Lektüre der Werke anderer überkommen oder ihm durch Dritte, beispielsweise den in Bildungsinstitutionen lehrenden Personen vermittelt werden. Der Schüler muß sich von seinem Lehrer befreien, ihn symbolisch geradezu töten wie einen Gott: „Man vergilt einem Lehrer schlecht, wenn man immer nur der Schüler bleibt. Und warum wollt ihr nicht an meinem Kranze rupfen?"[31] So auch Gide, der Ménalque Nathanael zum Schluß raten läßt: „Nathanael, jetzt wirf mein Buch weg. Befreie dich davon. Verlasse mich."[32]

Die Unoriginellen, die Plagiatoren und Imitatoren leiden an ihrer Schwäche, und ihr Leiden wird in verschiedenen Texten vor allem durch eine bleiche Gesichtsfarbe signalisiert. Bei Gide finden sich in fast allen erzählerischen Werken solche Personen. Der junge Wissenschaftler Anthime Armand-Dubois zeichnet sich beispielsweise nicht nur durch seine geistigen Fähigkeiten aus, sondern auch durch „die gedankenvolle Blässe seiner Stirn"[33]. Was in ›Les caves du Vatican‹ noch als Parodie auf das Gehabe gewisser in antibürgerlichen Parolen schwelgender bürgerlicher Gelehrter formuliert ist, belegt in ›La porte étroite‹ die schon fast pathologische Lebensfeindlichkeit der Protagonistin. Alissa ist kaum in der Lage, die Menschen um sich herum als Menschen wahrzunehmen. Sie empfindet ihr Auftauchen als unmittelbare Bedrohung. Dies gilt sogar für die Menschen, die ihr am nächsten stehen, Jérôme und Juliette. „Wir kamen in der Nähe des Rondells an; wir wollten gerade weitergehen, als sich Alissa plötzlich aus dem Schatten heraustretend zeigte. Sie war so bleich, daß Juliette aufschrie: ‚Wirklich, ich fühle mich nicht sehr gut', stammelte Alissa hastig. ‚Die Luft ist frisch. Ich glaube, ich täte besser daran, wieder ins Haus zu gehen.' Und sie verließ uns auf der Stelle und kehrte mit schnellen Schritten zum Haus zurück."[34] In ›Les faux-monnayeurs‹ schreibt Gide die blasse Gesichtsfarbe einer ganz bestimmten Gruppe von Menschen zu. Armand, der gerne Dichter, Poet, Schriftsteller werden möchte, erzählt Olivier von seinem neuesten Projekt. Unwillig, weil Olivier seine Begeisterung nicht sofort zu teilen scheint, schreit er entgeistert: „Du wünschtest meine Mitarbeit? Du hieltest mich also nicht für unfähig, irgendetwas Eigenes zu schreiben? Hättest du auf meiner bleichen Stirn die enthüllenden Stigmen des Genies erkannt? Ich weiß, man sieht hier nicht sehr gut, um sich im Spiegel zu betrachten; aber wenn ich mich darin eingehend betrachte, sehe ich, so sehr Narziß, nur den Kopf eines Versagers."[35] Die bleiche Gesichtsfarbe belegt auch hier die Schwierigkeiten, die jemand hat, seine Träume in irgendeiner Form in die Wirklichkeit außerhalb bloß literarisch-poetischen Handelns zu übersetzen.

Auf der anderen Seite kann die bleiche Gesichtsfarbe zum Zeichen der Auserwähltheit werden. Alissas labile Gefühlslage wird von Jérôme in übermenschliche Schönheit umgedeutet: „Ihre Lippen zitterten wie die eines schluchzenden Kindes; sie weinte jedoch nicht; der außerordentliche Glanz ihres Blickes überflutete ihr Gesicht mit einer übermenschlichen, einer engelhaften Schönheit."[36] Alissa flieht die zu nahe Gegenwart anderer Menschen. Sie glaubt, ihr ideales Ich ließe sich nur verwirklichen, wenn sie es mit dem von ihr imaginierten Gottesbild vereinigt. Die Liebe zu Jérôme bringt sie hingegen aus dem inneren Gleichgewicht. Als dieser einmal ihre Hand ergreift, errötet sie.[37] Das hier kurz aufleuchtende Leben verschwindet jedoch wieder. Es bleibt bei der Scham.

Eine vergleichbare Konfiguration beschreibt D'Annunzio in ›Trionfo della morte‹. Er setzt die Blässe von Ippolita, der weiblichen Hauptperson, in Opposition zur gesunden roten Gesichtsfarbe der Landbevölkerung. Giorgio Aurispa entdeckt in Ippolita „eine übernatürliche Blässe", die sie als „eine körperlose Kreatur erscheinen" läßt,[38] während er in „jenen plumpen kräftig roten Gesichtern" der Bauern „die ferne Kindheit" erinnert.[39] Die edle Blässe von Alissa und Ippolita kann als Zeichen einer überfeinert kultivierten Gesellschaft verstanden werden, die jede Körperlichkeit zu verdrängen bereit ist, um sich einem zwar wenig konkreten, aber schlechthin über die Niederungen des alltäglichen Lebens der anderen Menschen erhabenen Leben zu nähern. Eine intellektuelle Dimension erhält das Motiv der Blässe (trotz der literarischen und philosophischen Interessen Ippolitas und Alissas) nicht, denn es handelt sich vorerst nur um ein unbestimmtes, lediglich im Unbehagen an der erlebten Welt begründetes, letztlich im Sinne Nietzsches „asketisches Ideal": „Der Parasitismus als *einzige* Praxis der Kirche; mit ihrem Bleichsuchts-, ihrem 'Heiligkeits'-Ideale jedes Blut, jede Liebe, jede Hoffnung zum Leben austrinkend; das Jenseits als Wille zur Verneinung jeder Realität; das Kreuz als Erkennungszeichen für die unterirdischste Verschwörung, die es je gegeben hat – gegen Gesundheit, Schönheit, Wohlgeratenheit, Tapferkeit, Geist, *Güte* der Seele, *gegen das Leben selbst* . . ."[40]

Eine intellektuelle Dimension erhält die in den Motiven des Bücherkults und der edlen Blässe angedeutete Sterilität intellektuell begabter Menschen bei Valéry, der die Begriffe «action» und «esprit» als Pole möglichen Philosopohierens setzt: Selbstbewußt notiert er um 1902/1903: „Die anderen machen Bücher. Ich mache meinen Geist (esprit)."[41] Und an anderer, 1926 erstmals veröffentlichter Stelle heißt es: „Handeln (action) ist ein kurzer Wahnsinn. / Das Kostbarste, was der Mensch hat, ist ein kurzer epileptischer Anfall. / Das Genie liegt im Augenblick. / Die Liebe wird aus einem Blick geboren;

und ein Blick genügt, um einen ewigen Haß zu erzeugen. / Und wir sind nur etwas wert, weil wir einen Augenblick außer uns gewesen sind und sein können."⁴² Eruptives, im Augenblick die kreativen Kräfte des Menschen befreiendes Handeln erscheint als Distinktiv eines höheren Menschen. Bücher sind wenig bedeutsam für denjenigen, der behauptet, daß Tiefe und Leere in Wissenschaft und Philosophie dasselbe sein können,⁴³ 'Leben' ein magisches Wort ist, mit dem der wenig Lebenstüchtige seine eigene Insuffizienz zu verschleiern sucht: „Nietzschelektüre – Was es bei N(ietzsche) (der einer derjenigen ist, die ich im ideologischen Orden am meisten schätze) *Falsches* gibt, ist die Bedeutung, die er den *anderen* gibt – die Polemik – und alles, was an Thesen denken macht. Er sieht die Dinge schon zu sehr in die Literaturgeschichte eingereiht, – und Er, Sieger über Socrates und Kant – / Dann das Zauberwort: *Leben*. Aber es ist eine *Leichtigkeit*, es anzurufen."⁴⁴ Während Gide in den ›Lettres à Angèle‹ schreibt, jeder schöpferische, lebensbejahende Mensch, „jeder große Schöpfer, jeder große Bejaher des Lebens ist zwangsläufig Nietzscheaner",⁴⁵ konstatiert Valéry mit klinischer Präzision – darin im Ansatz ähnlich wie Manès Sperber aus psychoanalytischer Sicht – den Fall eines Philosophen, der von seinen nur noch in Büchern existierenden Kontrahenten so gebannt ist, daß ihm keine andere Wahl bleibt, als beschwörend in einem einzigen Wort die mit der Welt real niemals vollziehbare Communio mystica zu erzwingen. In der Reduktion der Welt auf ein Wort, das nie konkretisiert, daher auch nicht in seinen Wirkungen und realen Entsprechungen verifiziert werden kann und muß, mag der Autor eine Lösung sehen – für den Leser ergibt sich unterm Strich das unbewußte Eingeständnis, der Sterilität vor der Welt doch nicht entkommen zu können. Aber Valéry versucht dieser Falle zu entgehen: Entscheidend ist die Entwicklung des «esprit», die «action» kann ein Schritt auf dem Wege sein, «esprit» zu schaffen. Gides Optimismus, Kiriloff im Selbstmord zum „superuomo eines Augenblicks" zu promovieren,⁴⁶ ist für Valéry lediglich Zeichen für «action» ohne «esprit». Valéry bezieht jedes Handeln auf die Realisierbarkeit der im Handelnden (im Ich) vorhandenen Potentiale. Dabei kommt es nicht auf Begründungszusammenhänge, Philosophien und Ideologien an, sondern allein auf die Rückwirkung des Handelns auf den Handelnden, der sich eben schlechthin verändern und somit seinen «esprit» entwickeln soll. „*Handeln ohne glauben* (faire sans croire) – Meine Devise. / Mich schaudert vor dem Glauben und mich schaudert vor dem Nicht-Handeln. / *Handeln*? Aber *Handeln* – hat auch seinen besonderen Sinn f(ür) mich. Es geht ganz und gar nicht darum, sich mit irgendeinem Werk zu beschäftigen. / Es geht darum, IN MIR den Veränderer (le modificateur) der Gegebenheiten zu verändern."[47] Der Typus des Intellektuellen, für den Valéry hier spricht, muß auf jede metaphysische Legitimation seines Handelns ebenso verzichten können wie auf jede soziale. Er ist autonom. Er braucht kein äußerliches Distinktiv als Beleg seiner Überlegenheit. In diesem Sinne spielen Buchgelehrsamkeit und Blässe weder eine konstitutive noch eine destruktive Rolle auf dem Weg zum Übermenschen. Die Formel des «faire sans croire» – bei Montherlant im übrigen immer wieder unter der Gestalt des „Kampfes ohne Glauben" variiert[48] – verweigert sich der positiven Interpretation, die Begriffe wie «esprit» und «vie» als Reste und Surrogate der Glaubenssätze der überkommenen abendländischen Religionen und Philosophien immer wieder verlangen. Ein Glaubensstreit wird als Inhalt zwischenmenschlicher Kommunikation wie als Methode zur Entwicklung der eigenen Persönlichkeit obsolet. Statt dessen formuliert Valéry das Eingeständnis, zwar stets handeln zu wollen und zu müssen, da der Mensch nun einmal als handelndes Wesen konzipiert oder – je nach Glauben – historisch geformt worden sei, fügt aber hinzu, er sei nicht für die mögliche, im großen und ganzen sogar fast stets sichere Wirkungslosigkeit, also die steril-formalistische Natur dieses Handelns verantwortlich. Der Vorwurf des Formalismus trifft ihn nicht. Wenn er sagt, ihn habe in der Dichtung „letztlich die Übung in einer formalen Kunst interessiert"[49], belegt dies die Reinigung des Handelns von jeder Ideologie, nicht jedoch Sterilität.

Valéry grenzt seinen Poesiebegriff streng von dem Mallarmés ab. Wie in einer Heiligenlitanei zählt er zwar den „heiligen Mallarmé" mit Tiberius, Archimedes, Pascal sowie Rom und London zu denjenigen, die er zuweilen quasi-religiös beschwört, um sich in seiner Identität als Dichter und Philosoph zu orientieren,[50] läßt jedoch keinen Zweifel daran, daß die Poesie für ihn Methode und nicht Inhalt, somit nur eine Option unter verschiedenen anderen ist, sich dem gesetzten Ziel zu nähern. „Für M(allarmé) war die Dichtung der wesentliche und einzige Zweck. Für mich, eine besondere Anwendung der Kräfte des Geistes. / Das ist der Unterschied."[51] Die oft unkritische Bewunderung manches Zeitgenossen für das Gift («poison») der Formalkunst Mallarmés, die Valéry auch bei sich selbst einräumt,[52] erscheint als vergängliches Zeitphänomen: „Aber welche intellektuellen Effekte hatte in dieser Zeit für uns die Offenbarung der kleinsten Schriften Mallarmés, und welche moralischen Effekte! ... Es lag etwas Religiöses in der Luft dieser Epoche, in der gewisse Menschen in sich selbst Anbetung und Kult für das ausbildeten, das sie so schön fanden, daß man es wohl übermenschlich nennen mußte."[53] Mallarmé, für die in quasi-religiösen Mythen lebenden Intellektuellen Vorbild und Garant ihres Selbstbewußtseins, wird bei Valéry – wie auch in Ansätzen Nietzsche – zum Prototyp eines Lebens ‚aus zweiter Hand', in dem weder konkrete Handlungen noch auf Dauer angelegte intellektuelle Entwicklungen möglich sind. Wer sich auf die Reinheit eines einzigen Zwecks verläßt, verliert den Kontakt zu sich selbst. Er veräußert sich selbst in einen möglicherweise hochangesehenen Gegenstand – beispielsweise die Poesie –, verbleibt so im Innern leer und wird auch als Intellektueller, als Dichter oder Philosoph steril. Sein Dilemma läßt Montherlant den Kardinal Cisneros in ›Le Cardinal d'Espagne‹ gegenüber Johanna der Wahnsinnigen zusammenfassen: „Ihr seid rein, Madame, ihr seid rein! Es ist leicht, rein zu sein, wenn man nicht handelt und wenn man niemanden sieht."[54]

Der Zauber des Geldes

Mehrere Motive weisen darauf hin, daß die nach einer höheren, möglicherweise dem Begriff des Übermenschen bei Nietzsche nachgebildeten Form ihrer Existenz strebenden Menschen das Soziale schlechthin fürchten. Dies gilt für die Motive des Todes Gottes und des Todes eines Kindes ebenso wie für Bücherkult und Sterilität. Ein weiteres Motiv findet sich in der Verachtung der Dinge, die an die eigene Verflechtung im Sozialen erinnern. Rückblickend beschreibt Gide diese Einstellung als Epochenphänomen: „Valéry, Proust, Suarès, Claudel und ich selbst, so verschieden wir voneinander gewesen sein mögen, wenn ich danach suche, woran man uns als zur selben Mannschaft gehörig erkennen wird, glaube ich, daß es die große Verachtung ist, die wir für die Aktualität hegten. Und gerade darin zeigte sich der mehr oder weniger verborgene Einfluß von Mallarmé."[55] Gide dokumentiert, daß alles, was Tagesgeschehen anklingen läßt, von der Gemeinschaft, der er sich zuzählt, als kunst- und geistfeindlich empfunden wird. Der Künstler und Philosoph habe seine Werke aus den alltäglichen absehbaren Entwicklungen in der Welt herauszuhalten, wolle er nicht ihre Unabhängigkeit vor der Geschichte riskieren, als die das Soziale in der Zeit erscheint. Nur der Privatperson gesteht Gide das Recht auf politisches Engagement zu. „Aber die *Souvenirs de la cour d'assises*, nicht mehr als die Kampagne gegen die *Grandes Compagnies concessionaires* im Kongo, oder der *Retour de l'U.R.S.S.* haben fast keinen Zusammenhang mit der Literatur."[56] Die literarischen Texte Gides und anderer Autoren lassen jedoch den Schluß zu, daß eine angemessene Rolle des Intellektuellen in der politischen Welt, der Polis, für sein Selbstbild und Selbstbewußtsein von Bedeutung ist. Dabei wird neben der Frage der dem (selbsternannten) Genie angemessenen und zustehenden Staatsform die der Regelung der Besitzverhältnisse zwischen den Menschen immer wieder thematisiert.

Des Esseintes, der Protagonist von ›A rebours‹, muß auf Anraten seines Arztes zurück nach Paris. Der Roman endet mit seinen Klagen über den unkünstlerischen und unspirituellen Charakter der durch Paris repräsentierten Zivilisation. Das Geld, die Banken und die Börse, der Handel haben die 'alten Werte' korrumpiert. „Nach der Aristokratie der Geburt gibt es jetzt die Aristokratie des Geldes; das war das Kalifat der Kontore, der Despotismus der rue du Sentier, die Tyrannei des Handels mit seinen käuflichen und engen Ideen, selbstgefälligen und betrügerischen Instinkten. / Verbrecherischer, schändlicher als der ausgeplünderte Adel und der heruntergekommene Klerus, übernahm die Bourgeoisie von ihnen ihre frivole Protzerei, ihr verlebtes Maulheldentum, die sie durch ihren Mangel an Lebensart verdarb, stahl ihnen ihre Fehler, die sie in heuchlerische Laster verwandelte; und autoritär und hämisch, niedrig und feige, machte sie erbarmungslos ihren ewigen und notwendigen Idioten, den Pöbel, nieder, dem sie selbst den Maulkorb abgenommen und den sie selbst aufgestellt hatte, um den alten Kasten an die Gurgel zu gehen!"[57] Geld und Dummheit sind die Machtmittel der herrschenden bürgerlichen Gesellschaft: „Sorglos und jovial thronte der Bourgeois durch die Kraft seines Geldes und die Ansteckungskraft seiner Dummheit."[58]

Huysmans spricht nicht von konkreten Geldproblemen seines Helden. Die gibt es nicht. Allein die Existenz einer Gesellschaftsform, in der Geld die tragende Rolle spielt, reicht ihm zur Begründung seiner fundamentalen Zeitkritik aus, die sich gegen die Herrschaft der unmittelbaren Verwertbarkeit richtet, ein relativ durchsichtiges Argumentationsmuster, zumal er als Literat, vielleicht auch als Denker, von der unmittelbaren Verwertbarkeit seiner eigenen Produkte kaum überzeugt sein dürfte. So spielen Formulierungen des zitierten Musters in Literatur und Philosophie eine bedeutende Rolle. Jacques Maritain betont in ›Art et scolastique‹ (1920 zum ersten Mal erschienen, 1947 in der 4. Auflage), daß der Künstler wie der Weise und der Heilige nicht von dieser Welt sein könnten,[59] läßt in seiner Begründung jedoch durchscheinen, daß (und wie) finanzieller Mißerfolg verschiedene Sublimationsrituale geradezu provoziert. „Aber da sieht man, wie die moderne Welt, die dem Künstler alles versprochen hatte, ihm bald kaum noch die Mittel zum Überleben lassen wird." Und es folgen scharfe Invektiven gegen Geldwirtschaft und Utilitarismus, die als „widernatürliche" Prinzipien den Menschen den Rhythmen von Maschine und Materie unterwürfen und ihn so in eine „teuflische Richtung" drängten, weil „das Endziel all dieses Deliriums" darin bestünde, den Menschen zu entfremden.[60] Dies alles wird in einem eruptiven, sich durch zahlreiche Unterstreichungen, gelehrte Zitate, Verallgemeinerungen – jeweils ohne Nennung eines Urhebers all der beklagten Übel – letztlich wenig konkretisierenden Stil vorgetragen. Die Beschimpfung der 'Kapitalisten' scheint zum guten Ton der Literaten zu gehören, die mit ihren poetischen Werken kein Gehör zu finden glauben. Sie fordern enthusiastisch die Wiedererweckung alter mythischer Zeiten, in denen noch nicht der langfristig sichere persönliche Nutzen im Vordergrund des Denkens der bedeutenden Menschen einer Epoche stand. Sie orientieren sich an Modellen wie dem „heroischen Menschen" des alten Griechenland, den Jacob Burckhardt in seiner ›Griechische(n) Kulturgeschichte‹ scharf vom Händler und Kapitalisten abgrenzt. „Gegen das Banausische, wogegen Hesiod keinen Widerwillen hat, wird von dieser heroischen Welt aus einstweilen gelegentlich protestiert, indem der Phäake Euryalos den kaufmännischen Seefahrer, dessen Auge auf die Waren und den gierigen Gewinn gerichtet ist, geringschätzig dem in Wettkämpfen erfahrenen Manne gegenübergestellt, und ein stärkerer Gegensatz läßt sich allerdings nicht denken als der zwischen dem Banausen und derjenigen Denkweise, die es darauf ankommen läßt, ob man sterbend dem Feinde Siegesruhm verschafft oder siegend von ihm solchen gewinnt."[61] Auch Nietzsche ist diese Position nicht fremd. Er prangert die Gesinnung der „*mediocritas*" an, die mit ihren Waffen „Geld und *Gold*" „verführt".[62] Der Wert einer Zivilisation wird soweit qualitativ, nicht quantitativ bemessen. Nicht derjenige, der aufgrund des Besitzes bestimmter hoch im Kurs stehender Kapitalien über Macht verfügt, sondern derjenige, der es sich leisten kann, diese wie jene zu verachten und durch immaterielle Kapitalien zu transzendieren, kann sich zum höchsten Exemplar der Gattung Mensch erheben. Verachtung und Haß für jede materielle Versuchung, auch auf die Gefahr hin, postum von der geldbesitzenden Klasse desavouiert zu werden, prägen diesen Typus, dessen ständige Begleiterin die Angst ist. D'Annunzio demonstriert dies in der Figur des Giorgio Aurispa, der ausführlich darüber nachdenkt, was ihm das

Leben oder der Tod an spirituellen Vorteilen bringen könnte, die nicht durch Materielles aufzuwiegen wären, ohne sich jedoch von dem Gedanken freimachen zu können, daß er jedem, der zum Geldadel gehört, unterlegen sein muß. „Die Prophezeiung des Alfonso Exili kam ihm wieder zu Bewußtsein: ‚Weißt du, wer vielleicht dein Nachfolger sein wird? Dieser Monti, dieser Kaufmann vom Land ... Er hat viele Moneten.'" [63] Das Gedankenspiel, daß ein Materialist und Kapitalist nicht nur im Besitz, sondern auch im Geiste sein Erbe bei seiner Geliebten Ippolita antreten könnte, beunruhigt Aurispa existentiell.

Stärke demonstriert der Verächter des Geldes in der Konsequenz seiner Verachtung für alles Materielle; seine Schwäche bekundet er in seiner Angst, derjenige, der das Geld geschickt einzusetzen verstehe, könne seine mühsam aufgebaute phantastisch-poetische Welt ohne viel Aufhebens aus den Angeln heben. Bei Montherlant wird die historische Genese dieser Einstellung noch deutlicher: In ›Le maître de Santiago‹ postuliert Don Alvaro die völlige Loslösung von den materiellen Bindungen zur ihn umgebenden Welt. Er betont den Wert seiner Erziehung, die die Erziehung der kastilischen Kriegerkaste des ausgehenden 15. Jahrhunderts ist und besagt, es sei moralisch wertvoll, einen schlechten Handel zu machen.[64] Er vergleicht seine Situation sogar mit der von den Spaniern in der Neuen Welt niedergemachten aztekischen Zivilisation. Die Bitte seines Freundes Bernal, zur Sicherung der Aussteuer seiner Tochter Mariana in den neuen Kolonien den nötigen Reichtum zu erwerben, lehnt er mit dem Hinweis ab, das Geld dürfe er nicht mehr verehren als Gott. Er berichtet: „Ich weiß nicht, welcher Kazike auf die Frage, wer der Gott der Spanier sei, mit dem Finger auf einen Goldklumpen gezeigt hat. Und wenn man gesehen hat, wie der König selbst durch Zwang oder Gewalt die Güter unserer vier Orden gestohlen hat, wundert man sich nicht mehr, daß die Welt heute den Schamlosen gehört." [65] Don Alvaro kommt in seiner Ideologie der totalen Immaterialität den oben zitierten Positionen Maritains sehr nahe. Auch er spricht von einem materiell und einem spirituell geprägten Universum, als könne man beide sauber voneinander trennen. Den Grafen Soria, der Alvaros Tochter durch seine Fürsprache doch noch die ersehnte Heirat ermöglichen wollte, fertigt er kurz ab: „Gehen Sie, mein Herr, ihre Welt ist nicht die unsere." [66] Schließlich endet das Drama in der Einwilligung der Tochter in ihr Schicksal. Sie wird die letzte im Geschlecht der Dabo sein.

Gott oder Geld lautet die Alternative für den in Don Alvaro von

Montherlant charakterisierten und in dem Autor von ›Art scolastique‹ lebendigen Typus. Mehr oder weniger mythifizierende Modelle einer modernen Gottesalternative zeichnen eine Variante jener Typologie aus, die in einer Zeit auftaucht, in der sowohl die überkommene Person und Idee Gottes als auch ihr populärer Ersatz, das Geld, in Verruf gekommen sind.[67] Don Bernal drängt Don Alvaro, seiner reinen Lehre der Verachtung weltlicher Güter zu entsagen, weil er, Don Bernal, das Geld selbst braucht, um die Heirat seines Sohnes mit der Tochter seines Freundes zu realisieren. Giorgio Aurispa ahnt, daß Geld ein Mittel sein kann, mit dem alles, sogar die Liebe der ihm zugetanen scheinbar idealen Frau, käuflich wird. Beider Problem besteht darin, daß sie ihre Absicht, die Welt nach ihrem Geschmack zu gestalten, auf Gedeih und Verderb im materiellen Besitz gründen. Sie empfinden die Wirklichkeit so, wie sie Marx und Engels in ›Die deutsche Ideologie‹ charakterisieren: „Die Krise ist gerade dann da, wenn man nicht mehr mit seinem ‚Vermögen' zahlen *kann*, sondern mit Geld zahlen *muß*."[68] Geldsorgen, auch solche, die real gar nicht bestehen, mindern Freiheit und Qualität der intellektuellen Weltbewältigung von Künstlern und Philosophen. Ihre Weltfremdheit manifestiert sich in der Meinung, daß der Mensch in dem Maße seine Überlegenheit über die Dinge, die Welt als ganze, andere Menschen und gesellschaftliche Komplexe verliere, als daß er sich selbst nur noch als Glied der „Zweckreihen" (Simmel) erfahre, die erst durch das „Werkzeug" Geld konkretisiert und materialisiert werden. So verfestigt sich die Mentalität eines immer Unterlegenen, der seinem Ideal – *ut eritis sicut Deus* – nicht mehr gerecht werden zu können glaubt, weil er alle Dinge und alle Menschen immer nur im direkten Bezug auf andere oder anderes, also als unmittelbaren und konkreten Nutzen verheißenden Wert wahrnehmen muß. Die Macht, die das Geld über ihn ausübt, läßt ihn nicht nur seine Distanz zu den anderen, im Zweifelsfall immer mächtigeren Menschen, sondern auch die zu seinem Gott oder seinem übermenschlichen Ideal-Ich spüren. Seinen Alltag bestimmen Zweck-Mittel-Relationen, so daß er sich nicht auf sich selbst als Subjekt seiner Welt konzentrieren und verlassen kann. Er verbleibt immer in seiner Welt, vermag sich nicht über sie zu erheben. Simmel erfaßt diese Distanz ohne Distanzierung: „Oder anders ausgedrückt: Für Gott kann es keinen Zweck geben, weil es für ihn keine Mittel gibt."[69]

Die logische Konsequenz der beschriebenen Begriffe vom Geld findet für die Literaten und Philosophen ihren vorläufigen Endpunkt in der Einsicht, nichts Dauerhaftes, qualitativ dem quasi-übermenschlichen Anspruch der selbstgewählten Profession Angemessenes mehr schaffen zu können. Gide resümiert die Probleme des armen Berufsschriftstellers in einer Tagebuchnotiz vom 22. Januar 1933: Die Qualität seiner Werke sei schlecht, weil ihn „Geldsorgen" zwängen, zu bestimmten Terminen bestimmte Texte bei seinen Auftraggebern abzuliefern.[70] An anderer Stelle bezeichnet Gide dieses Phänomen als Künstlerpose. Die Sätze: „Geldsorgen machen mich jetzt schreiben. Das Kunstwerk ist für mich nur ein schlechter Weg. Ich ziehe das Leben vor"[71] legt er in einem Text aus dem Jahr 1904 einem jungen Mann in den Mund, der glaubt, als Dichter ohne Geld gemeinsam mit einer geliebten und liebenden Frau, die seinetwegen ihre familiären Bindungen, Mann und Kind, aufzugeben bereit war, berechtigt zu sein, sich als Kämpfer gegen die herrschende 'Gesellschaft' zu verstehen. Bereits die bloße Verachtung des Gelderwerbs genügt ihm, sich für einen höheren Menschen zu halten, eine Einstellung, die nicht erst Gide dokumentiert. Gérard de Nerval hebt in seinem Werk die finanziellen Nöte von Schriftstellern mehrfach hervor. In seinen Briefen finden sich immer wieder Passagen, in denen er klagt, auf Kredit leben zu müssen, kein Geld mehr zu haben, Vorschuß auf seine Reiseberichte erhalten zu müssen oder mit dem auf kleinste Geldbeträge hin ausgerechneten Budget nicht auskommen zu können.[72] Und dennoch ist eine Anstellung beim Staat nicht das Ziel der Wünsche. Obwohl Dumas ihm eine solche zu vermitteln bereit war, lehnt er dankend ab: „Denn meine literarische Karriere ist in Paris leichter und schöner."[73] Die Klage über die für Schriftsteller und Journalisten existenzbedrohende, wenn nicht -vernichtende Gesetzgebung im Frankreich des Jahres 1851 erhält in diesem Licht märtyrerhaften Charakter.[74] Sie scheint ebenso zum Selbstbild des Schriftstellers und Intellektuellen Nerval zu gehören wie die Klage über die zu teuren Wohnungen in Paris.[75]

Die autobiographisch fixierten Geldsorgen der Dichter und Philosophen, für die zuletzt Nerval beispielhaft zitiert wurde, werden in einer Gruppe literarischer Figuren fixiert, die ihr Selbstbewußtsein in erster Linie aus ihren Klagen über die Nachteile ableiten, die ihnen die dem Mammon frönende Welt aufbürdet. Ein Prototyp dieser in ihrer Kreativität durch permanente Geldsorgen existentiell bedrohten verkannten Genies ist Emma Bovary. Der Aufstieg bürgerlicher Parvenüs – Beispiele Flauberts sind Lheureux und Homais – unterstreicht die zur Schau gestellte Ohnmacht,[76] die sich lapidar in einer Formel von Barrès resümieren läßt: „Ohne Geld, kein freier Mensch mehr."[77] Geldmangel ist nicht an sich, sondern vor allem und zuerst im Empfinden des jeweiligen Subjekts ein Zivilisationsproblem. Barrès notiert mehrere Spielarten der Verehrung, die das Geld genießt. Der Protagonist von ›Un homme libre‹ raisonniert darüber, daß er, wenn er sein Geld an Spieltischen einsetze, auch seine Freiheit riskiere, denn Geld ist Freiheit. In ›Les déracinés‹ stellen Racadot und Sturel erschüttert und befriedigt zugleich fest, daß die Finanzpolitik das Zentrum der Politik sei, und Roemerspacher erkennt, daß die Aristokratie ruiniert sei, der Kapitalismus die Welt bestimme und ein akademisches Proletariat drohe.[78] Die Machtmittel, die der Kapitalismus biete, gelte es zu nutzen, doch sei hierzu auch „sozialer Friede" erforderlich, der wiederum voraussetze, daß sich „die Armen" mit ihrer „Ohnmacht" abfinden.[79] Nur: Was Dichter und Philosophen in ihre Elfenbeintürme zwingt, läßt das Volk nicht ruhen. Die Jung-Intellektuellen in ›Les déracinés‹ wissen, wie sie sich zu entscheiden haben. Der Überlegene ist der Besitzende: Also muß auch der Intellektuelle ein in seiner Herrschaft unbeeindruckbar Besitzender sein. Die Radikalität des Titels eines Prosa-Gedichts von Baudelaire gilt: ›Assomons les pauvres‹ (›Erschlagen wir die Armen‹).[80] Das Selbstbild der Hauptpersonen in ›Les déracinés‹ gründet sich in romantischen Träumen von einer Welt, in der sie geradezu als Auserwählte rationale metropolitane Macht mit heimatlicher Verwurzelung und religiöser Sicherheit verbinden können. Wissenschaft und Religion müssen einander gegenseitig durchdringen. Und der Katholizismus sei der geeignete Garant dieser „lebensnotwendigen Einheit". Zu diesem Schluß kommen Roemerspacher und Saint-Phlin.[81] Es kommt für diese Intellektuellen – sofern sie welche sind; zumindest halten sie sich doch für solche – nicht auf die konkrete Ausformung ihres Lebens an. Wichtig ist lediglich der Erfolg, der wiederum mit der pekuniär vermittelten Macht steht und fällt. In den Worten Heines: „Und in der Tat, da die bisherigen Institutionen auf das alte Kriegswesen und den Kirchenglauben beruhten, welche beide kein wahres Leben mehr in sich trugen: so mußte die Gesellschaft auf die beiden neuen Gewalten basiert werden, worin eben die meiste Lebenskraft quoll, nämlich auf die Wissenschaft und die Industrie."[82]

Die Bestimmung des Geldes als Gottesersatz funktioniert als Rationalisierung einer in ihrer Komplexität nicht erfaßten Welt. Gerade die Parallelisierung von Gott und Geld suggeriert in ihrer ein Gleichnis des Neuen Testamentes zitierenden Pseudo-Evidenz höchste Weisheit, Objektivität und zugleich transzendente Legitimation. Nietzsche und Simmel weisen nicht nur auf bloße Redewendungen hin, in denen Gott und Geld einander typologisierend entgegengesetzt werden, sondern decken auch die magischen Rituale auf, mit denen früher (ein) Gott, jetzt aber das Geld verehrt wird. „Die Mittel des Machtgelüstes haben sich verändert, aber derselbe Vulkan glüht noch immer, die Ungeduld und die unmäßige Liebe wollen ihre Opfer: und was man ehedem 'um Gottes willen' tat, tut man jetzt um des Geldes willen, das heißt um dessen willen, was *jetzt* am höchsten Machtgefühl und gutes Gewissen gibt."[83] Soweit Nietzsche. Die Wahl der Motive 'Opfer', 'unmäßige Liebe' und 'gutes Gewissen' verweist auf den christlichen Ursprung der „Philosophie des Geldes", die Nietzsche und Simmel im 19. Jahrhundert herrschen sehen. Das Motiv des immer selben Vulkans signalisiert, daß die Irrationalität des religiösen Glaubens auch die des geldgläubigen Utilitarismus ist. Simmel fügt ein psychologisches Argument hinzu. Das Harmoniebedürfnis des (unaufgeklärten) Subjekts bedingt die Vergöttlichung von Vermittlersubstanzen, von denen das Geld lediglich eine, aber immerhin die augenblicklich wertbeständigste ist: „Der Gottesgedanke hat sein tieferes Wesen darin, daß alle Mannigfaltigkeiten und Gegensätze der Welt in ihm zur Einheit gelangen, daß er nach dem schönen Worte des Nikolaus von Kusa die Coincidentia oppositorum ist. Aus dieser Idee, daß alle Fremdheiten und Unversöhntheiten des Seins in ihm ihre Einheit und Ausgleichung finden, stammt der Friede, die Sicherheit, der allumfassende Reichtum des Gefühls, das mit der Vorstellung Gottes und daß wir ihn haben, mitschwebt. Unzweifelhaft haben die Empfindungen, die das Geld erregt, auf ihrem Gebiete eine psychologische Ähnlichkeit mit diesen."[84] Geld fasziniert – wie Gott – wegen seiner potentiellen Allmacht. Geld läßt den Menschen Omnipotenzphantasien erleben, die über die im Transzendenten begründete Gottesidee hinausreichen. Geld gibt „jenes Zutrauen in seine Allmacht wie in die eines höchsten Prinzips, uns dieses Einzelne und Niedrigere in jedem Augenblick gewähren, sich gleichsam wieder in dieses umsetzen zu können"[85]. Glück und Erfüllung aller Wünsche im Diesseits – darauf läuft die Wertschätzung des Geldes nach dieser Analyse hinaus. Die Macht des Geldes übertrifft die Gottes so sehr, weil es dem jeweils träumenden, verehrenden Subjekt Erfolg nicht bloß im Jenseits, sondern im Diesseits verspricht.

In diesem Kontext ist Baudelaires zynisches Gegenprogramm zu verstehen. «Assommons les pauvres» ist keineswegs Parole eines politischen Programms. Gewalt ist zum Lebenselixier geworden. Der Bettler findet seine Kraft aus den Schlägen, die ihm das Ich des Textes, der flanierende Intellektuelle versetzt. Reichtum definiert sich nicht mehr monetär: Die persönliche Integrität ist das entscheidende

Der Zauber des Geldes 57

Kriterium. Bettler und Philosoph sind einander gleich geworden, weil es kein Distinktiv mehr gibt, das nicht durch die spontane Aktion unmittelbar vernichtet werden könnte. Bücherweisheit erweist sich als absurd. Selbst Traktate, die das Glück in 24 Stunden versprechen, erübrigen sich in der spontanen Aktion.[86]
Die spontane Aktion des Intellektuellen enthebt ihn der Not, mit dem Bourgeois konkurrieren zu müssen. Gefühle steuern das Selbstbewußtsein von Künstlern und Philosophen, die im Schönheitsbegriff ihr Distinktiv finden. Baudelaire empfiehlt in den ›Conseils aux jeunes littérateurs‹: „Nur durch die schönen Empfindungen gelangt man zum Glück (fortune)!"[87] Allerdings: Ein romantischer Gefühlskult à la Bovary ist ebensowenig gemeint wie irgendeine idealistische Theorie des 'Naturschönen'; es gibt einen Weg, sich trotz finanziell bedingter Kompromisse treu zu bleiben. Das Geld muß seines irrationalen Zaubers entkleidet werden. „Vernünftig ist der Mensch, der sagt: ‚Ich glaube, daß das soviel wert ist, weil ich genial bin; aber wenn man Zugeständnisse machen muß, werde ich sie machen, um die Ehre zu haben, zu den Ihren zu gehören.'"[88] Der Künstler und der Philosoph, die sich um Geld kümmern müssen, weil der Mensch eben nicht nur von geistigem Brot lebt, bestätigen ihre Unabhängigkeit, indem sie die Zwänge in einer Welt des Geldes anerkennen, ohne es gleich zum „Gottesersatz" zu erheben. Baudelaires Analyse gibt der Geldfrage einen Hauch anachronistischen Denkens, das zu überwinden eigentlicher Inhalt des Lebens eines höheren Menschen sein könnte und sollte. Bei Gide und bei Marinetti finden sich Modelle einer solchen Überwindung. Marinetti gelingt es vor allem in seinen theoretischen Schriften, in einem Zug politische Bedeutung und moralische Bedeutungslosigkeit einer auf der Geldwirtschaft beruhenden Kultur zu belegen. In der Kampfschrift ›Contro Venezia passatista‹ vom 27. 4. 1910 geißelt Marinetti den Niedergang der italienischen Kultur: „Und ihr wart doch seinerzeit unbesiegbare Krieger und geniale Künstler, wagemutige Seefahrer, erfindungsreiche Industrielle und unermüdliche Händler . . . Und geworden seid ihr Zimmerkellner, Fremdenführer, Kuppler, Antiquare, Schmuggler, Hersteller alter Bilder, plagiatorische Maler und Kopisten. Habt ihr denn vergessen, vor allem Italiener zu sein, und daß dieses Wort in der Sprache der Geschichte bedeutet: *Konstrukteure der Zukunft?*"[89] Marinetti greift nicht nur bloß auf Topoi der italienischen Italienkritik zurück, wie sie bereits Dante und Petrarca vortrugen, sondern evoziert ein geschlossenes politisches Programm, demzufolge eine Zeit der Künstler nur eine Zeit der Krieger und Entdecker – zu denen

auch Industrielle gehören –, niemals aber eine der Händler, Touristen und Gastwirte sein kann. Er verbindet das Unbehagen eines Intellektuellen an der inzwischen zum kleinbürgerlichen Vergnügen herabgekommenen Mode der Italienreisen und -mythifikationen mit der Kritik eines Sozialreformers oder Sozialisten an der von seinen Landsleuten anscheinend widerspruchslos hingenommenen wirtschaftlichen Abhängigkeit vom ausländischen Tourismus.[90] Marinetti wendet sich vehement gegen die «impotenti *voyeurs* attoniti» (impotente erstaunte Voyeure), die mit ihren Millionen Spaß daran haben, sich einen alten Kriegshelm aufzusetzen. Er befürchtet, daß auch Spanien touristisch verseucht werden könnte, wie es in Italien bereits geschehen ist. Das Eigentliche sei hingegen „der weise Handel eurer ruhmreichen Vergangenheit"[91]. Dieser Abschnitt ist «Conclusioni futuriste agli Spagnuoli» überschrieben und stammt aus ›Guerra sola igiene del mondo‹. Die moderne Geldwirtschaft unterscheidet sich wesentlich von der Handelskultur des Italiens des Mittelalters und der Renaissance. Sie zerstört die kulturellen Werte der ärmeren Nationen, weil sie ihnen vorgaukelt, bloßer pekuniärer Reichtum könne ihre sozialen Probleme lösen. Als „unbeugsame und verderbliche Feinde der Kunst" macht Marinetti «l'imitazione, la prudenza e il denaro» (die Nachahmung, die Vorsicht und das Geld) aus, kurz: jede Form des Rationalismus.[92] Besonnenheit, Objektivismus, mangelnde Originalität sind weitere Begriffe der Analyse Marinettis, in der sich Rationalismus, Utilitarismus und Kapitalismus miteinander vermischen. Ziel der futuristischen Bewegung muß es daher sein, die Welt von denjenigen zu befreien, die das Geld für den höchsten aller Werte halten. Vorbildlich wirkte in diesem Sinne Jesus gegenüber den Händlern im Tempel.[93] In ›Democrazia futurista‹ aus dem Jahr 1919 nennt er die Kunst als die ein solches Vorgehen in der Moderne legitimierende Ideologie. „Und warum sollte es uns also nicht erlaubt sein, im Namen der Kunst die Händler aus dem Tempel zu vertreiben und unsere Muskeln und unsere Herzen Italien anzubieten."[94] Marinetti grenzt seine antikapitalistische Kritik scharf von kommunistischen Modellen ab.[95] Er formuliert ein eigenes politisches Programm, das sich im großen und ganzen in einem Satz zusammenfassen läßt: „Die Produktion einer Gesellschaft ist die Summe der von ihr produzierten Reichtümer und ihr gemeinsames Gut. Ihre drei Faktoren sind der *Boden*, die *Arbeit* und das *Kapital*."[96] Karl Marx wirft er vor, nur die Arbeit als Produktivkraft anzuerkennen. „Nun ist *die Prämisse*, daß die Funktion des Kapitals im Produktionsprozeß steril ist, *falsch*."[97] Antikapitalistische Kritik ist für Marinetti zugleich ein proartistisches Programm. Der Künstler, den er – wie oben belegt – in einer Reihe mit Kriegerkasten und Entdeckungsdynastien sehen will, vereinigt in seinem Handeln feudalistische, kapitalistische und sozialistische Elemente. Er ist das Subjekt einer neuen Zeit, weil er in der Gegenwart unterdrückt wird wie keine andere Gruppe. Er gehört zum „Proletariat der Genialen"[98], das besondere Unterstützung durch politisches Handeln braucht. Für diese Elite formuliert Marinetti einen Katalog von Forderungen, die allen seinen Reden von der Unabhängigkeit der Kunst zum Trotz doch wieder geeignet sind, in erster Linie die finanzielle Abhängigkeit der Künstler, in zweiter Linie den Niedergang der italienischen Kultur zu beenden. Die materielle Absicherung der Künstler ist somit nichtsdestoweniger konstituierender Bestandteil der Qualität der Kultur schlechthin.

Marinettis politisches Programm erstreckt sich von eher propagandistisch-allgemein gehaltenen Forderungen im Gestus einer semi-terroristischen Kampftruppe bis hin zu ausgefeilten finanzpolitischen Konzepten. „Geld für die Kämpfenden" heißt es auf der einen Seite: Und gefordert wird, die Kunstschätze Italiens aus den Uffizien und dem Pitti-Palast herauszuholen und zu verkaufen, um die geniale Potenz des Landes zu aktualisieren und zu realisieren. „Man sagt, wir sind ein durch elastisches und schöpferisches Genie, seinen Heroismus und seinen jugendlichen Widerstand der Muskeln allen überlegenes, aber unglücklicherweise armes Volk."[99] Die Umwandlung überkommener, für die Vitalität eines in der Gegenwart lebenden Volkes irrelevanter Kunstschätze in produktive Energie versteht Marinetti als politische Demonstration vor der gesamten Welt, die erkennen solle und müsse, wo sich die Idee eines Übermenschen nicht nur individuell, sondern auch als soziale Macht kollektiv realisieren ließe. „Der Verkauf unseres künstlerischen Erbes, weit entfernt davon, unser Ansehen zu mindern, wird der Welt beweisen, daß ein junges und seiner eigenen Zukunft sicheres Volk es versteht, allen Problemen ins Auge zu blicken, indem es seine toten Reichtümer in lebendige Kräfte verwandelt, so wie ein intelligenter Aristokrat auf jeden eitlen Prunk verzichtet und sein eigenes Gold in die Industrie lanciert."[100] Es sollen keine Monumente mehr errichtet werden, wie sie noch Leopardi in ›Sopra il monumento di Dante‹ als überzeitliche Symbole italienischer Kultur besang.[101] Die „Industrie", die die Macht der „Fremden" konstituiert, soll nicht bloß überwunden, sie muß überboten werden. Marinetti bekämpft die Werte des modernen Wirtschaftssystems nicht an sich; ihm geht es darum, sie mit den 'richtigen' Inhalten zu füllen.[102] Im ›Manifesto del partito futurista italiano‹ legt

Marinetti weitere Leitlinien seiner politischen Vision vor. Darin spielt die Finanzpolitik eine bedeutende Rolle. Er schlägt eine Bodenreform zur Finanzierung der vitalen Teile des Volkes – in seinem Jargon: der „Kämpfenden (combattenti)" – vor. Die Erbschaftsteuer soll erheblich erhöht werden. Direkte und progressive Steuern sollen für Gerechtigkeit sorgen.[103] All dies gehört neben zahlreichen anderen Programmpunkten – Reform der Bürokratie, patriotische Erziehung des Proletariats, Alphabetisierungskampagne, Parlamentsreform[104] – zur Verwirklichung eines Ziels: Dem immer noch übermächtig erscheinenden Österreich-Ungarn soll die Modernität des italienischen Staates in wirtschaftlicher und militärischer Hinsicht entgegengestellt werden.[105] Das Generalziel lautet: „Industrialisierung und Modernisierung der toten Städte, die zur Zeit ganz und gar von ihrer Vergangenheit leben. Entwertung der gefährlichen und ungewissen Industrie des Auslandes."[106]

Mussolini hat gewisse Sympathien für Marinettis Ideen bewiesen. Dem «Manifesto al Governo fascista» mit dem Titel ›I diritti artistici propugnati dai futuristi italiani‹, dokumentiert in der Textsammlung ›Futurismo e Fascismo‹ von 1924, die Marinetti Mussolini gewidmet hat, ist eine Äußerung des 'Duce' als Motto vorangestellt. „Mein lieber Marinetti, ich billige deine Initiative zur Einrichtung einer Kreditanstalt speziell für die Künstler von Herzen. Ich glaube, daß ich die eventuellen Hindernisse der üblichen Anhänger des Gestrigen zu überwinden wissen werde. Auf jeden Fall kann dir dieser Brief helfen, Türen zu öffnen." Auch D'Annunzio hatte sich der Illusion hingegeben, Mussolini von der Einrichtung der Notwendigkeit von Fluglinien über den Atlantik überzeugen zu können.[107] Marinetti akzeptiert das Geld, die Nation, die sozialen Realitäten als den Boden, auf dem sich Machtgebäude bauen lassen. Die verschiedentlich vorgetragenen Klagen, als Künstler und Philosoph in einem vom Geld beherrschten politischen System ungerecht behandelt zu werden, dürfen nicht als Teil eines Plädoyers für eine Umwertung oder Ablösung überkommener und vorgefundener Wertsysteme verstanden werden, sondern sollen die Ablösung der momentan in diesen Wertsystemen mit den jeweils gültigen Kapitalien herrschenden Personen und Cliquen vorbereiten. Marinetti argumentiert als Oppositioneller, der behauptet, die Armut als solche zu kennen, in Wirklichkeit aber die in seinen Augen zu geringe Macht der sozialen Gruppe meint, der er selbst angehört. Die Klagen der Künstlerkollegen, die ihre Ohnmacht in der Geldgesellschaft in rückwärtsgewandten Utopien und Träumen von vergangenen Zeiten zu kompensieren suchen, sind ihm dabei ein mindestens genauso großes Ärgernis wie die letztlich doch fehlende politische Unterstützung.

Gide kann in seinem Umgang mit dem Motiv des Geldes in Werk, Journal und theoretischen Schriften als Gegenpol zu Marinetti betrachtet werden. Gide zeigt sich keineswegs einig mit der herrschenden Meinung der merkantil-politischen Führungsschicht; dennoch ist die Konkurrenz zwischen der Gruppe der Künstler und Philosophen und der der Kaufleute und Politiker für ihn kein Thema. Er steht dem gelassen gegenüber. Dies hängt nicht nur damit zusammen, daß er selbst niemals Geldprobleme kannte. Entscheidend für Gides Position zum Geld ist seine Neigung, soziale Probleme zu individualisieren und somit ihre politische Sprengkraft zu entschärfen. Gide gesteht zwar ein, daß ihn die sozialen Ungerechtigkeiten seiner Zeit berühren, fragt jedoch nur rhetorisch: „Angesichts mancher Reicher, wie soll man da nicht in sich die Seele eines Kommunisten spüren?"[108] Gide gefällt sich eher in der Pose des «fils prodigue» (die deutsche Version „der verlorene Sohn" gibt das französische «prodigue» nicht wieder; «prodigue» bedeutet „verschwenderisch"), der seine materiellen Güter aufgibt, um spirituelle zu finden.[109] Geld wird bei Gide eng mit Fragen der Moral verknüpft. In ›L'immoraliste‹ ist die Rede von einem Mangel an „moralischer Empfindung" (sens moral), der sich in erster Linie darin niederschlage, daß der „Sinn für das Eigentum" verlorengegangen sei.[110] Der Genuß, den Michel bei der Beobachtung eines Diebstahls empfindet, macht ihn – so sein Lehrer Ménalque – in der Gesellschaft zum Außenseiter. Seine besondere Note besteht darin, daß er nicht andere, sondern sich selbst schädigt.[111] Das Wildern im eigenen Wald ist die konsequente Fortsetzung der Auflösung des Sinnes für eine Differenzierung der Menschen nach Quantität und Qualität des ihnen zugeschriebenen Besitzes.[112] Ein ähnliches Verhalten legt Edouard in ›Les faux-monnayeurs‹ an den Tag. Seelenruhig beobachtet und notiert er den Diebstahl eines Buches.[113] Eine weitere Verkörperung des Verschwenders, der der von Nietzsche inspirierten Parallele zwischen dem Gott, dem spielenden Kind und dem Philosophen folgt, ist der Bankier Zeus in ›Le Prométhée mal enchaîné‹.[114] Zeus erweist sich durch seine großzügige, den Beglückten völlig überraschende und in seinem Leben irritierende Geldspende als Schicksalsgott par excellence. Zeus, Edouard und Michel verachten das Materielle, weil sie zur Genüge darüber verfügen. Sie bestätigen andererseits aber auch den Wert des Geldes in ihrer Zeit, weil sie seine Mißachtung geradezu zum Lebensprogramm erheben. Für Michel bedeutet die Mißachtung monetär-materiellen Eigentums einen Schritt in die geistige Unabhängigkeit, für Edouard belegt sie seine in den diversen Legitimationsritualen des Schreibens von Tagebuch und Roman noch nicht erlangte Überlegenheit über seine Umwelt, Zeus wiederum erscheint in seinem unmotivierten Geschenk als Imago der Macht des Geldes: Den Beschenkten ohrfeigt er, und dieser gerät gerade wegen des Geschenkes in Schwierigkeiten. Es bleibt sich schließlich gleich, ob der mächtige, über monetär-materielle Werte frei und unbegrenzt Verfügende mit seinem Geld Glück oder Unglück seiner Mitmenschen bewirkt. Er ist in jedem Fall der Gnädige, Göttliche, dessen Handeln allein seinen eigenen liberal-despotischen Gesetzen folgt.

Gide ist überzeugt, daß Materialismus und Spiritualismus nur zwei Seiten einer Medaille sind. Er definiert materialistisches Denken und Handeln als Spielart des in der Philosophie keineswegs verrufenen Rationalismus, der seinerseits eigentlich als Akt des Geistes ein Beleg für die Macht des Spirituellen sein sollte. „Ich kann mich mit einem irrationalen Spiritualismus nicht anfreunden, und mit einem Materialismus bar jeder Spiritualität kann ich nichts anfangen. Aber man läßt nicht davon ab; sowohl der Materialist erkennt nicht an, daß er den Geist nur mit dem Geist selbst leugnen kann; als auch der Spiritualist gibt ganz und gar nicht zu, daß er die Materie selbst braucht, um zu denken."[115] Die Geldbesitzenden der Werke Gides sind „Millionär" und „Märchenkönig" zugleich. In den Worten der anthropologischen Analyse Canettis: „Der Millionär hat einige der strahlendsten Eigenschaften des Märchenkönigs übernommen."[116] Gide betreibt nicht die Befreiung der Künstler und Philosophen vom Zwang, sich mit unkünstlerischen und unphilosophischen Tätigkeiten einen sogenannten Lebensunterhalt zu verdienen: Gide fordert, den Gedanken an die in Quantitäten zu messende Realität in Utopien zu verwandeln, die eine spirituelle Qualität erlauben, welche sich erneut in Quantität niederschlägt. Das Wertesystem der monetär-materiellen Gesellschaft ist veränderbar. Was Marinetti in politische Aktion umsetzen will, nützt Gide für die psychologische Entfaltung der (intellektuellen) Persönlichkeit. Während auf der einen Seite die Macht des Faktischen, dessen Symbol das Geld in dieser Sicht eben ist, als drückende Last empfunden werden kann, der nur zu entgehen sei, wenn man sich selbst zum frei und unbegrenzt über monetär-materielle Kapitalien verfügenden Subjekt aufwirft, entfaltet sich auf der anderen Seite die Freiheit des über das Faktische erhabenen Intellektuellen, der es sich in der Regel allerdings leisten kann, die Dinge zu spiritualisieren. Auch wenn Gide es sich nicht so einfach macht, wie diese

These es suggeriert, bleibt, daß Geld schon allein dadurch eine nur schwer zu überwindende Realität ist, weil es Realität objektiv symbolisiert, die aber subjektiv immer wieder gerade von Intellektuellen als hinderlich für die Verwirklichung der verschiedenen Träume von 'übermenschlicher' oder zumindest 'höherer' Existenz erlebt und definiert wird. Geld ist das Symbol des in sich kohärent Nützlichen, das eine Gesellschaft braucht, um in sich zumindest auf absehbare Zeit stabil zu überdauern. Mit den poetischen oder philosophischen, eher intuitiven Denkweisen Intellektueller läßt sich das Geld in diesem Sinne nur verbinden, wenn es Instrument zur mehr oder weniger politischen, auf jeden Fall aber intellektuell bewirkten Durchsetzung einer poetisch-philosophischen Kultur geworden ist.

Der Künstler in der Polis

Musil überschreibt ein Kapitel in ›Der Mann ohne Eigenschaften‹ mit der Parole „Die Vereinigung von Seele und Wirtschaft".[117] Dr. Arnheim war in Diotimas Kreis erschienen, und sogleich fühlten sich dessen Mitglieder von der ihn umgebenden materiellen Aura fasziniert. „Die Menschen, die solche rein geistigen Kreise bilden, sind über Geld und bürgerliche Auszeichnungen erhaben; aber man darf nicht vergessen, daß es gerade darum für sie etwas besonders Hinreißendes hat, wenn ein reicher Mann sich zu ihresgleichen macht, und Arnheim verkündete in seinen Programmen und Büchern noch dazu nichts Geringeres als gerade die Vereinigung von Seele und Wirtschaft oder von Idee und Macht."[118] In einem Satz charakterisiert Musil die Besonderheit von Geisteseliten, die sich vor der Überlegenheit eines über das – zur Herrschaft in ihrer Gesellschaft erforderliche – materielle Kapital verfügenden Menschen fürchten, zugleich aber die eigene Lebensform für die wahre und wirkliche halten. Zunächst suggeriert die Formulierung „wenn ein reicher Mann sich zu ihresgleichen macht", daß mit Arnheim ein überlegener, aus höheren Sphären kommender Mensch zu Unwürdigen herabsteige; und dann scheint das Schlagwort von der „Vereinigung von Seele und Wirtschaft oder von Idee und Macht" die eigentliche Unvollständigkeit einer bloß materiellen oder rein spirituellen Lebensweise zu verkünden: Das Materielle mag zwar an sich wertlos sein, denn „über Geld und bürgerliche Auszeichnung" gibt man sich „erhaben", doch als Garant der Wirkung und Dauer spirituell bedeutsamer Werte leistet es unverzichtbare Dienste.

Musils Ironie trifft Kreise, von denen die Autoren traditioneller Künstlerklage im 19. Jahrhundert nur zu träumen wagten. Nerval und Baudelaire präsentieren in ihren Texten einen Typus des Intellektuellen, der als Flaneur oder Dandy vergeblich gesellschaftliche Anerkennung zu ergattern versuchte, aber immerhin noch literarhistorische Karriere machte. Salmon zeichnet in ›Souvenirs sans fin‹ die Karikatur eines Nachfolgers des flanierenden Poeten, der sich damit abgefunden hat, daß es sinnlos ist, ein 'nützliches Mitglied der Gesellschaft' zu werden. Im Bild des «poète agent» – der Dichter als Polizist – Ernest Raymond parodiert er die Dichter, die die 'bürgerliche Welt' zu kopieren trachten: „Käppi auf dem Kopf, ein enges silberbesticktes Käppi, der Unterleib in einem blauseidenen, silberbefransten Gürtel zusammengedrückt, Degen an der Seite. So – und hier wird die Sache ganz und gar komisch – sah diese Photographie eines höheren Polizisten (flic supérieur) aus, die der Dichter den jungen Zeitschriften anbot, die begierig waren, die Bildnisse unserer notorischsten lyrischen Zeitgenossen zu vereinigen."[119] Wer hier tatsächlich «supérieur» ist, scheint eindeutig: Der Dichter, der sich in welcher vermeintlich artistischen Pose auch immer als Bürger, hier als Garant der Sicherheit des Bürgers, als Polizist, verkleidet, erkennt zumindest unbewußt den Primat des Bürgerlichen an. Nicht er, der Kreative, sondern der in seiner Wohlanständigkeit ruhende, allzeit gesicherte Bürger beherrscht die Welt. Ihn schützt der im Polizisten überall und allezeit präsente Staat. Der Künstler hingegen erkennt sein eigenes spirituelles Kapital nicht an. Seine Fähigkeiten zählen angesichts des Macht- und Gewaltmonopols der ihn umgebenden Gesellschaft in seinen eigenen Augen also nichts. Der als Polizist verkleidete Künstler demonstriert, daß der Künstler niemals in Wirklichkeit Polizist, also Imago eines Herrschenden sein kann und wird.

Als ironisch gebrochener Reflex der den Intellektuellen plagenden Phobie vor dem Bürger als wahrem Herrn der Welt kann auch Gides Verdikt gegen jede materielle Beschränkung seines Wirkens betrachtet werden. Am 5. 10. 1916 notiert er im ›Journal‹: „Beim kleinsten materiellen Hindernis sträubt sich, stoppt sich mein Denken – mag es von der Tinte oder vom Papier kommen. Die Betäubung meiner Finger zieht die Betäubung meines Gehirns nach sich. Eine kratzende Feder, und mein Stil ist verheddert."[120] Selbst die kleinsten Gegenstände des täglichen Lebens widersetzen sich dem Willen des Dichters. Er ist so sehr auf die Harmonie von Materiellem und Spirituellem angewiesen, daß er es nicht einmal ertragen kann, mit einer kratzenden Feder zu schreiben. Der kleinliche Unterton dieser Klage belegt, daß der Dichter alles Materielle, gleichviel, ob durch das Schreibgerät, eine Krankheit oder irgendeine Art politischer Zensur bedingt, schlechthin als Hindernis auf dem Weg zur Herrschaft des Spirituellen erlebt. Der beste Dichter, der Über-Dichter lebt fern von allen Alltagsproblemen der Zeitgenossen. Die anderen verkämpfen sich in der Realität. Für sie muß die Harmonie von „Seele und Wirtschaft" Utopie bleiben, weil sie sich den übermenschlichen Erfolg der „Seele" nicht (mehr) vorstellen können.

Die Konflikte des Alltags rationalisiert Nietzsche in seiner Philosophie. Er überführt sie in eine grundsätzliche Auseinandersetzung zwischen Ich und Welt. Dieses Ich ist im Hegelschen Begriff des „unglücklichen Bewußtseins" treffend charakterisiert. Seine eigentliche Dimension gewinnt es aus der Übermacht des Gegners, die er geradezu ins Gigantische steigert. „Diese Welt: ein Ungeheuer von Kraft, ohne Anfang, ohne Ende, eine feste, eherne Größe von Kraft, welche nicht größer, nicht kleiner wird, die sich nicht verbraucht, sondern nur verwandelt, als Ganzes unveränderlich groß, ein Haushalt ohne Ausgaben und Einbußen, aber ebenso ohne Zuwachs, ohne Einnahmen, vom 'Nichts' umschlossen als von seiner Grenze, nichts Verschwimmendes, Verschwendetes, nichts Unendlich-Ausgedehntes, sondern als bestimmte Kraft einem bestimmten Raum eingelegt, und nicht einem Raume, der irgendwo 'leer' wäre, vielmehr als Kraft überall, als Spiel von Kräften und Kraftwellen zugleich Eins und Vieles, hier sich häufend und zugleich dort sich mindernd, ein Meer in sich selber stürmender und flutender Kräfte, ewig sich wandelnd, ewig zurücklaufend, mit ungeheuren Jahren der Wiederkehr (...)."[121] Der Mensch ist Naturgewalten ausgesetzt, deren Charakter sich nicht definieren, deren physische Strukturen und Konturen sich nicht zeichnen lassen. Philosophie und Sprache versagen vor dem Phänomen „Welt"; den Dichtern und Philosophen bleibt nichts anderes übrig als zuzugeben, daß sich *die* „Welt" nicht in Begriffen zähmen läßt, es sei denn, es gelingt ihnen, ihr Scheitern in philosophischer Präzision in einer bewußt verschleiernden, mythisch raunenden Sprache als 'Dichtung' getarnt zu kompensieren. Nietzsche rettet den subjektivistischen Kult einer Mischung philosophischen und poetischen Denkens und Sprechens mit einem dialektischen Trick. Nein ist Ja, und Ja ist Nein, und beides zusammen ergibt erst *die* Welt. „Nicht die Welt als Ding an sich, sondern die Welt als Vorstellung (als Irrtum) ist so bedeutungsreich, tief, wundervoll, Glück und Unglück im Schoße tragend. Dies Resultat führt zu einer Philosophie der *logischen Weltverneinung*: welche übrigens sich mit einer praktischen

Weltbejahung ebensogut wie mit deren Gegenteil vereinigen läßt."[122] Die „Welt" selbst wird zum Über-Phänomen. Personifizierte man sie, wäre sie ein „Schatten des toten Gottes", von dem es auch hieß, er vereinige in sich Ja und Nein, das Eine und das Viele, Alles oder Nichts.[123] Eine solche „Welt" legitimiert Nietzsches Wort vom Menschen als einem „Ungeheuer von Kraft, welches nach einem Ungeheuer von Aufgabe verlangt"[124].

Der 'Welt' fehlt der Gegner. Es verwundert nicht, daß Montesquieus Werk von Größe und Niedergang des Römischen Reiches in diesem Zusammenhang zitiert wird. Im März 1927 veröffentlicht Valéry in der ›Revue des vivants‹ den Artikel ›Notes sur la grandeur et la décadence de l'Europe‹.[125] Er schreibt: „Die elenden Europäer haben es vorgezogen, Armagnacs und Bourguignons zu spielen, anstatt auf der ganzen Erde die große Rolle einzunehmen, die die Römer zu spielen und über Jahrhunderte in der Welt ihrer Zeit zu bewahren wußten. Ihre Zahl und ihre Mittel waren nichts gegenüber den unsrigen; aber sie fanden in den Gedärmen ihrer Hühner mehr gerechte und folgerichtige Ideen, als all unsere politischen Wissenschaften enthalten."[126] Valéry wirft den modernen Europäern vor, keine weltumspannende Vision verwirklichen zu können, wie dies den Römern gelungen sei. Trotz der überlegenen Technologie der Moderne seien die Römer in ihren abergläubischen Vogelschau-Ritualen die im historischen Vergleich wertvollere Zivilisation. Valéry erweitert die traditionelle Künstlerklage um ein politisches Motiv. Ihm geht es nicht mehr allein darum, die Aporie der Künstlerexistenz in der modernen Polis zu beklagen: Er formuliert eine grundlegende Zivilisationskritik, zu der seine artistische Intellektualität lediglich das Werkzeug bietet. Kunst und Philosophie sind die Instrumente, mit denen Zivilisationskritik in ihrer Radikalität gegen das Bestehende-Untergehende die notwendige Perspektive für das Zukünftige-Überlegene gewinnen kann. „Der Handel zwischen den Köpfen (le commerce des esprits) ist notwendig der erste Handel der Welt, der erste, der, der begonnen hat, der, der notwendig den Anfang setzt, denn bevor man die Dinge tauscht, muß man Zeichen austauschen, und folgerichtig muß man Zeichen einführen."[127] Sprache – vorsichtig ausgedrückt: sprachliche Zeichen sind das Kapital, das Valéry als das «grandeur» konstituierende Element schlechthin ansieht. Die Menschen, die in der Lage sind – im doppelten Sinne des Wortes –, Zeichen zu setzen, charakterisiert er als solche, die kulturelles Kapital schaffen und zu nutzen verstehen. „Damit das Material der Kultur ein Kapital ist, verlangt es auch die Existenz von Menchen, die es brauchen und die sich seiner bedienen können, – das heißt Menschen, die nach Erkenntnis und Kraft zu inneren Veränderungen, nach Entwicklungen ihrer Empfindsamkeit dürsten; und die andererseits verstehen, das zu erwerben und anzuwenden, was man an Gewohnheiten, intellektueller Disziplin, Vereinbarungen und Praktiken braucht, um das Arsenal der Dokumente und Instrumente zu nutzen, das die Jahrhunderte zusammengetragen haben."[128] Das Fehlen der Menschen, die als Subjekt einer Zivilisation für deren Entfaltung sorgen, ist nach Valéry das Hauptproblem seiner Zeit. Unmittelbar im Anschluß an die Definition des zur Herrschaft mit seinem kulturellen Kapital fähigen Menschen verfällt er wieder der Klage: „Ich sage, daß das Kapital unserer Kultur in Not ist."[129] Valéry beklagt das Verschwinden „dieser Kenner, dieser unschätzbaren Liebhaber", die zwar nicht selbst kreativ, aber gleichwohl als wissende Leser die Urheber dessen waren und sind, was landläufig als Kultur bezeichnet wird.[130]

Europa verfügt über keine gemeinsamen Bande mehr, wie dies Begriffe wie „die alte Christenheit" oder „die europäische Zivilisation" zu suggerieren schienen.[131] Valéry befürchtet das Ende Europas.[132] Dies sind Worte aus der Zeit des 2. Weltkriegs; aber auch schon 1919 heißt es in dem Essay ›La crise de l'esprit‹: „Wir Zivilisationen wissen jetzt, daß wir sterblich sind."[133] Europa gerät zur Metapher für jede Hochkultur der Weltgeschichte, der im Niedergang die Persönlichkeiten fehlen, die ein gemeinsames kulturelles Band zu schmieden begnadet wären. Auch die Kriege zwischen den großen Nationen sind nicht mehr als die zwischen «Armagnacs» und «Bourguignons». Warlords und Heilsprediger werden fälschlich für große Persönlichkeiten gehalten.

Die intellektuelle Kultur, die Valéry betrauert, ist zu einem Stelldichein der „höheren Menschen" im Sinne des 4. Buches von ›Also sprach Zarathustra‹ verkommen. „Man hat alle die Heilande, die Stifter, die Beschützer, die Märtyrer, die Helden, die Väter der Vaterländer, die heiligen Heldinnen, die nationalen Dichter heraufbeschworen..."[134] Die Übermenschmode wird disqualifiziert. Sie rührt nicht an die Substanz des Kulturellen, das nur noch als Attribut, nicht mehr als Nomen zur Sprache gebracht werden kann. Die Intellektuellen, die «clercs» Julien Bendas, fristen ihr Leben als staatlich geprüfte, somit von jeder gesellschaftlichen Mitwirkung suspendierte, weil eben nur für eine in der öffentlichen Meinung sehr partiell verstandene Tätigkeit lizenzierte Factota. „Die *Intelligenz-Klasse* ist nun die Klasse derjenigen, die ihre Studien gemacht haben, die Studien werden durch die Diplome als materielle Beweise belegt.

Mandarine, Gelehrte, Doktoren, Lizenziaten konstituieren die intellektuelle Klasse, die so auf deutlichste Art kenntlich gemacht worden *(da sie ja materiell ist)* und sehr leicht in ihrer Zahl bestimmt ist."[135] Die Intellektuellen müssen den Sieg des Materiellen, so anonym es ihnen auf den ersten Blick auch immer erscheinen mag, eingestehen. Sie sind Opfer ihrer Unfähigkeit, die Werkzeuge der Moderne zu den ihren zu machen. Somit erweist sich auch Valérys Utopie einer überlegenen Geisteszivilisation bei allen aus der Welt des merkantil-monetären Denkens und Handelns entlehnten Begriffen als obsolet. Sie bewirkt weitaus weniger als beispielsweise die Methode Marinettis, der sich bei all seinen Invektiven gegen den «passatismo» dennoch darauf verstand, die Instrumente der Moderne nicht nur in seine Sprache, sondern auch in sein politisches Handeln zu integrieren.

Valéry glaubt nicht, daß eine Demokratisierung der Gesellschaft und des Staates mehr Freiheit mit sich bringen könnte; im Gegenteil: Er ist davon überzeugt, daß sich mit der Zeit die durch Geldbesitz konstituierbaren sozialen Differenzierungen so verfestigen werden, daß selbst eine möglicherweise im Interesse der Mehrheit der Bevölkerung wünschbare Regierungsform scheitern muß. „Die Demokratie ist eine schreckliche Künstelei, eine Pose. Nichts weniger Wahres. Sie wird mit der ausschließlichen Herrschaft des Geldes vergehen."[136] Das Geld wird eine neue Aristokratie schaffen, deren Werte jedoch alle Phantasie und Weisheit vermissen lassen. Herrschen wird der gesunde Menschenverstand, der Nachfolger des «juste milieu», der „die Rückkehr des Leichten und der Instinkte" vorbereiten wird. „Übermenschliche Ziele" kommen nur „sehr kurz" zur Geltung.[137] Bereits Richelieu habe damit begonnen, die französische Aristokratie – Valéry formuliert suggestiv: „Die Aristokratie und vor allem die französische" – zu zerschlagen; jetzt, im 20. Jahrhundert sei sie „durch die Industrie ruiniert", „Geldheiraten ausgeliefert",[138] somit als soziale Macht nicht mehr existent. Sie ist im Sinne Nietzsches lediglich soziale Funktion: „Wenn zum Beispiel eine Aristokratie, wie die Frankreichs am Anfange der Revolution, mit einem sublimen Ekel ihre Privilegien wegwirft und sich selbst einer Ausschweifung ihres moralischen Gefühls zum Opfer bringt, so ist dies Korruption – es war eigentlich nur der Abschlußakt jener Jahrhunderte dauernden Korruption, vermöge deren sie Schritt für Schritt ihre herrschaftlichen Befugnisse abgegeben und sich zur *Funktion* des Königtums (zuletzt gar zu dessen Putz und Prunkstück) herabgesetzt hatte."[139] Der Selbstvergleich mit dieser Aristokratie liegt nahe. Künstler und Aristokraten prägt eine individuelle Lebensphilosophie, beide scheinen fern jeder politischen Macht zu träumen, beide erleben die Herrschaft des Geldes, beide brauchen ihre Individualität, ihre Überlegenheit, ihre Übermenschlichkeit als den sie legitimierenden Mythos.

Konkret thematisiert D'Annunzio den Konnex zwischen der Sehnsucht nach vergangenen aristokratischen 'Gesellschaftsverträgen' und dem alltäglich erlebten Unbehagen an der Ohnmacht intellektuellen Denkens. In ›Il piacere‹ spricht er wie Nietzsche von einer „Sintflut" der Moderne. Nietzsches „alte(s) Sintflut Europa" figuriert bei d'Annunzio als „graue demokratische Sintflut", in der „nach und nach jene besondere Klasse alten italienischen Adels verschwinden wird, in der von Generation zu Generation eine bestimmte Familientradition erlesener Kultur, Eleganz und Kunst behauptet worden ist". Die innere, dem Adel spezifische Harmonie zwischen politischer Macht und spiritueller Überlegenheit belegt die Ahnenliste des Andrea Sperelli.[140] Dagegen setzt D'Annunzio in ›Trionfo della morte‹ die „universelle Dummheit" und die „Vulgarität" des „bürgerlichen Lebens".[141]

Rom ist das universale Symbol des Niedergangs, den die Lebensgeschichte der verschiedenen Romanhelden D'Annunzios illustriert. Im programmatischen Roman ›Le vergini delle rocce‹ klagt Claudio Cantelmo: „Als ich in Rom lebte, war ich Zeuge der widerwärtigsten Schändungen und der obszönsten Ehebündnisse, die jemals einen heiligen Ort entehrt haben. (...) Wie ein Überströmen von Kloaken überflutete die Welle der niedrigen Gier die Plätze und die Wegkreuzungen, immer verfaulter und angeschwollener, ohne daß sie jemals die Flamme eines zwar perversen, aber titanischen Ehrgeizes durchquerte, ohne daß dort jemals wenigstens der Schein eines schönen Verbrechens hervorbrach. Die einsame, von einer altersschwachen, aber in der Mitwisserschaft ihrer Ziele festen Seele bewohnte, in ihrer transtiberischen Ferne einsame Kuppel war noch immer das größte, einer anderen unnütz erhabenen Behausung entgegengesetzte Zeichen, wo ein König von kriegerischer Sippe ein bewundernswertes Beispiel von Geduld gab, indem es den ihm durch Erlaß des Pöbels bestimmten niedrigen und widerwärtigen Dienst erfüllte."[142] D'Annunzio reiht eine Fülle scheinbar symbolhafter Metaphern aneinander, um seine Theorie der Notwendigkeit einer Vorherrschaft eines einem römischen Princeps ähnlichen übermenschlichen Wesens zu belegen. Rom, «luogo sacro» und «città divina», ist das Symbol einer untergegangenen Zivilisation, die aber für Claudio Cantelmo immer noch die eigentliche, wahre Welt insinuiert, die aufzubauen er sich vorgenommen hat. Jedoch selbst Papst und König bieten dem sittenvergessenen Treiben der Römer keinen Einhalt. In diesem moralischen Sumpf – wie Nietzsche in einem Aphorismus über die Städte der Moderne vergleicht D'Annunzio das moderne Rom mit einer Kloake[143] – bleibt nur die Erinnerung an die 'große', Übermenschliches, Aristokratisches und Göttliches vereinigende Vergangenheit: Die Kuppel des Vatikan gilt Cantelmo als Hinweis auf eine mögliche Auferstehung, vielleicht sogar eine Renaissance antiker Größe. Er träumt von der kriegerischen Herkunft des schwachen Königs, der in sich durchaus noch Durchsetzungsfähigkeit und Kampfkraft für den Aufbau eines neuen, volksfernen, daher für die Menschheit wertvollen Regimes besitzen muß. Das Volk, die «plebe», weiß nichts von diesen Zusammenhängen. So auch in ›Trionfo della morte‹: Das Volk ist „unwissende Menge", bedroht vom „Wind des Fanatismus".[144] Das Volk wird von D'Annunzio nicht immer als Hindernis der Verwirklichung aristokratisch-metaphysischer Herrschaft des erhofften messianischen Königs gesehen. In ›Il fuoco‹ feiert er die mystische Vereinigung von Redner und Menge: „Die Erregung der Menge und die Stimme des Dichters schienen den Jahrhunderte alten Mauern das erste Leben zurückzugeben und im kalten Museum den ursprünglichen Geist zu erneuern: ein Kern mächtiger, in den dauerhaftesten Substanzen vorhandener und geordneter Ideen, geeignet, den Adel einer Sippe zu bezeugen."[145] Wenn Macht spürbar, in Bewegung der Masse umsetzbar wird, findet die melancholische Sehnsucht nach vergangener Größe ihre Wirklichkeit. Sehnsucht schließlich stimuliert den Willen, überhaupt die Macht eines edlen einzelnen zu etablieren. Wenn D'Annunzio die „tiefen Ungerechtigkeiten der Zeit" beklagt, denkt er nicht an ein absehbares Ende jeder Zeit, sondern an die Summe der Schwierigkeiten, die kämpfend überwunden werden müssen. Er spricht von „jener Beredsamkeit, die nur die Ruinen haben", und schwelgt in der Beschwörung der aus ihnen aufsteigenden, „von den unterbrochenen Linien" verkündeten Gedanken.[146] Melancholie wird zur politischen Waffe des Künstlers.

Für Barrès ist der Verlust der Heimat der wichtigste Grund zur Klage. In ›Les déracinés‹ hat er – von Gide oft genug bekämpft und verspottet – den Weg von sieben jungen Männern aus der Provinz Lothringens in die Metropole Paris geschildert. Nicht mehr «la cour et la ville», sondern die heimische, scheinbar undramatisch unprätentiöse Provinz erscheint ihnen als erstrebenswertes Utopia. Sie erkennen, daß die Person eines Menschen eng in den Räumen verwurzelt ist, denen er entstammt. Der Schlüsselbegriff dieser Philosophie lautet «ordre», womit soviel wie eine geradezu religiös legitimierte Gemeinschaft gemeint ist. Barrès spricht von einer historisch und sozial harmonisch gewordenen „gemeinsamen Natur" der Franzosen, die sich in „jeder Gemeinschaft", «dans chaque ordre», nicht nur in der Bauernschaft, sondern auch – so hofft er – in Banken, Industrie und Arbeitervereinen „langsam und kontinuierlich entwickelt", als wäre sie eben – wie das Verb «évoluer» belegt – ein biologisch und anthropologisch begründbares Gesetz.[147] Barrès beruft sich auf ein mittelalterliches Denkmuster, um sich und seine Leser vor den Versuchungen des Liberalismus zu schützen. Wichtig ist, daß die einzelnen sozialen Stände nicht vergessen, daß erst die Summe, «la somme», personalisiert als «le Français», ihre Integrität und Identität ausmacht. Die Persönlichkeit des einzelnen, von Barrès als Monade, Mikrokosmos oder zumindest als in den Kosmos der Nation zu integrierende oder bereits integrierte Funktion verstanden, leidet unter dem Verlust des Glaubens an jene superpersonale Institution, die ihm eine religiös fundierte Staats- oder, hier, Nationalidee zu garantieren verspricht. Der Verlust einer gemeinsamen Identität der Gruppe von Menschen, gleichviel, ob religiös, national oder sozial begründet – im Sinne Barrès ohnehin alles untrennbar miteinander verbunden –, „entwurzelt" den einzelnen, weil kein Subjekt der Geschehnisse in der Welt mehr identifiziert wird. Und im Ergebnis bedeutet dies für die sieben Lothringer: „Jeder von ihnen trägt in sich die Seele eines jung gestorbenen Lothringers und ist künftig nicht mehr als ein Individuum."[148] Das einzige Individuum, das gilt, ist das, das in sich als eine Art 'Führer' das Gesamt der Nation in sich vereinigt. Daher spricht Barrès in ›Le jardin de Bérénice‹ von einem „allen jungen Zivilisationen gemeinsamen Instinkt (...) zu glauben", daß „eine höhere Intelligenz, im allgemeinen ein älterer Mann, der Welt gebietet".[149] Daß diese Gedanken bei einem Museumsbesuch aufsteigen, spricht geradezu für das Wechselspiel zwischen geträumter Wirklichkeit und sehnsüchtig erdachter Utopie. Barrès formuliert folgerichtig als Ziel seiner Literatur „die Kultur, die mich von meiner Mobilität heilte"[150].

Bei der Suche nach dem Subjekt der von Barrès erstrebten, von einem höheren übermenschlichen Wesen regierten Kultur geraten Politiker ins Blickfeld des Intellektuellen. Sie könnten in der Lage sein, die poetisch-philosophische Utopie zu materialisieren. In ›Un homme libre‹ beklagt Barrès jedoch die fehlende Sensibilität der Politiker, die den Wert suggestiver literarischer Fiktionen nicht erkennen, sie hingegen als bloßes „Phänomen literarischer Anmaßung" abwerten.[151] Daß Barrès schließlich ebenso wie D'Annunzio und Valéry kaum noch ein Subjekt zukünftiger, von geistiger Vervollkommnung der Menschheit erfüllter Zeiten konkretisiert, belegt, wie gering die Affinität zwischen Literatur und Politik trotz allen Bestrebungen, mit Literatur Politik zu beeinflussen, bleibt. Der Intellektuelle gefällt sich schließlich in der Rolle des Propheten ohne Jünger. „Und diese für meinen persönlichen Gebrauch gebaute abstrakte Stadt (cité) entfaltete sich vor meinen Augen außerhalb von Zeit und Raum. Ich sah sie notwendig wie ein Gesetz; Ideenkette, deren erster Ring die Idee Gottes ist. Diese Synthese, deren Baumeister (artisan) ich war, ließ mir dieses beschränkte Venedig sehr kleinlich erscheinen, in dem sich die Künstler (artistes) und die Touristen erfreuen."[152]

Der extreme Fall politischer Aktion ist der Krieg. Marinetti bezeichnet den Krieg als „einzige Hygiene der Welt". Er verfaßt aufwühlende Plädoyers für andauernde Kämpfe zwischen sozialen und nationalen superpersonalen Formationen, sozialistische Traditionen umwertend, die Geburt einer futuristischen Zukunft herbeiwünschend. Gide hingegen prophezeit, daß die Kriege des 20. Jahrhunderts das Ende nicht nur einer, sondern jeder Zivilisation einleiten. Am 10. September 1939 trägt er in sein ›Journal‹ folgenden Satz ein: „Eine Bombe kann ein Museum überwinden. Es gibt keine Akropolis, die der Strom der Barbarei nicht erreichen könnte, keine Arche, die er nicht völlig verschlingen sollte. Man klammert sich an Strandgut."[153] Lampedusa wird in ›Il gattopardo‹ diesen Gedanken zitieren. Eine Bombe aus den USA, dem Paradies der Moderne, wird den Ballsaal mit all seiner antikisierenden, an vergangene Zeiten der Macht seiner Erbauer erinnernden Traumwelt zerstören. Von den Götterbildern im Gewölbe heißt es lapidar: „Sie hielten sich für ewig, eine in Pittsburgh, Penn., hergestellte Bombe sollte ihnen 1943 das Gegenteil beweisen."[154] Die Macht des Militärs, die sich als Herrschaft der Maschine beweist, überwindet jeden Anspruch des 'Geistes'. Gide konstatiert bereits am 20. 8. 1914 „diese Militarisierung des Geistes", die in der vordergründigen, weil auf den ersten Sinneskontakt für jedermann unabweisbaren Realität der Waffe begründet ist. Die Forderung, den 'Geist' zu 'mobilisieren', wirkt dann lediglich als naiver Versuch, den Habitus des mit Waffengewalt Herrschenden zu kopieren. „Wahrscheinlich autorisiert das Tragen einer militärischen Uniform den Mobilisierten eine größere Gedankenfreiheit. Wir, die wir keine Uniform anziehen können, mobilisieren den Geist."[155] Doch die Stärke des Geistes ist höchst zweifelhaft. Gide vergleicht die Arbeit des Intellektuellen, der für ihn immer der Träger der Zivilisation ist, der der militärisch bekleideten Barbarei entgegentreten sollte, mit der Kraft einer Blüte. „Diese Blüte der Zivilisation entwickelt und entfaltet sich auf Kosten der Pflanze, die sich hingibt und opfert. Blühender wäre Deutschland weniger stark gewesen."[156] Valérys Diktum „Ein freier Mensch sollte nicht von der Arbeit seiner Hände leben" wirkt geradezu als Eingeständnis der Ohnmacht in einer Gesellschaft, in der allein die Arbeit mit den Händen, gesteigert in der Funktionstüchtigkeit der Maschine, über Macht und Herrschaft zu verfügen hilft.[157] Der Krieg belegt den kollektiv-maschinellen Sieg einer von jedem spirituellen Wert unabhängigen Methode. Gide weist darauf hin, daß in einem solchen Krieg die Frage, wie man kämpft, wichtiger wird als die Frage, wofür man kämpft. „Dieser ganze Krieg scheint die Schaffung eines Beispiels für folgendes: daß bei den schönsten Tugenden der Welt nichts ohne Methode gelingt. Dies lehrt Maurras; aber Deutschland setzt es in die Praxis um."[158] Die Deutschen haben den Primat der Methode verinnerlicht: Für sie ist die Armee ein Organ; die Franzosen verstehen sie nur als Instrument.[159] Zugespitzt behauptet Marinetti daher die Überlegenheit jeder Technik über die klassischen romantisch-lyrischen Metaphern der Dichter und Philosophen. „Komme endlich die Herrschaft des göttlichen Elektrischen Lichts, um Venedig von seinem käuflichen Mondschein für möblierte Zimmer zu befreien."[160] Nicht die Kunst, die Technik weist den Weg zur Macht, und der Krieg ist die ideale und radikale Lebensweise für Menschen, die sich auf die Technik verstehen.

In der technisch-kriegerischen Zivilisation entsteht neben dem Traum vom Übermenschen der reale Unmensch. Eine Tagebuchnotiz Gides vom 12. Januar 1941 belegt, daß beide Phänomene lediglich durch einen geringen, moralisch definierten Graben getrennt sind, der in dem Augenblick verschüttet wird, in dem eben diese moralisierende Definition beseitigt wird. Die beiden Präfixe 'über' und 'un' werden ohne moralische Fundierung austauschbar. Dieses erhält seine pejorative Bedeutung nur noch für denjenigen, der sich aufgrund eines durch das Subjekt der 'Unmenschlichkeit' verursachten Leids nicht von einer moralischen Definition der Zustände und Prozesse lösen kann. „Was sprichst du von *Besserem*? Die von demjenigen, der sich als Großgärtner Europas will, begonnene Arbeit, diese Arbeit ist nicht so sehr übermenschlich als unmenschlich. Wahrscheinlich bliebe, führte er sie zu Ende, auf der Erde nicht mehr eine Stimme zum Klagen, nicht mehr ein Ohr, um noch zu gestatten, sie zu hören; und niemand mehr, um zu wissen oder um sich zu fragen, ob das, was seine Kraft unterdrückt, nicht einen unendlich größeren Wert hat als seine Kraft selbst und das, was sie behauptet, uns zu bringen. Dein Traum ist groß, Hitler; aber um zu gelingen, kostet er zu viel. Und wenn er scheitert (denn er ist zu übermenschlich, um zu gelingen), was bliebe auf der Erde alles in allem davon noch übrig als Trauer und Verwüstung? Das ist bis jetzt das deutlichste Resultat deiner Unternehmung; und alles bringt uns dazu zu glauben, daß das das einzige bleiben wird."[161] Gide ist offensichtlich von Hitler fasziniert. Er überträgt dies sogar auf die suprapersonale Organisation der Ideologie Hitlers: Deutschland. Der Vergleich der politischen Methode Hitlers und der Deutschen mit der Arbeit eines Gärtners läßt vermuten, daß Gide im Nationalsozialismus nicht von vornherein nur das verbrecherische System gesehen hat. Er versucht immer wieder von neuem, den deutschen Weg zu erklären. Der Nationalsozialismus führt eine ohnehin im deutschen Volk kollektiv verankerte Denk- und Lebensweise zu ihrem verbrecherischen Höhepunkt. Ohne inhaltliche, moralische Kriterien muß der Nationalsozialismus somit als Endpunkt einer Strategie zur Vervollkommnung einer puren Methode anerkannt werden. Das von Gide mehrfach verwandte Bild des Gärtners läßt diese Methode geradezu als biologische Notwendigkeit erscheinen. Für einen Gärtner sei es wichtig, „daß eine ernste Auswahl ganz und gar nicht nur in der Vorliebe oder der Auswahl bestehe, sondern sehr wohl auch in der systematischen Unterdrückung all dessen, das nicht erwählt ist". Das Verbrechen besteht somit erst darin, diese Methode auf Menschen übertragen zu haben: Das Unheil ist – so Gide bereits 1915 – in der „fixen Idee von der Überlegenheit seiner Rasse, die das deutsche Volk beherrscht", begründet.[162]

Zuchtwahl, Vervollkommnung einer Rasse oder Art sind Schlagworte der politischen Auseinandersetzung nicht erst zwischen den beiden Weltkriegen. Sobald sich ein Intellektueller diese Parolen zu eigen macht, bezeugt er, daß sein Wirken für sich nicht die soziale Macht mit sich bringen kann, die die biologistisch begründete politische zeitigt. Nietzsche ist sich dessen bewußt: „Doch hier ziemt es sich, meine heitere Deutschtümelei und Festrede abzubrechen: denn ich rühre bereits an meinen *Ernst*, an das 'europäische Problem', wie ich es verstehe, an die Züchtung einer neuen über Europa regierenden Kaste."[163] Er weiß, daß er in der Polis 'Welt' nichts zur näheren oder ferneren Zukunft beizutragen hat, wenn er nicht den Sprung aus seiner scheinbaren Überlegenheit durch Sprache (oder vergleichbare Zeichensysteme) zur für jedermann evidenten Überlegenheit durch

Taten wagt. Die Intellektuellen leiden an den Gewissensplagen des Doktor Faustus, den Goethe bei seinen Versuchen einer Übersetzung des Johannesevangeliums grübeln läßt, ob der 'Logos' mit 'das Wort' oder 'die Tat' wiederzugeben sei.[164]

Gide schreckt vor der letzten Konsequenz, dem Verzicht auf jede moralische, d. h. den Unterschied zwischen Über- und Unmenschlichkeit verdeutlichende Begründung menschlichen Sprechens und Handelns zurück. Die Quintessenz der Interpretation des Verhältnisses Gides zu Hitler wird offenbar: Sosehr Gide im modernen Krieg des 20. Jahrhunderts die Zerstörung all der Werte fürchtete, die ihm teuer waren, faszinierte ihn – wenn auch weit weniger explizit als Marinetti und D'Annunzio – die in der Idee der Vernichtung liegende Kraft eines gewalttätigen Einzelnen, der das in die Wirklichkeit übersetzen könnte, was Intellektuelle nur fiktiv erdenken können. Und dennoch: Gide beharrt auf dem Primat der humanistischen Theorie, während Marinetti und D'Annunzio die – wenn auch vordergründige, so doch wirksame – Vitalität der reinen technischen Methode als wesentliche und erste Errungenschaft der modernen Zivilisation feiern.

Gleichviel, ob das Ende Europas, das der menschlichen Zivilisationen überhaupt oder bloß die Untauglichkeit zeitspezifischer Ideologien im Vordergrund der Kritik stehen, bleibt der Eindruck, daß suprapersonale Ideensysteme den Intellektuellen in seiner Identität zu zerstören drohen. Marinettis These, man müsse sich lediglich Kapital und Methodik der Moderne zu eigen machen, um selbst zu herrschen, verpufft als Kraftakt in der weiteren geschichtlichen Entwicklung. Die Polis, der sich Autoren wie Gide, D'Annunzio, Barrès oder Valéry ausgeliefert sehen, kann nicht mehr mit der Methode eines «flâneur» erforscht werden. Diese Gestalt der Welten Nervals und Baudelaires, auch schon in Stendhals These vom Roman als Spiegel, „den man einen Weg entlangführt"[165], präsent, ist obsolet geworden. Ihr Nachfolger, der Intellektuelle der Zeit der beiden Weltkriege, abstrahiert seine Kunst – auch die Philosophie wird in diesem Sinne Kunst, weil wie beispielsweise bei Nietzsche vorwiegend metaphorisch – von der Realität, anstatt diese in jener nachzuzeichnen. Die effektivste Spielart sozialer Macht, der Krieg, erstickt schließlich alle Befreiungsversuche im Keim. Die Faszination, die die technologische Kraft der Moderne auf Marinetti oder die Idee der Zuchtwahl im Hitlerismus auf Gide ausübte, rührt zu einem beträchtlichen Teil aus eben jenem Scheitern. Der Weg zum Übermenschlichen erscheint schwieriger denn je: Wer diesen Weg beschreiten will, wird erneut auf seine vagen Bedürfnisse und Sehnsüchte zurückgeworfen, aus denen er nur Stück für Stück ein neues Menschheitsideal ableiten und konstruieren muß, letztlich eine weitere Spielart der Konkurrenz von poetisch-philosophischem Traum und politisch-technischer Gewalt.

Eigenschaften eines Übermenschen

Die Macht der Sprache

Die Intellektuellen fürchten um ihre Zukunft. Sie beschwören Räume, Zeiten, Worte und Ideen, deren Gehalt ihnen eine längerwährende Herrschaft zumindest über die ihnen scheinbar seit Urzeiten angestammten Welten sichern soll. Sie sind sich zwar oft selbst nicht klar darüber, wie diese Räume, Zeiten, Worte und Ideen beschaffen sein sollten, doch bleibt ihnen immer bewußt, daß es eine Schwelle zwischen ihrem momentanen, als ephemer verstandenen, obwohl periodisch als dauerhaft erlittenen Befinden und einer sie erhaben sehenden Welt in der Zukunft geben könnte. Diese Schwelle zu überschreiten setzen sie zum Ziel all ihres Denkens, Sagens und Handelns, vorausgesetzt es gelingt, die zahlreichen Hindernisse aus dem Wege zu räumen, die sie als Grenze ausweisen. Das Wissen um eine Grenze ist jedoch nicht das eigentliche Unglück. Die vor ihr empfundene Perspektivlosigkeit bestimmt, gleichviel ob in ästhetischer oder politischer Hinsicht, ihre Taten.

Baudelaire hat das Grenzbewußtsein von Intellektuellen in seinem Prosagedicht ›Perte d'auréole‹ thematisiert. Der Dichter-Philosoph, „der Quintessenzentrinker", vermag nicht, sich in der vorgefundenen Welt zu orientieren. Ihm gelingt es nicht wie dem Dichter-Ich in ›Elévation‹, den „todbringenden Miasmen" zu entfliehen. „Mein Lieber, Sie kennen meinen Schrecken vor Pferden und Wagen. Als ich gerade den Boulevard in großer Eile überquerte und inmitten dieses sich bewegenden Chaos, wo der Tod von allen Seiten gleichzeitig im Galopp daherkommt, im Schlamm umhertänzelte, ist meine Strahlenkrone bei einer jähen Bewegung von meinem Kopf in den Morast des Schotters herabgeglitten. Ich habe nicht den Mut gehabt, sie wieder aufzuheben."[1] In ›L'élévation‹ war der Dreck, dem zu entfliehen dem Überschreiten jener Schwelle zur zukünftigen Welt gleichkam, wenig konkret. Dreck, Tod und Krankheit fungierten als allgemeines Weltsymbol. In ›Perte d'auréole‹ jedoch wird das Leid des Dichter-Philosophen unmittelbar auf den Dreck der Stadt bezogen. Ohne konkreten Bezug zur alltäglichen Wirklichkeit bleibt lediglich die «auréole», die der Leidende im Dreck der Stadt verloren haben will. Sobald das allein in der «auréole», und dort auch nur symbolisch fixierte Selbstbewußtsein zerfallen ist, unterscheidet er sich nicht mehr von anderen Passanten. Er ist Bruder der Habenichtse, Lumpensammler und Gaukler, des Lumpenproletariats. Umgekehrt: Nur die Einbildung, die Illusion, verkommene Schwester der Imagination, der Einbildungskraft, läßt den Dichter-Philosophen eine Welt erleben, in der er eine Zukunft hat. In die «auréole» legt er all sein Sehnen, etwas Besonderes vor den Menschen zu sein.

Baudelaire läßt die Hauptperson von ›Perte d'auréole‹ zum Zyniker werden. Großspurig verzichtet sie darauf, eine andere quasi-übermenschliche Gestalt der Großstadt Paris, den spätestens seit Edgar Allan Poe berühmt-berüchtigten Detektiv – hier in der bürgerlichen Variante des „Kommissars" erwähnt – herbeizurufen; sie suhlt sich in der Vorstellung, „daß irgendein schlechter Dichter sie wiederaufheben und sich damit schamlos bedecken wird. Jemanden glücklich machen! Welche Freude! Und vor allem ein Glücklicher, der mich lachen macht!"[2] Sie richtet sich in der Welt ein, die ihr keine Zukunft gibt, von der sich sagen ließe, sie erlaube ihr, sich über die Mitmenschen zu erheben. Es nützt eben nichts, sich von einem Bett ins andere zu legen: Der Kranke bleibt krank. Es gibt kein "Anywhere Out Of The World". Mehr noch: Der „Kranke" ist „besessen", er ist wahnsinnig, verstrickt sich in der Idee, es gebe für ihn irgendein Glück verheißendes Anderswo. In Wirklichkeit wird er das „Hospital", das das „Leben" ist, niemals verlassen.[3]

Je heftiger der Wunsch nach einer anderen Welt, desto perspektivloser erscheint der Status quo. Nietzsche leitet die Affinität von Wahrheit und Wahnsinn aus der Distanz seiner Zeitgenossen zu theologischen Welt-Modellen ab. Das Elend gründet in der Herrschaft der Realitäten. Wer „Gott" nicht in der Welt findet, kann sie nur verlassen: „Wahrheit" entsteht dem sich mit der vorgefundenen Wirklichkeit nicht abfindenden Subjekt im Schritt über die Schwelle zwischen Realität und Idealität, die sich im Subjekt als Realitätssinn und Realitätsverlust spiegeln; wie wird und ist – aus der Sicht des sich mehr oder weniger mit der Welt, wie sie ist, abfindenden, sie zumindest akzeptierenden Realisten – „Wahnsinn". In ›Die fröhliche Wissenschaft‹ schreibt Nietzsche: „Die Beleuchtung und die Farben aller Dinge haben sich verändert! Wir verstehen nicht mehr ganz, weil die alten Menschen das Nächste und Häufigste empfanden – zum Beispiel den Tag und das Wachen: dadurch, daß die Alten an Träume glaubten, hatte das wache Leben andere Lichter. Und ebenso das ganze Leben, mit der Zurückstrahlung des Todes und seiner Bedeutung: unser 'Tod' ist ein ganz andrer Tod. Alle Erlebnisse leuchteten anders, denn ein Gott glänzte aus ihnen; alle Entschlüsse und Aussichten auf die ferne Zukunft ebenfalls: denn man hatte Orakel und geheime Winke und glaubte an die Vorhersagung. 'Wahrheit' wurde anders empfunden, denn der Wahnsinnige konnte ehemals als ihr Mundstück gelten – was *uns* schaudern oder lachen macht."[4] So entstehen Religionen, zumindest Ideologien.

Wahn, Besessenheit, Illusion und Imagination, die Sehnsucht nach einem Distinktiv in der Welt, wie es die im Unrat der Welt verlorene «auréole» des Dichter-Philosophen hätte bezeugen können, fungieren als Werkzeuge auf dem Weg zum Übermenschen. Sie spiegeln sich in der Sprache. Der Weg über Worte und Ideen wird zum Königsweg für die Konstituierung einer Welt, in der Dichter und Philosophen nicht nur 'höhere Menschen', sondern *'die* höheren Menschen' sind. Sie rekonstruieren ihre «auréole» mit und in einer lyrisch-prophetischen, entobjektivierenden Sprache, fern jeder Wirklichkeit.

Ob Sprache ein geeignetes Mittel ist, zumindest die Illusion einer übermenschlichen Existenz zu erzeugen, wird kontrovers diskutiert. Im ›Nachlaß der Achtzigerjahre‹ findet sich bei Nietzsche folgende Notiz: „Die Ausdrucksmittel der Sprache sind unbrauchbar, um das 'Werden' auszudrücken: es gehört zu unserm *unablöslichen Bedürfnis der Erhaltung,* beständig eine gröbere Welt von Bleibendem, von 'Dingen' usw. zu setzen. Relativ dürfen wir von Atomen und Monaden reden: und gewiß ist, daß die *kleinste Welt an Dauer die dauerhafteste ist* . . . Es gibt keinen Willen: es gibt Willens-Punktuationen, die beständig ihre Macht mehren oder verlieren."[5] Nietzsche weist auf das Paradox hin, daß Sprache gerade deshalb, weil sie die Welt an sich niemals in ihrer ganzen Fülle abbilden könne, diese Fülle in sich verringere. Sprache vermag zwar keine unmittelbar das Leben verändernden Handlungen zu bewirken, signalisiert aber stets den Willen, solche Handlungen zu konzipieren und zu vollbringen. Auch wenn sie nur Fragmente dessen abbilden kann, was philosophisch-landläufig 'Ideen', 'Welt', 'Vernunft' oder 'Leben' heißt, suggeriert sie immer ein Mehr. Die Konnotationen eines Wortes erschließen nicht nur die im Augenblick des Sprechens und Schreibens vorhandene Situation, sondern auch alle möglichen Räume und Zeiten. Suggestiv bietet Sprache das entscheidende Element einer über das Vorhandene hinausweisenden Philosophie. Selbst wenn man Kunst für Täuschung, Illusion, Lüge hält – eine auch bei Nietzsche nachweisbare Sicht der Dinge –, dauert die Aura einer nicht auf unmittelbare Veränderung der Umwelt bedachten, weil von ihr unabhängigen Tätigkeit an. Die Wirkung für das Selbstbewußtsein und -verständnis des Sprechers ist entscheidend, so daß die Kritik an der Sprache – Valéry schreibt: „So sind unendlich, vollkommen, Zeit, Ursache, Seele und Materie etc. philosophische Götzenbilder"[6] – zum Abbild eines Pluralismus der Möglichkeiten wird, sich eine übermenschliche Existenz zu schaffen.

Die Sprache läßt selbst all dem, das nicht in die Tat umgesetzt werden kann, eine Chance, sich irgendwann und irgendwo doch als Wirklichkeit zu beweisen. Wer in vagen Begriffen schwelgt und Unendlichkeit, Vollkommenheit sowie Zeit- und Raumlosigkeit in erlesenen Attributen feiert, schert sich nicht mehr um den scholastischen Lehrsatz von der Adaequatio rei et intellectus. Musil charakterisiert diese Form der Entwicklung der Welt mit dem Instrument der Sprache als „Möglichkeitssinn". Wer diesen besitzt, „will gleichsam den Wald, und der andere die Bäume; und Wald, das ist etwas schwer Ausdrückbares, wogegen Bäume soundsoviel Festmeter bestimmter Qualität bedeuten".[7] Möglich wird dann alles, was ausgesprochen werden kann. „Gott, sagte Ménalque: das ist das, was uns voraus ist."[8] „Gott" – so Gide in ›Les nouvelles nourritures‹ – ist das „nahezu substanzlose" Wort schlechthin («à peu près vide de substance»). Gott ist überall erfahrbar, jedoch am wenigsten in systematischer Theologie: „Weitschweifig in meiner Schöpfung, alles zur gleichen Zeit, verberge und verliere ich mich dort, und ich finde mich dort unaufhörlich wieder so sehr, daß ich mich mit ihr verwechsele und zweifele, ob ich ohne sie wirklich existiere; ich beweise mir dort selbst meine eigenen Möglichkeiten."[9] Sowenig konturiert die ›Dogmatik‹ des Gottesbegriffs, so wenig spezifisch ist seine ›Moral‹. Es geht Gide in den Texten der ›Nourritures terrestres‹ nicht um konkrete Handlungen oder Begriffe, sondern um das Erlebnis der Möglichkeit dieser Handlungen und Begriffe. „*Zwei Stunden.* – Schlafende Kinder. Erstickende Stille. Möglichkeit zu musizieren, aber es nicht tun. Duft der Kretonvorhänge. Hyazinthen und Tulpen. Wäsche."[10] Die Pascalsche Stille wird in scheinbar konkreten Bildern aufgehoben, die suggestiv im Ich und im Leser Emotionen wecken. Die konzentrierte Atmosphäre einer in Worten fixierten Zeit läßt im Ich die Realität psychischer und sozialer Integrität immer wieder träumen. In diesem Sinne preist Salmon in ›Souvenirs sans fin‹ „diese glückliche Fähigkeit", „alles in Poesie zusammenzuziehen", ganz in der Tradition Baudelaires, der die „universelle Imagination" als die künstlerische Fähigkeit schlechthin pries und damit die „Mätresse von Irrtum und Falschheit" Pascals rehabilitierte.[11]

In ›Si le grain ne meurt‹ hat Gide Quellen der Sehnsucht nach einer über die Sprache definierten Existenz offengelegt. Er referiert chronologisch, wie sich in ihm der Wunsch verfestigte, Schriftsteller zu werden, „ich möchte von einer Berufung mystischen Rangs sprechen".[12] Der Vergleich des dichterischen Handelns mit der Berufung zu einer geradezu mittelalterlich anmutenden Ordo mystica belegt den quasi-magischen Charakter des Dichtens als Selbstäußerung und Selbstentäußerung desjenigen, der sich in einer realen Welt nur schwer zu orientieren vermag. Literatur wird zum Experiment mit einer von der allgemeinen bürgerlichen Umgebung, von Elternhaus und pädagogischer Lehr- und Lernanstalt weit distanzierten und distanzierenden Lebensform. Die Form der Sprache legitimiert sie. Gide lobt den individualistischen Stil des Lehrers Jacob Keller, der die in seiner Schülerkarriere immer schon latenten Ängste, nichts Besonderes zu sein, aufzufangen verstand. Das Versinken in der Bedeutungslosigkeit des bürgerlichen Alltags droht, wenn es nicht gelingt, unter die Oberflächen des alltäglichen Lernstoffs zu dringen. Dabei kommt es weniger auf das Erreichen des Ziels an als auf das Erlebnis des Weges.[13]

Gide berichtet, er habe sich als Kind und Schüler als jemand erlebt, der außerhalb geheimnisvoller Weiten wartet, diese irgendwann zu durchdringen. Vor allem in den Augenblicken des Einschlafens habe er die Schwelle zum höheren Leben empfunden. Er beschreibt, wie er alle Sinne auf das sogenannte Andere konzentriert: „Nichts sieht aus wie gewohnt; mir scheint, daß ich plötzlich auf dem Weg bin, in ein anderes geheimnisvolles, in anderer Art wirkliches, glänzenderes und pathetisches Leben eingeführt zu werden, das nur beginnt, wenn die kleinen Kinder im Bett liegen."[14] Das Leben erscheint als Geheimnis, in das man von jemandem eingeführt werden muß, der es bereits von höherer Warte her kennt. Bei Gide nehmen mehrere Personen nacheinander diese Funktion ein: darunter Jacob Keller, Stéphane Mallarmé, Oscar Wilde.[15] Die entgrenzenden Epitheta, die Gide für das Leben, in das er initiiert werden will, aus der Warte des gealterten, gereiften Schriftstellers wählt, signalisieren den imaginär-suggestiven Charakter dieses Initiationsprozesses. Das wenig Konkrete, dafür aber Überzeichnende und Überstrahlende einer auf die Vorstellbarkeit irgendwelcher Gegenstände verzichtenden Sprache wird zum eigentlichen Instrument des Leben-Lernens. Die Sprache kompensiert die Leere der Welt, um zu verhindern, daß diese die Leere des Lebens wird. In geradezu mönchischer Einsamkeit steigert sich Gide in eine Stimmung, die ihn zwar nicht die

Dinge, wie sie sind, aber immerhin die Leiden und Träume dessen, der die Dinge nicht zu benennen oder gar zu erklären weiß, in Dichtung zu verwandeln befähigt. „In der völligen Einsamkeit, in der ich lebte, konnte ich meine Sehnsucht weißglühend erhitzen und mich in einem Zustand lyrischen Verzücken erhalten, außerhalb dessen zu schreiben ich für unschicklich hielt."[16] Von letzten Inhalten ist nicht die Rede: Der Weg zur höheren Existenz ist der eigentliche Inhalt, und der Weg ist die Sprache.

„Übermensch" wird als Wort zum magischen Schlüssel aus einer Welt heraus, deren Zauberwort „Gott" im doppelten Sinne 'entwertet' worden ist. In ›Also sprach Zarathustra‹ beschwört Nietzsche die Kraft des Wortes, das der Sprechende mit einer Tat zu verbinden weiß: „Seht, welche Fülle ist um uns! Und aus dem Überflusse heraus ist es schön, hinaus zu blicken auf ferne Meere. / Einst sagte man Gott, wenn man auf ferne Meere blickte; nun aber lehrte ich euch sagen: Übermensch. / Gott ist eine Mutmaßung; aber ich will, daß euer Mutmaßen nicht weiter reiche, als euer schaffender Wille. / Könntet ihr einen Gott *schaffen*? – So schweigt mir doch von allen Göttern! Wohl aber könntet ihr den Übermenschen schaffen."[17] Nur: Auch der „Übermensch" ist Ergebnis eines „Mutmaßens", eines Spiels mit der Sprache, möglicherweise geboren aus der Not, sich nicht anders auf ein das eigene Ich in der Welt erhebendes Sein oder Werden konzentrieren zu können, möglicherweise aber auch begründet in der Einsicht, in der Sprache, wenn schon nicht die ganze Welt, so doch zumindest die Ahnung einer ganzen Welt zu beherrschen.

Man muß Texte wie Nietzsches ›Also sprach Zarathustra‹ oder Gides ›Si le grain ne meurt‹ gegen den Strich lesen. Der Gehalt erhellt sich weniger im Versuch einer Definition von Begriffen wie „Gott", «Dieu», „Übermensch", «Initié»; eher schon verweist das metaphorisch-rhetorische Beiwerk dieser Begriffe auf ihre Bedeutung. Wenn Nietzsche beispielsweise seine Lehre vom „Übermenschen" in ›Auf den glückseligen Inseln‹ nicht abrupt im Predigtstil des „Einst sagte man Gott . . ." einsetzen läßt, sondern zuvor die Früchte der Inseln, die Feigen, ihren Überfluß, das Meer und die Vielzahl der möglichen, vom Meer inspirierten Reisen in ein exotisches Bild fügt, stimmt er den Leser geschickt auf einen Inhalt ein, der eher durch den Stil, weniger durch den Gegenstand des Vortrags überzeugt. Ganz bewußt spielt Nietzsche mit Metaphern wie „süßes Fleisch", das gleichzeitig den Tod und die Auferstehung Christi, in der Abendmahlsfeier tausendfach wiederholt, und den realen Geschmack einer Frucht evoziert. Ebenso reizt Gide mit seinen quasi-mystischen Provokationen in ›Si le grain ne meurt‹ den Leser, der einen sachlichen autobiographischen Bericht erwartet. Nicht die erhoffte Aufklärung über Gides Leben, wie es war und wurde, sondern die mit sprachlichen Mitteln immer wieder aufs neue geweckte Illusion, substantiellen Inhalt zu erleben, entsteht in der Lektüre. Der Leser gerät in die Rolle, in der sich Gide als Kind und Schüler nach eigenen Worten befunden haben muß. Auch er versagt vor den Begriffen, weil er vor der Realität versagen muß; und er erlebt: Sprache, Worte. Die Welt verliert an Realität und weitet sich zu einer in Worten aufgehobenen Idealität. Die so entstehende Sprache rekonstruiert die «auréole» des Dichters und Philosophen. Der Leser schließlich hat Teil an einer solchen «auréole».

Das Chaos, in dem die Welt vorgefunden wird, rechtfertigt eine wenig konkrete Sprache. Philosophen und Künstler sind eins. In ›Die Philosophie im tragischen Zeitalter der Griechen‹ formuliert Nietzsche ihr Programm: „Der Philosoph sucht den Gesamtklang der Welt in sich nachtönen zu lassen und ihn aus sich herauszustellen in Begriffen: während er beschaulich ist wie der bildende Künstler, mitleidend wie der Religiöse, nach Zwecken und Kausalitäten spähend wie der wissenschaftliche Mensch, während er sich zum Makrokosmos aufschwellen fühlt, behält er dabei die Besonnenheit, sich, als den Widerschein der Welt, kalt zu betrachten, jene Besonnenheit, die der dramatische Künstler besitzt, wenn er sich in andre Leiber verwandelt, aus ihnen redet und doch diese Verwandlung nach außen hin in geschriebenen Versen zu projizieren weiß."[18] Nietzsche fordert vom Philosophen, alle anderen Existenzformen kreativ-sensibler Menschen in sich aufzuheben. Dieser Philosoph vermag die Dinge ins rechte Lot zu bringen, weil er all ihre Erscheinungsformen erkannt und im Sinne des Wortes sinnlich 'begriffen' hat.

Gide hingegen demonstriert an seinen Figuren, wie wenig der Mensch imstande ist, die Welt als Ganzes zu definieren, wenn sie so nicht erlebbar ist. Er demonstriert in ›Le voyage d'Urien‹ in Anlehnung an die beiden berühmtesten Fragmente Heraklits und an die poetologische Tradition der Schiffahrtmetapher, daß das Gleiten im Fluß dann ein Merkmal übermenschlicher Fähigkeiten sein kann, wenn das Sich-über-den-Fluß-Erheben im In-den-Fluß-Steigen Erfüllung findet. Gides Reisende werden zu Flaneuren, die die Menge genießen statt sie zu verachten und daher wiederum als Poeten Philosophen sind.

Verschiedene Modelle der Sprache deuten die Offenheit der Zukunft nicht nur im Ziel an, sondern auch in der Methode, mit der das vermutete Ziel zu erreichen wäre. Allerdings unterscheiden sich die Texte in der Intensität des Vokabulars. Auf der einen Seite finden sich individualisierend lyrische, auf der anderen Seite politisierend dramatische Worte. Während Gide beispielsweise in ›Les nourritures terrestres‹ oder ›Le voyage d'Urien‹ die 'Größe' und die 'Schönheit' des Lebens in ihrer Wirkung auf einen bestimmten Menschen preist, bezieht D'Annunzio seine Hymnen auf ein 'höheres Leben' vorwiegend auf die Gewalt und die Herrschaft eines politischen Organs, das er in der Traditon der Geschichte Italiens „Rom" nennt. Sein politisches Konzept, bezogen auf das historische Machtzentrum seiner Kultur, gewinnt gerade in seiner lyrischen Präsentation.

Je mehr in den Beschwörungen eines höheren Lebens die Attribute an Bedeutung gewinnen, um so weniger wirken die Nomina, die in den Attributen eigentlich nur eine Bekräftigung von Inhalt und Bedeutung finden sollten. Worte wie „Gott", „Mensch" oder gar „Übermensch" werden auf die bloße Gestalt der sie umgebenden semantischen Einheiten reduziert. Lyrisch-ästhetisierende Attribute wie «grand», «grande», «beau»/«bello», dramatisch-politisierende wie «glorieux», «magnifico» und «imperioso» evozieren eine sich endlos weitende Welt, spiegeln Sehnsucht nach einer die Welt verengenden, somit leichter zu begreifenden Sicht der Dinge. ›Les nourritures terrestres‹ können als beste Ausformung im Werk Gides betrachtet werden. Attribute fungieren zwar nicht in der Lehre Ménalques, wohl aber im Lernen Nathanaels – wie später auch in ›L'immoraliste‹ im Lernen Michels – als Schlüssel zu einer geradezu magisch-metaphysisch gestalteten Welt. „Ich habe damit aufgehört, Ihnen diese uns langweilende Geschichte zu erzählen; große Aufgaben rufen uns jetzt. Ich weiß, daß uns auf dem Meer, auf dem Ozean des Lebens ruhmreiche Schiffbrüche erwarten, – und verlorene Seeleute und zu entdeckende Inseln."[19] Das Erzählte gerinnt zum nur noch wiederholbaren, langweilenden, in seinem nach der topischen Tradition bis zum Welt- und Lebensekel treibenden Einerlei, dem zu entgehen sich nur eine Chance bietet: Die Flucht über ferne Meere, auf denen selbst der Schiffbruch mehr zu verheißen scheint als das heimische Erinnern an Erlebtes. «E il naufragar m'è dolce in questo mare» („Und das Erleiden eines Schiffbruchs ist mir süß auf diesem Meer").[20]

Leopardis Vision des „Unendlichen", des «infinito», findet sich auch in Gides ›La tentative amoureuse‹. Allerdings verschärft Gide den Konflikt zwischen Augenblick und Vergangenheit, der den Konflikt zwischen Zukunft und Vergangenheit suggerieren soll, indem er diese diffamiert. Die Verknüpfung der Schiffbruchmetapher mit dem

Attribut «glorieux» läßt keinen Zweifel mehr an der Legitimation der Fahrt in die Weite aufkommen. Gide ist sich der lyrischen Versuchung seiner Wortwahl in ›La tentative amoureuse‹ bewußt. Gesucht wird ein Weg, der von der Buchgelehrsamkeit zum realen Erlebnis führt. „Aber wir bleiben über die Bücher gebeugt, und unsere Wünsche gehen fort zu sichereren Taten. Das macht uns, ich weiß es, fröhlicher als die anderen Menschen."[21] Jedoch nicht die Konkretisierung eines erreichten oder zumindest erreichbaren Zustandes, sondern die romantisierende Überhöhung eines ursprünglich als defizitär empfundenen, im Effekt immerhin potentiell vollkommen definierbaren und schließlich definierten Wunsches bildet die Hauptmotivation des Erzählinteresses des Ichs der ›Tentative‹. Seine Wirklichkeit erscheint in der lyrischen Sprache. Ähnlich werden in ›Le voyage d'Urien‹ Zeiten evoziert, in denen sich das anscheinend als unzulänglich Empfundene – was immer es auch sei, als „Leben" ist es zu vage definiert – aus welchen Gründen auch immer als letztlich doch zulänglich darstellt. „Unsere Tapferkeiten, die wir spüren, werden von selbst unsere Heldentaten hervorrufen; warten wir, ohne an alles zu denken – erwarten wir unsere ruhmreichen Schicksale."[22] Auch in ›Le voyage d'Urien‹ verhindern Bücher die Verwirklichung jener «glorieuses destinées». Als Ellis in ihrem Boot die ›Abhandlung vom Zufälligen‹ liest, wirft ihr der Erzähler vor, sich nicht darüber Rechenschaft abzulegen, „daß das Buch die Verführung ist", die verhindere, „ruhmreiche Taten" zu vollbringen.[23] Nicht umsonst prägen die Weiße des Schnees und die Kälte des Eises das Klima in ›Le voyage d'Urien‹. Inhalt und Ziel der gepriesenen „Taten" und „Schicksale" bleiben unklar. Schließlich bleibt die lyrische Aufhebung der scheinbar martialischen Pose in der Formel: „Traurige Bildung, die wir erhielten, die uns die schluchzende und bedrückte oder wohl trübselige und einsame, dennoch ruhmreiche und heitere Wollust ahnen ließ."[24] Das Zauberwort zur Utopisierung aller Dinge durch Entrealisierung heißt „groß". Bei Gide finden sich „große Traurigkeit", „große Müdigkeit", „große Süße" sowie „große Taten".[25] Gleichviel, ob hier Gefühle oder Handlungen als «grand/e/s» bezeichnet werden, fehlt immer wieder eine Konkretisierung der von ihnen erwarteten Wirkung auf die Befindlichkeit des jeweiligen erzählenden Ichs. Auf der anderen Seite entsteht mit der geradezu rituellen Beschwörung von Worten ein wenn auch zunächst noch diffuses, jedoch möglicher Zukünfte vorbewußtes Denken, das auf mögliches – vielleicht sogar doch noch politisch bedeutsames – Handeln verweist.

D'Annunzio setzt die beschriebene lyrische Sprache dramatisierend ein. Scheinbar lyrisch-träumerische Passagen beendet er mit zwar wenig konkreten, aber gleichwohl auch im Leser eine kämpferische Stimmung erzeugenden Begriffen. Ein Beispiel aus dem Prolog von ›Le vergini delle rocce‹ belegt dies: Claudio Cantelmo, der Erzähler, kündigt an, die Herrschaft einer „Rasse" rekonstituieren zu wollen, die ihre Überlegenheit nicht erst in Taten zu beweisen habe, weil sie von allen ohnehin als überlegen anerkannt werde. „Ich sah mit diesen sterblichen Augen drei unvergleichliche Seelen sich öffnen und glänzen und dann verblühen und eine nach der anderen zugrunde gehen: die schönsten und glühendsten und armseligsten, die jemals in der letzten Nachkommenschaft einer gebieterischen Rasse erschienen sind."[26] Werden die drei Frauen zunächst – völlig unpolitisch – in den Verba mit Blumen verglichen, deutet bereits das Verb «perire» („zugrunde gehen") die menschliche Tragik an, die durch die folgenden Attribute sich zu dem klassischen Antagonismus der Tragödie verdichtet. Doch auch die Tragödie ist nicht die geeignete Form für die Schilderung des Schicksals von Menschen mit politischer Tradition. Tragisch ist nicht der Tod an sich, sondern der Untergang einer – für Italien und Rom offenbar – lebenskundigen, die persönlichen Schicksale in sich aufhebenden Elite, die D'Annunzio Cantelmo biologisierend «razza» („Rasse") nennen läßt. Und schließlich belegt der Text, daß der eigentliche Gegenstand des Romans das Ende einer in bestimmten höheren Menschen verkörperten Politik ist. Cantelmo beschwört den «sogno imperioso della mia ambizione», den „gebieterischen Traum meines Ehrgeizes, wie ihn die stolze Traurigkeit meines Vaters nach dem Fall seines Königs und nach dem Tod dessen, der im Leben das Licht unseres Hauses, unser sicherstes Gut, zu sein schien, aufgenommen und genährt hatte".[27] Wortkaskaden wie beispielsweise „eine unbeschreibliche Glut, gemischt aus physischem Orgasmus, intellektuellem Stolz, wirren Hoffnungen", erzeugen im Leser ein Körper und Geist miteinander in halb religiöse, halb liebeskranke Empfindungen eintauchendes, sinnliches Spiel der Sprache. Wörter wie «imperioso» („gebieterisch") und «glorioso» („ruhmreich") setzen die politischen Akzente. Vor allem aber spielt D'Annunzio mit der Rolle des Dichter-Propheten, der der ehrfürchtigen Welt die Inhalte seiner Zukunftsvision verkündet,[28] wie sie gedrängt in ›La città morta‹ erscheint: Seine Personen streben nach der „großen Kultur", der „Spur der großen Mythen" und „der größten und sonderbarsten Vision".[29] Die Suche nach einer „einzigartigen Harmonie" spielt in ›La gioconda‹ eine tragende Rolle.[30] Und schließlich findet sich die Erfüllung der in ›Le vergini delle rocce‹ dramatisierten

Utopie in einer alle Konturen verwischenden quasi-mystischen Kommunion zwischen Poet und Masse. So wie D'Annunzio selbst in Fiume versucht hatte, das Volk mit seiner Sprachkunst zu regieren, gefällt sich Stelio Effrena dank seiner „Tugenden der Poesie und des Traumes" in der Pose dessen, dem es gelingt, die Rückeroberung „eines verlorenen Reichtums greifbar nahe erscheinen zu lassen"[31]. Und wenig später liest man, daß die Nacht „die jugendliche Raserei" und „Träume von Beherrschung, Wollust und Ruhm" bewirke und daß „das glühende Wort" das Leben aller neugestalte und rhythmisiere.[32] Der Poet spiegelt sich im Bann der verzauberten Hörer. „In den Zauber warf nun der Dichter seine harmonisierten Perioden wie lyrische Strophen."[33] Kunst und die nach künstlerischen Kriterien gebildete politische Rede erscheinen als Wege zu erträumten Zukünften, die zur Legitimation ihres Realitätsgehaltes als erinnerte ausgegeben werden; die politische Verwirklichung soll aus Aktionen wachsen, die sich im Kommen eines höheren Herrschers erfüllen, das sich letztlich in Herrschaft im Sinne von Vorherrschaft fixiert. Der Mensch, der dies in sich verkörpern könnte und soll, trägt eindeutig übermenschliche Züge. „Das höchste Exemplar von Bewußtsein wird nur im Zenit eines Geschlechts erscheinen können, das sich in der Zeit durch eine beständige Anhäufung von Kräften und Werken erhöht hat: im Zenit eines Geschlechts, in dem durch eine lange Reihe von Jahrhunderten die schönsten Träume, die kräftigsten Gefühle, die edelsten Gedanken, der gebieterischste Wille geboren sind und sich erhalten haben. Bedenkt jetzt ein Volk bewegtesten königlichen Ursprungs, auf einer glücklichen Erde von Bächen einer neuen Poesie durchzogen, unter der lateinischen Sonne erblüht." D'Annunzio zitiert Dante und Leonardo als Zeugen, daß die Kunst und die Philosophie vor allem eine neue Politik bewirkten, weil sie als «una nova poesia» („eine neue Poesie") Wissenschaft, Philosophie und Theologie in sich vereinigten: „Leben heißt für sie" – „sie" bezieht sich auf die „Disziplin" der «uomini, che sopra gli altri hanno vigore di intelletto, sono degli altri per natura signori» („Menschen, die vor den anderen intellektuelle Kraft haben, sind von Natur wegen Herren der anderen") – „die Vorherrschaft innehaben («vivere è per lei predominare»). Ein gewaltiger Herrschaftsinstinkt schleudert sie ohne Unterlaß voran, während ein lichter und sicherer Gedanke den dauerhaften Ansturm lenkt. Und immer setzen sie das Ziel, wie jene klugen Bogenschützen, die Machiavelli als Beispiel anführt, genügend höher als den Bestimmungsort. So sehr sind ihre Taten Zeichen, deren Kunde die größten Dichter verewigen, und die Geschichtsschreiber vergleichen sie mit jenen der antiken Heerführer."[34] Den Weg vom rein poetischen Sprechen zum politischen Handeln versucht Claudio Cantelmo zu beschwören: Die Wirklichkeit verfehlt er jedoch, denn seine schwülstige Sprache verrät, daß bloße Wünsche, Bedürfnisse, allenfalls geduldig-ungeduldiges Harren auf das Kommen eines rettenden Übermenschen, einzige Realität bleiben. Der Traum von der Sprache als Machtfaktor schließt die unbestimmte Zeit einer vielleicht angemessenen Wirklichkeit mit ein: „und ich dachte, es sei um meinen Wunsch wirklich werden zu lassen, ein Gott zu werden"[35].

Die Macht der Worte erscheint bei Gide und bei D'Annunzio gleichermaßen als Vorbotin realer Macht, gleichviel, ob sich diese nun allgemein ethisch bewahrheiten oder konkret politisch manifestieren soll. Nietzsche wählt die Metapher des „Tanzes", um die schwebende Schein-Wirklichkeit des Künstlers zu charakterisieren, in der er allein gerade wegen des nur potentiellen Wirklichkeitsbezuges überlebt. „Sind nicht den Dingen Namen und Töne geschenkt, daß der Mensch sich an den Dingen erquicke? Es ist eine schöne Narretei, das Sprechen: damit tanzt der Mensch über alle Dinge."[36] Zarathustras Rede vor seinen Tieren enthüllt das Grunddilemma, in dem sich vor allem die Dichter befinden. Obwohl sie wissen, daß sie mit ihren Worten keine unmittelbare Wirklichkeit berühren, geschweige denn eine solche erzeugen können, sind sie auf die immer neue Suche nach Worten angewiesen, mit denen sich doch eine Wirklichkeit erfassen, konstituieren oder beleben ließe, in der die Rede, die Dichtung *und* die politische Tat möglichst *ein* Handeln bilden. Auf diesem utopischen Gedanken beruhen alle Versuche, eine Sprache zu bilden, die lyrische Einheit und dramatischen Kampf, Ziel und Weg gleichermaßen in sich birgt, somit Ziel ist, weil sie ganz Weg ist.

Die Dramatik der Distinktion

Bereits in der lyrischen Beschwörung des Strebens nach Vervollkommnung der eigenen Person in der Form des Übermenschen oder gar der Welt in der Form einer Überwelt, die wiederum von der übermenschlichen Gestalt, als die man sich gerne sähe, beherrscht wird, deuten sich dramatische Auseinandersetzungen an, die auf diesem Wege zu bestehen sind. Wer sich in diesen Konflikten behaupten will, braucht den unbedingten Willen zur Distinktion. Er muß nicht nur überzeugt von der Möglichkeit einer zukünftigen idealen Welt, sondern auch von der seiner eigenen besonderen Fähigkeiten handeln.

Er begreift die Welt als dynamisch, weiß um die Spanne zwischen Ideal und Wirklichkeit und deklassiert diejenigen, die sich im Status quo genügen, als individualitätslose Wiedergänger. Valéry beschreibt dies in einer Notiz zu seinem Faust-Projekt. „Ich habe danach gesucht, der so weit wie möglich von den anderen Verschiedenste zu sein – denn *andere*, das sind die als bekannt vermuteten Seinstypen – sehr vorbestimmt, und somit *beendet*, und also, daß es nicht nötig ist, zu wiederholen. Es ist nötig, sich um jeden Preis davon zu unterscheiden (s'en distinguer) um sich nicht selbst als ein unnützes Wiedergesagtes zu empfinden, ein einfaches *Eins-mehr*, durch dessen Existenz nichts erworben ist; nichts ist hinzugekommen als eine Zahl."[37] Allerdings beläßt Valéry es nicht dabei, den Übermenschen bloß als den in seiner Verschiedenheit schlechthin singulären Menschen zu definieren. In einer Randnotiz zur oben zitierten Passage heißt es: „Ein isolierter Mensch ist weder groß noch klein."[38] Ohne soziale Dimension ist der Übermensch bei Valéry offenbar nicht denkbar. Er braucht andere, die seinen Status anerkennen. Die Existenz des Raumes zwischen Ich und Nicht-Ich ist eine unverzichtbare Bedingung für die Behauptung seines Selbstbewußtseins.

Die Struktur der dialektischen Beziehung zwischen dem großen Einzelnen und der Welt erscheint in Nietzsches ›Also sprach Zarathustra‹ bereits in ›Zarathustras Vorrede‹. Vor seinem Aufbruch aus der „Einsamkeit" hält Zarathustra folgende Rede an die Sonne: „Du großes Gestirn! Was wäre dein Glück, wenn du nicht die hättest, welchen du leuchtest! / Zehn Jahre kamst du hier herauf zu meiner Höhle: du würdest deines Lichtes und dieses Weges satt geworden sein, ohne mich, meinen Adler und meine Schlange. / Aber wir warteten deiner an jedem Morgen, nahmen dir deinen Überfluß ab und segneten dich dafür. / Siehe! Ich bin meiner Weisheit überdrüssig, wie die Biene, die des Honigs zuviel gesammelt hat, ich bedarf der Hände, die sich ausstrecken. / Ich möchte verschenken und austeilen, bis die Weisen unter den Menschen wieder einmal ihrer Torheit und die Armen wieder einmal ihres Reichtums froh geworden sind. / Dazu muß ich in die Tiefe steigen: wie du des Abends tust, wenn du hinter das Meer gehst und noch der Unterwelt Licht bringst, du überreiches Gestirn! / ich muß, gleich dir, *untergehen*, wie die Menschen es nennen, zu denen ich hinab will. / So segne mich denn, du ruhiges Auge, das ohne Neid auch ein allzu großes Glück sehen kann! / Segne den Becher, welcher überfließen will, daß das Wasser golden aus ihm fließe und überallhin den Abglanz deiner Wonne trage! / Siehe! Dieser Becher will wieder leer werden, und Zarathustra will wieder Mensch werden."[39]

Zarathustra wählt in seiner Rede die Rollen des Lehrers ohne Schüler, des Priesters ohne Gläubige und des Gesandten ohne Mission. Niemand schickt ihn, niemand veranlaßt ihn zu lehren oder zu predigen; allein sein persönliches Empfinden bewirkt seine Entscheidung, wieder zu den Menschen zu gehen. Er vergleicht sich – in literarischer Topik geschult – mit einem überlaufenden Gefäß. Als Wissender glaubt er über etwas zu verfügen, das ihn unter den Menschen auszeichnen müßte. Zur Übermenschlichkeit führt offenbar der Habitus des Pädagogen, wenn nicht sogar der des erfolgreichen Propheten. Doch in der Realität erfährt er das Schicksal der „berühmten Weisen", von denen er selbst sagen wird: „Aber wer dem Volke verhaßt ist wie ein Wolf den Hunden: das ist der freie Geist, der Fessel-Feind, der Nicht-Anbeter, der in Wäldern Hausende. / Ihn zu jagen aus seinem Schlupfe – das hieß immer dem Volke 'Sinn für das Rechte': gegen ihn hetzt es noch immer seine scharfzahnigsten Hunde. / ‚Denn die Wahrheit ist da: ist das Volk doch da! Wehe, wehe den Suchenden!' also scholl es von jeher. (...) Wahrhaftig – so heiße ich den, der in götterlose Wüsten geht und sein verehrendes Herz zerbrochen hat."[40] Die Ambiguität im Verhältnis zwischen Menge und einzelnen verwirklicht sich in Zarathustras Reden selbst. Perspektivisch stellen sie den Wunsch nach Wirkung auf die Menge gegen die Vorurteile der Menge, die niemanden auf sich wirken lassen will als den, der ihr gleicht. Sosehr sich die Menge den Belehrungs- und Bekehrungsversuchen des selbsternannten Messias entzieht, so sehr bestätigt sie jedoch auch sein Selbstbewußtsein. Er kann sich so lange über die Allgemeinheit erhaben fühlen, wie es ihm gelingt, das Bedürfnis nach einer von ihm bestimmten Kommunikationsform mit der Menge sogar noch im Scheitern realer Kommunikation zu erhalten. Er verschafft sich Selbstbewußtsein durch eine Form der Distanzierung, die nicht aus der Realität der Konflikte zwischen Ich und Welt, sondern aus der imaginären Projektion einer aus den Bedürfnissen des Ichs entstandenen Utopie abgeleitet wird.

Eine Form des Distanzierungsrituals ist die Kunst. Nietzsche schreibt in ›Die Geburt der Tragödie‹: „Könnten wir uns eine Menschwerdung der Dissonanz denken – und was ist sonst der Mensch? –, so würde diese Dissonanz, um leben zu können, eine herrliche Illusion brauchen, die ihr einen Schönheitsschleier über ihr eigenes Wesen decke. Dies ist die wahre Kunstabsicht des Apollo: in dessen Namen wir alle jene zahllosen Illusionen des schönen Scheins zusammenfassen, die in jedem Augenblick das Dasein überhaupt lebenswert machen und zum Erleben des nächsten Augenblicks drängen."[41]

Nietzsche formuliert zwei komplementäre Konzepte der Distinktion: Auf der einen Seite braucht der große einzelne die Menge, die seinen Reden zwar nicht unbedingt glauben, so doch immerhin zuhören soll; auf der anderen Seite fungiert eine elitäre Tätigkeit, hier die Kunst – der Fall „Zarathustra" belegt, daß dies auch für die Philosophie gelten kann –, als Garantie des Selbstbewußtseins selbst dann, wenn eine wie auch immer geartete Menge den Tribut der Bewunderung verweigert, weil der einzelne über die Fähigkeit zur Distanzierung verfügt. Distinktion geschieht als quasi-rituelle Beschwörung eigener Überlegenheit, ohne daß diejenigen, gegen die sich diese Überlegenheit in der Realität bewähren könnte, näher definiert werden müßten. Sie werden eben distanziert. Posen der Überlegenheit definierten den großen Einzelnen, den höheren Menschen und all diejenigen, die in sich eine Fähigkeit verspüren, die sie zum Vorbild der anderen werden lassen könnte. Die lyrische Dimension des Übermenschlichen berührt sich im Begriff der Distanzierung mit einer zweiten dramatischen Dimension.

Die Distanz zwischen Ich und Welt wird auf verschiedene Art in das Selbstbild der mehr oder weniger selbsternannten höheren Menschen integriert. Dazu gehören auch kollektive Denkmuster. D'Annunzio und Montherlant suggerieren mit dem Begriff der Rasse, der Übermensch sei ein in und von einer bestimmten Gruppe kollektiv erreichbares Ideal. Bei D'Annunzio erscheint die «razza» – politisch etwas unverfänglicher, dafür aber historisch gewichtiger die «stirpe» („Geschlecht") – zunächst als suprapersonale Einheit, an der das jeweilige die Übermenschlichkeit für sich postulierende Ich qua Naturrecht teilhaben will.

In ›Il piacere‹ wird Andrea Sperelli-Fieschi d'Ugenta als einziger Erbe der Familientradition vorgestellt. Nicht der aktuelle soziale, pekuniäre Status, sondern die ererbte überzeitliche Finesse seines Geistes prägt seine «razza», adelt ihn: „Er war wahrhaftig der ideale Typ des jungen italienischen Herrn im 19. Jahrhundert, der rechtmäßige Vorkämpfer eines Geschlechts von Edelleuten und eleganten Künstlern, der letzte Nachfahre einer intellektuellen Rasse."[42] Dieses Selbstbewußtsein scheint auf den ersten Blick unerschütterlich. Doch bleibt ein Problem: Andrea Sperelli muß sich die Kraft seines Erbes vor anderen immer neu beweisen. „Das Gefühl seiner Überlegenheit über den Gegner machte ihn sicher; außerdem ließ ihn diese ritterliche, vom byronisierenden Vater ererbte Neigung zu gefährlichen Abenteuern seinen Fall in einem Ruhmeslicht sehen; und die angeborene Großzügigkeit seines jungen Blutes erwachte, vor allem zum Risiko."⁴³ Erst die mögliche Macht über einen anderen Menschen garantiert die in seiner Geburt angelegte Überlegenheit. Kann sich Andrea Sperelli als Herrscher über einen anderen Menschen beweisen, bewahrt er selbst in Situationen, in denen die Fragilität des Lebens zumindest symbolisch verkleidet aufleuchtet, mitunter aber auch – wie beispielsweise im Ruin des „bevollmächtigten Gesandten von Guatemala" – die Möglichkeit des eigenen Nieder- und Untergangs erahnbar wird, welt-integrierende Ruhe. Das soziokulturelle Milieu, in dem er sich traumwandlerisch sicher bewegt, verdichtet die Einheit intellektueller und materieller Dominanz. Die «razza» erhält Andreas Selbstbewußtsein als magisches, Vergangenheit und Zukunft in einem klar umrissenen sozialen Raum integrierendes psychokulturelles Lebenselixier.

Aggressiver wird der Begriff der «razza» in ›Le vergini delle rocce‹ vorgetragen, denn die «razza» ist in ihrer Integrität bedroht. Die 'große' Vergangenheit garantiert nicht mehr allein übermenschliches Selbstbewußtsein. Cantelmo erlebt «un dramma di stirpi», das „meine inneren Fiktionen kommentiert".⁴⁴ Adel und Rasse gerinnen zu bloßen Erinnerungen, die erst dadurch, daß sie jemand in einem literarischen Werk fixiert, neue Realität gewinnen. Der „erhabene Adel" der „todgeweihten Jungfrauen" besitzt als literarischer Text den Charakter einer Beschwörungsformel für die Überlebenden,⁴⁵ die den Willen weckt und stärkt, vergangene Zeiten wiederzubeleben, in denen sich die überkommen «razza» und «stirpe» als Zukunft derjenigen beweisen, die als Leser das Schicksal des Erzählers, des Augen- und Ohrenzeugen der Schwächen dreier Repräsentantinnen der beispielhaften Vergangenheit, teilen.

Im Gespräch mit dem «principe» lernt Claudio, daß der beschwerliche Weg der „Kräfte" und „Werke" die Identität und Integrität der ursprünglich durch das Blut, die direkte Abstammung, legitimierten Größe konstituieren kann und muß. „Der Wert des Blutes wird nicht nur von unserem Patrizierstolz gerühmt, sondern wird auch von der strengsten Lehrmeinung anerkannt."⁴⁶ Auch die Wissenschaft bezeugt die Überlegenheit einer Kommunikationsgemeinschaft von zwar durch Geburt irgendwann – möglicherweise von irgendeinem (noch) höheren Wesen – auserwählten, heute aber erst in der philosophisch-artistisch zu fixierenden Form in ihrer Überlegenheit legitimierten Menschen. Emotionale Werte (im Plural: „Träume", „Gefühle", „Willen") werden rationalisiert, denn wer nur in Träumen verharrt, bleibt kraftlos. Die «razza» verschwindet. Blut, Adel, Geschlecht zählen nicht mehr. In diesem Zusammenhang findet

D'Annunzio in der modernen Technik neben und anstatt der Kunst ein geeignetes Instrument, die Kräfte der «razza» zeitgemäß wiederzubeleben. In ›Forse che sì, forse che no‹ beschreibt er den Flieger Paolo Tarsis als Materialisten der Intellektualität. „Was waren jemals im Vergleich die Spiele des Amphitheaters? Der Mensch ging nicht mehr in die Arena zu den wilden Tieren, sondern zu den tödlichen Maschinen auf den Straßen der Erde, des Meeres und des Himmels; und der nach unten weisende Daumen war ständig über ihm. Ein tragischer Schatten und ein tragisches Licht verdunkelten und bestrahlten Wendung für Wendung den Raum. / Tarsis! Tarsis! / Die Ardea flog in ihrem Kurs fort, drehte in der fünfzehnten Runde um die Zielmarken. Das Lateinische war dabei, dem Barbarischen die Vorrangstellung wieder wegzunehmen." Die Menge, „alle Herzen", erlebt ihre eigene Kraft im „heroischen Flug", und alle rufen den Namen des Fliegers, beschwören seinen Sieg.[47] Das neue magische Wort heißt «eroico». Der Held besitzt mit seiner und durch seine Maschine die Kraft, der Welt einen neuen Sinn zu geben. Die Oberflächenstruktur der alten Hierarchien bleibt bestehen, die Tiefenstruktur, die Inhalte werden jedoch revolutionär neu besetzt. Anstelle des im Naturrecht verwurzelten Adligen herrscht jetzt der technologisch versierte Intellektuelle.

In Montherlants ›Les bestiaires‹ wird der Begriff «race» nicht in der Zeit, sondern im Raum differenziert. Nicht die Zeit einer ehemals dominierenden und vielleicht in Zukunft wieder die Schicksale der Menschheit prägenden „Rasse", sondern der entfernte Raum einer ethnischen „Rasse" bestimmt die Utopien von Alban de Bricoule, der, Protagonist mehrerer Romane Montherlants, nach Spanien zieht, ins Stier-Land, «le pays taurin»[48]. Dort sieht er die Möglichkeit, sich von den diversen Zivilisationskrankheiten Frankreichs zu befreien. Die Franzosen – Montherlant schreibt typisierend «le Français» – werden in Albans Gedanken wieder zu den der Natur verlorenen intellektuellen Bürokraten, von denen man, wenn man wollte, schon von Rousseau bis Barrès aus jeweiligen unterschiedlichen Blickwinkeln lesen konnte. „Ah! er war wohl der Franzose, der kleine intellektuelle Frosch, der nur im Hirn Blut hat, der sein Büro verläßt und die Natur nicht ertragen kann."[49] Das ursprünglich in der gefühlsneutralen Erziehung begründete Interesse an den emotional-religiös aufpeitschenden Stierkämpfen in Spanien[50] steigert Alban in eine grundlegende Abrechnung mit der verfeinerten, intellektualisierten Kultur Frankreichs hinein, die er schließlich in dem Maße ethnisiert, wie er ihre historischen Wurzeln – verkörpert in der Gestalt seiner Mutter – aus den Augen verliert. „Nun erhellte sich alles. Ah!

wie verständlich sie waren, dieser leidenschaftliche *Paseo*, diese andauernde Erregtheit auf der Plaza der Madrilenen! Auf den großen Boulevards in Paris schloß Alban die Augen, ja, schloß die Augen, um den Pöbel nicht zu sehen. Hier öffnete er sie weit, so angenehm war das Betrachten der Passanten. Sie war immer noch ganz da, die antike Verschiedenheit zwischen Galliern und Lateinern, Quelle so vieler Witzeleien bei diesen. In Frankreich gab es nicht nur eine fortgeschrittenere ‚Zivilisation', die die Menschen in den Städten so häßlich und kränklich machte; die spanischen Bauern hatten auch vor den französischen eine unbestreitbare Überlegenheit im Adel: es war eine Frage der Rasse."[51] Wie sehr diese Typologisierung in Albans Persönlichkeit selbst, wie wenig jedoch in den vorfindbaren Realitäten begründet ist, zeigt der Hinweis auf die Bauern als Träger der «race». Mit dem einfachen Volk verbindet Alban kaum etwas: Auch in Spanien bewegt er sich in feineren Kreisen. Der Begriff der „Rasse" – ähnlich auch der des „Volkes" – bezeichnet in erster Linie Albans Sehnsucht, sich von seiner Herkunft zu befreien: „Ach, ach, warum war er den Salonhelden in die Finger gefallen. Endlich fuhr man ab. Er bestand darauf, sich neben den Fahrer zu setzen. Die Leute glaubten, es sei aus Bescheidenheit: Es war, um sie los zu sein. Nun sollte ihn das von den Reichen heilen, neben jemandem aus dem Volk zu sein."[52] Sein Enthusiasmus für das Land der Stierkämpfe fungiert als Sublimation der bürgerlichen Langeweile.

In anderen Werken bezieht Montherlant den Begriff der „Rasse" unmittelbar auf die politisch-wirtschaftliche, kurz 'imperialistische' Realität. In ›La rose de sable‹ erscheint die „Rasse" keineswegs als Eigenschaft einer fernen, von den Übeln der abendländischen Kultur unverdorbenen Welt, sondern als von den angeblich gebildeten Europäern zur Legitimation der eigenen Herrschaftsansprüche eingeführte Sprachwaffe. Im Motto des zweiten Teils zitiert Montherlant Lyautey, der von den „Rassen" spricht, „für die wir die durch die Vorsehung bestimmte Mission haben, sie für den industriellen, landwirtschaftlichen, wirtschaftlichen Weg und auch, ja, man muß es sagen, einen Platz höheren moralischen Lebens, ein vollständigeres Leben zu öffnen"[53]. Und an anderer Stelle gerinnt der Begriff der „Rasse" zur Stilisierung eines in französischen Augen ungepflegten Äußeren: „Alles an ihm weist ihn als von schlechter Rasse aus: seine platten Nägel, seine grob geformten Ohren, seine krümelige Haut . . ."[54]

Die enthistorisierende Überhöhung der eigenen Sehnsucht nach Übermenschlichkeit im pseudo-ethnologischen Begriff der „Rasse" wirft letztlich das Ich wieder auf sich zurück. „Rasse" kann nur so lange als Distinktiv funktionieren, als eine intakte Kommunikationsgemeinschaft existiert, die sie zumindest als Begriff ständig weitertransportiert. D'Annunzio bemüht sich, den Glauben daran in seinen Lesern (und sich selbst) aufrechtzuerhalten. Montherlant dreht und wendet die Begriffe, bis oder weil sie banal geworden sind. Gleichwohl ergibt sich letztlich in «razza» und «race» ein Konzept kollektivierbarer Kraft, die den Aufstieg eines Übermenschen in einer allgemein anerkannten Kommunikationsgemeinschaft bewältigen helfen kann. Rasse – dies gilt analog für den Begriff des Volkes – kann eine charismatische Führergestalt legitimieren, selbst wenn es ihrem Verfechter weniger um eine überzeitliche Kult- und Glaubensgemeinschaft als um den persönlichen Erfolg des großen einzelnen gehen sollte. „Rasse" gibt dem Prätendenten auf den Rang eines Übermenschen den für die Wirksamkeit seiner Kraft, die reale Macht notwendigen Hintergrund, von dem Max Weber in seiner Analyse des Begriffs des „Charisma" schreibt. "'*Charisma*' soll eine als außeralltäglich (ursprünglich, sowohl bei Propheten wie bei therapeutischen wie bei Rechts-Weisen wie bei Jagdführern wie bei Kriegshelden: als magisch bedingt) geltende Qualität einer Persönlichkeit heißen, um derentwillen sie als mit übernatürlichen oder übermenschlichen oder mindestens spezifisch außeralltäglichen, nicht jedem anderen zugänglichen Kräften oder Eigenschaften begabt oder als gottgesandt oder als vorbildlich und deshalb als '*Führer*' gewertet wird. Wie die betreffende Qualität von irgendeinem ethischen, ästhetischen oder sonstigen Standpunkt aus 'objektiv' richtig zu bewerten sein *würde*, ist natürlich dabei begrifflich völlig gleichgültig: darauf allein, wie sie tatsächlich von den charismatisch Beherrschten, den '*Anhängern*' bewertet wird, kommt es an."[55]

In der eindeutig erotischen Spannung zwischen dem Selbsterlebnis eines einzelnen und der zustimmenden Reaktion einer ihm verfallenden Menge löst D'Annunzio einen ursprünglich dramatischen Konflikt lyrisch auf. Erst die Bewunderer, die Jünger schaffen das Selbstbewußtsein Stelio Effrenas in ›Il fuoco‹, eine weitere Bestätigung des Hegelschen Mythos vom Herrn und vom Knecht. Als Rhetor spiegelt er sich in seinem Auditorium. Nicht der Redner als Subjekt des Ereignisses, sondern die Beziehung zwischen ihm und den Zuhörern leitet den Fluß der Worte. Zum eigentlichen Subjekt werden die Zuhörer, so daß schließlich kein Objekt der Rede mehr besteht außer einem außerhalb von Ort und Zeit liegenden Sprachspiel. Mit demselben quasi-mystischen Wortschatz beschwört D'Annunzio das von Effrena zwar durchaus beabsichtigte, aber in Ziel und Inhalten weder umrissene noch erahnte Ereignis der zwischen Redner und Zuhörern anschwellenden Bewegung: „In der Kommunion zwischen seiner Seele und der Seele der Menge trat ein fast göttlich zu nennendes Mysterium hinzu. Etwas Größeres und Stärkeres fügte sich zu dem gewöhnlichen Gefühl, das er von seiner Person hatte. Und ihm schien, daß seine Stimme von Augenblick zu Augenblick eine höhere Tugend erlangte."[56] Die Kunst der Rede wird zur „Tat", zum „Gestus des Helden".[57] In jedem Kunstwerk erscheint unter diesen Bedingungen das Grundmuster der mystischen Beziehung zwischen Künstler und Jüngern, das jenen zumindest zur Imago eines Politikers erhebt. Indem D'Annunzio keinen Redner, der Künstler ist, als Politiker feiert, legitimiert er auch sich selbst. „Der Feueratem des thrakischen Gottes hatte Leben und eine erhabene Form der Kunst gegeben. (...) Zur Seite der Akropolis, nahe dem Heiligtum des Dionysos, war ein Marmortheater entstanden, geeignet, das auserwählte Volk aufzunehmen."[58] Um den 'Charismatiker' Stelio Effrena scharen sich Anhänger, die sich dadurch auszeichnen, daß sie sein Kunst- und sein Politikverständnis teilen. Sie bilden mit ihm eine Gemeinschaft, in der er, der die Menge zu begeistern versteht, die führende Rolle spielt. Allmachtphantasien, wie sie in der Stilisierung ethnischer oder politischer suprapersonaler Einheiten, in „Rasse" und „Volk" anklingen, erfüllen sich in einer ideologischen Gemeinschaft. Der Künstler, der als Redner politische Fähigkeiten zu verwirklichen versteht, kann jetzt von sich sagen, er nähere die Qualität seiner ideologischen Gemeinschaft der ethnischer oder politischer Gemeinschaften.

Fogazzaro postuliert in den Worten seines „Heiligen" Benedetto völlig andere Ziele und Inhalte als D'Annunzio in ›Il fuoco‹. Die Menge scheint Benedetto mit ihrem Verlangen nach Wundern sogar zu stören;[59] er will das Gespräch mit dem Papst, um diesen zu bewegen, das zu tun, was die Kirche braucht, um wieder lebendige Wahrheit zu werden. Anstelle der Menge genügen ihm die Gespräche mit den ihn umgebenden Intellektuellen, obwohl gerade diese ihn drängen, der zu sein, den das Volk braucht. Sie vergleichen ihn mit „Propheten", denen es gelang, die mystische Vereinigung „im lebendigen Christus" zu schaffen, die „Opfer", „Leid", „Trennung der Herzen" in positive Kräfte umwertet.[60] Fogazzaro läßt keinen Augenblick einen Zweifel daran, daß hier niemals eine narzißtische Spiegelung des «Santo» in der ihn bewundernden Menge intendiert ist. Sein Konzept des 'Charismatikers' grenzt ihn von der uncharismatischen Realpolitik der Kirche Leos XIII. ab,[61] während D'Annunzio grundsätzlich die uncharismatische und damit schlechthin ästhetisch wie politisch unzureichende Sterilität der Gesellschaft anprangert, unter der Künstler, Philosophen und sogar Politiker leiden oder – sofern sie dies noch nicht tun – leiden könnten. Fogazzaro formuliert ein rein inhaltliches Konzept des „Charismatikers", während D'Annunzio die Inhalte erst aus der Form ableitet. Nicht Menschen um einen Menschen, sondern Gott in jedem Menschen soll Lebenselixier werden. „Die Menschen der Welt können so in ihrem Herzen ein Geschöpf, eine Idee von Wahrheit oder von Schönheit tragen. Tragt ihr in eurem immer den Vater, den ihr nicht gesehen, aber so viele Male wie einen in euch atmenden Geist der Liebe gespürt habt, der dort den süßesten Wunsch eingab, dafür zu leben. Wenn ihr so tut, wird eure Handlung immer ganz und gar lebendig vom Geist der Wahrheit sein."[62] Der «Santo» spiegelt sich in einer Idee, deren Körper er und seine Anhänger sind, wie die Kirche der mystische Leib Christi ist. Der «Santo» definiert Distinktion im Sinne einer politischen Avantgarde, die, wenn sie ihre Ziele erreicht hat, Distinktion nicht mehr braucht, während Stelio Effrena die Distinktion als substantiellen Wert begreift, der vorrangig zur Legitimation seiner Existenz dient.

Gide faßt in ›El Hadj‹ die Problematik einer ideologisch begründeten Distinktion in die Parabel des falschen Propheten.[63] Dieser beichtet aufrichtig seine Verirrungen in einer Wüste der Illusionen. Die „geheimnisvolle Abhängigkeit" zwischen ihm und den Gläubigen scheint ihn zunächst zwar noch zu entlasten,[64] doch weiß er, daß er sich als „Prophet" und ‹Charismatiker› zu einer quasi-übermenschlichen Gestalt stilisiert hat oder zumindest hat stilisieren lassen, die er nie war. „Ah! mögen sie diesen Abend an der Schwelle ihres Hauses vor Liebe schreien, da sich dort ihre Ruhe wiederfindet! – Ich will in der Wüste verweilen. Mein Geheimnis habe ich über die Tage und Nächte verschwiegen; ich habe die Bürde meiner schrecklichen Lüge ohne Stütze getragen, und ich habe bis zum Ende getan als ob."[65] Die Tortur der Einsamkeit, mit der er sein Fehlverhalten büßen will, gerät zur Erlösung, weil weder auf Dauer noch auf einen bestimmten Zeitraum beschränkt eine Kommunikationsgemeinschaft in Sicht ist, in der der Inhalt seiner Prophezeiung ein für sein Selbstbewußtsein wirksames Distinktiv sein kann. Folgerichtig verbindet Gide das Bekenntnis des ‹falschen Propheten› mit dem Motiv des ‹toten Gottes›. „Fürst, du hast dich getäuscht; ich hasse dich. Denn ich war nicht als Prophet geboren; durch deinen Tod bin ich es geworden; weil du nicht mehr sprachst, habe ich zum Volk sprechen müssen..."[66] Die Form ist Lüge, wenn kein Inhalt mehr da ist, doch D'Annunzio konstruiert aus der metaphysischen Lüge eine physiologische Wahrheit.

Gides Kritik in ›El Hadj‹ schließt jedoch den jederzeit möglichen Zusammenbruch eines nur auf einer vergänglichen Form beruhenden Gebäudes mystischer Vereinigung als ständige Gefahr mit ein. Solange die Jünger den vorgegebenen Inhalt für wichtiger als die Form halten, muß der 'Charismatiker' sein Reden und Handeln inhaltlich definieren. D'Annunzios persönliches politisches Scheitern belegt, wie die in der Fiktion der Literatur geschaffene Möglichkeit einer „Communio mystica" als reine Form offenbar allein funktionieren kann.

Die Unabhängigkeit des übermenschlichen Helden von ihn anerkennenden Jüngern erscheint unwahrscheinlich. Allerdings besteht die Chance der Anonymisierung der zu Beherrschenden. Dies zeichnet sich beispielsweise schon in D'Annunzios „Menge" ab. Marinetti formuliert im «discours futuriste» des Mafarka den Primat der individuellen Macht, die er „Geist" nennt. „Unser Geist, der die höhere Manifestation der organisierten und vitalen Materie ist, begleitet in allen seinen Veränderungen die Materie selbst, indem er in seinen neuen Formen die Empfindungen seiner Vergangenheit, die feinen Schwingungen seiner früher ausgebildeten Energie aufbewahrt... Göttlichkeit und individuelle Kontinuität des eigenwilligen und allmächtigen Geistes, den man nach außen bringen muß, um die Welt zu verändern!... Das ist die einzige Religion!..."[67] Nicht die Beherrschung der Welt, sondern die Integrität des potentiellen Herrschers ist entscheidend: Es kommt darauf an, wie sehr dieser die für das Herrschen als Akt der Distinktion erforderlichen Qualitäten in sich verwirklicht, somit darauf, wie es ihm gelingt, sein Handeln zum Ritual seiner selbstgeschaffenen Religion zu fixieren. Der «discours futuriste» ist ein theoretischer Text innerhalb eines Romans. An seinen Thesen sind die Handlungen der verschiedenen Protagonisten zu messen. In der Rahmenhandlung des «discours» zeichnet sich ab, daß der theoretische Anspruch der Emanzipation des Herrschers von seiner ursprünglichen Sehnsucht, sich in der Menge zu bestätigen, bevor er sich in sich selbst zu bestätigen weiß, in der Praxis Prozesse der Distinktion impliziert. Das Marschieren gegen den Wind dient als Metapher für das Überwinden von Widerständen. Der Selbstbeherrschte empfiehlt sich durch sein bloßes Auftreten als Herrscher. Wer die Beherrschten sind, interessiert nicht weiter. Beherrschbare gibt es überall. Eine reale Kommunikation zwischen Herrscher und Beherrschten erübrigt sich, wenn klare Verhältnisse herrschen.

Barrès fügt den Gedanken der Autarkie des Einzelnen hinzu. In ›Sous l'œil des barbares‹ setzt er als Ziel der Entwicklung eines jungen Mannes: „unser Ich von allen fremden Teilchen reinigen, die das Leben ständig hineinbringt"⁶⁸. Ist dies gelungen, ist der autarke Mensch entstanden, zu dem die Menge aufschauen kann. In einem Totengespräch mit Benjamin Constant in ›Un homme libre‹ scheint sich dieses Ziel in der narzißtischen Bestätigung eines großen Menschen zu erfüllen, der keine Gesellschaft mehr braucht, um seine Größe zu beweisen. „,Vor allem, ein großer Mensch zu sein, und ein Heiliger für sich selbst . . .' Für sich selbst! . . ." Solche „Aufrichtigkeit" zeichnet „die hohe Kultur des Ichs" (la haute culture du Moi)⁶⁹ aus. Allerdings kennt Barrès auch die banale Seite der Pose der Autarkie, die in ›Le jardin de Bérénice‹ zum bestellten Todesritual gerät. Die Utopie des Übermenschen fixiert sich in bloßer Schauspielerei. Reale Macht wird genutzt, um das entscheidende, Übermenschlichkeit beweisende Wort für alle Zeiten der Welt zu präsentieren. Aber immerhin: Die Pose überlebt die Art und Weise ihrer Entstehung. „Ich habe nichts leugnen wollen, wie die Natur sein, die alle Gegensätze akzeptiert, um daraus eine edle und fruchtbare Einheit zu machen. Ich habe ohne meine Befindlichkeit als Mensch (ma condition d'homme) gerechnet. Unmöglich, mehrere Leidenschaften zugleich zu haben. Ich habe bis zur tiefsten Entmutigung das Unglück unserer Empfindsamkeit empfunden, die darin besteht, aufeinanderfolgend und fragmentarisch zu sein, so daß ich, der ich unendlich mehr Leidenschaften habe als der Sektierer, davon immer nur höchstens eine oder zwei zugleich habe besitzen können. In dieser Idee habe ich Nero, als er mich vor kurzem bat, ihm ein philosophisches Wort zu erstellen, das er vor dem Sterben aussprechen könnte, geraten: ‚*Qualis artifex pereo!*' ‚Welchen Künstler, welchen Emotionenmacher töte ich.'"⁷⁰ Und Künstler sind sie alle, die sie sich darauf verstehen, ihr Leiden an der Nicht-Erfüllung oder gar der Nicht-Erfüllbarkeit ihrer Idee von Übermensch und Überwelt in (eine) Tugend, eine Quelle der Kraft zu verwandeln.

Allen vorgestellten Strategien zur Distinktion als Quelle übermenschlichen Seins ist der Versuch gemeinsam, die Welt – als Oberbegriff für die anderen Menschen in all ihren Interaktionen – hinter oder unter sich zu lassen, gleichviel ob es sich dabei um das Streben nach einer Integration der Welt in der Form einer suprapersonalen Einheit in das Denken und Handeln des Ich oder um die möglichst weitgehende Negation jeder außerhalb des Ichs denkenden und handelnden Identität dreht. Gemeinsam ist ihnen auch das Bemühen um die lyrische Auflösung von Konflikten. Die dramatische Struktur der Prozesse der Distinktion scheint sich in der lyrischen Beschwörung eines konfliktfreien Daseins höherer Menschen aufzuheben. In diesem Zusammenhang erstaunt es nicht mehr, daß ausgerechnet die Gestalt, die die Leugnung des Anderen, das die Welt ist, am weitesten vorantreibt, der Typus des Narziß, von Gide und Valéry gleichermaßen als dramatischer Charakter konzipiert wird. Dieser Widerspruch fällt um so mehr ins Gewicht, als Valéry und Gide beide lyrische Formen wählen, um Narziß zu beschreiben, sozusagen vom Ergebnis des Prozesses her argumentieren. Gide schreibt einen an lyrischen Worten reichen, strophisch strukturierten Traktat, Valéry verwendet Verse. Die in Romanen niedergelegten Distinktionsrituale der Personen D'Annunzios, Marinettis oder Barrès', letztlich inhärent in Gides ›El Hadj‹, wirken gegenüber der Dramatisierung der Gestalt des Narziß bei Gide und Valéry vorläufig.

Gides Narziß überwindet die Zeit, indem er sie ständig neu erschafft. Er beugt sich über den „Fluß der Zeit" und genießt „die Gegenwart": „Narziß träumt vom Paradies."[71] Auch Räume müssen nicht erobert werden, um dieses Paradies im Augenblick zu finden. „Das Paradies muß immer wieder neu geschaffen werden; es liegt keineswegs in irgendeinem entfernten Thule." Das 'Hier und Jetzt' wird zum alle Zeiten und Räume in das sich in sich selbst spiegelnde Ich integrierenden Lebenselixier, „denn Sein genügt nicht mehr: man muß sich beweisen"[72]. Und der Ort der lyrischen, das Dramatische des andauernden Wandels aufhebenden Utopie ist das Kunstwerk: „Man fragt sich, ob das Paradies, selbst außerhalb der Zeit, nicht vielleicht immer nur dort war, das heißt ideal."[73] Narziß akzeptiert das Glück im Schein, und der Erzähler gewinnt seine Überlegenheit über seine Figur wie über seine vielleicht kritischen Leser daraus, daß er darum weiß, was er tut, wenn er das „Paradies" des „Narziß" im „Idealen" aufhebt. Wer sich der Spannung zwischen lyrischer Utopie und dramatischem, weil in der Zeit verhaftetem Leben bewußt ist, kennt die Struktur des Strebens nach einer höheren Daseinsform. Distinktion ist ein dramatischer Prozeß, der sich auf einer Meta-Ebene, fixiert im Kunstwerk, lyrisch auflöst.

Komplementär zum Narziß Gides präsentiert sich der Narziß Valérys. Valéry schildert ihn in den ›Fragments du Narcisse‹ und in ›Narcisse parle‹ als unglücklichen Menschen, der unter der undramatischen Perspektive seines Lebens leidet, da er den Kontakt zur Welt verloren hat.[74] Mit der Welt verliert Narziß das Schlechte und das Gute zugleich. Seine Selbstliebe entsteht in der Flucht vor der Einsamkeit; sie ist mehr als bloße Flucht vor einer angeblich feindlichen Welt. In seiner Not steigert sich Narziß immer mehr in die Liebe seines Spiegelbilds, verrät aber, daß er dennoch auf einen Kontakt hofft, sogar einen Konflikt zur Welt, somit das Erlebnis, von der Welt verschieden zu werden und zu sein, ohne dabei die eigene Identität aufgeben zu müssen. Doch ohne Kontakt zur Welt bleiben allein die Wasser als Symbol seiner Utopie übrig. Er weiß, was geschähe, wenn er die lyrische Pose (wieder) verlassen müßte.

> Rêvez, rêvez de moi!... Sans vous, belles fontaines,
> Ma beauté, ma douleur, me seraient incertaines.
> Je chercherais en vain ce que j'ai de plus cher,
> Sa tendresse confuse étonnerait ma chair
> Et mes tristes regards, ignorants de mes charmes,
> A d'autres que moi-même adresseraient leurs larmes...[75]

[Träumt, träumt von mir!... Ohne euch, schöne Quellen, wären meine Schönheit, mein Schmerz mir ungewiß. Ich würde vergeblich suchen, was ich als das Liebste habe, seine wirre Zärtlichkeit würde mein Fleisch erstaunen, und meine traurigen, um meine Zauber unwissenden Blicke würden ihre Tränen an andere als mich selbst richten...]

Quantitativ und qualitativ definierte, ethnisch oder politisch und ästhetisch oder ideologisch begründete Distinktionsrituale erscheinen als mehr oder weniger erfolgreiche Methoden auf dem Weg zur Übermenschlichkeit. Das Charisma des Redners und Predigers, der Wille zur Eingliederung in eine höhere Existenzform und die Sehnsucht nach kollektiv realisierbaren Idealen finden ihre Erfüllung im autarken Selbstbewußtsein eines Narziß, der – gleichviel, wie ernst sein subjektiv sicher begründbarer Glaube auch sein mag – in allem anderen immer den Spiegel finden wird, der Distinktion zum auszeichnenden Lebensziel stilisiert. Im Ritual inszenierter Überlegenheit verwirklicht dieser Narziß seinen Weg zur Übermenschlichkeit als von physischen und metaphysischen Inhalten gereinigtes Distinktionsritual. Distinktion wird lyrisch fixiert, so daß ihr eigentlicher dramatischer Zweck nicht mehr unmittelbar wahrnehmbar ist. Allein in der Genese der Pose erscheint der Rest der Gegner, denen das Bemühen um die Distinktion ursprünglich galt. Die lyrische Pose des Narziß ist die abstrakteste Form der Distinktion.

Die Authentizität des Lebens

Die Analyse des Begriffs der Distinktion ergibt, daß inhärente dramatische Strukturen durch Eliminierung des Zeitfaktors in lyrischen

Hymnen eines Endzustandes aufgehoben werden können, in dem Distinktion als Prozeß keine Rolle mehr zu spielen braucht. Dennoch leuchtet in der artistischen Verwandlung objektiver dramatischer Wirklichkeit in subjektive lyrische Wahrheit immer wieder der Grund der Kämpfe auf, die zwischen den vorgeblich höheren und den somit in deren Logik niederen Menschen herrschen. Wird dieser Grund näher ausgelotet, wird die lyrische Praxis der Distinktion erneut dramatisiert: Sie wird authentisch. Die Sprache der Authentizität ist die der Aufrichtigen, der «sincères». Sie verkörpern die erlebte Einsicht, daß die lyrisch-artistische Darstellung der Welt als in sich geschlossenes, vom Subjekt an sich beherrschbares Phänomen in Wirklichkeit nur Teil eines antagonistisch oder gar dialektisch verlaufenden Prozesses ist. Für den Künstler als Chronisten des Alltags liegt Authentizität in der Darstellung der Erscheinungsformen oder gar der Genese sowohl des authentischen als auch des inauthentischen Verhaltens.

Einer der Begriffe, die inauthentisches Sein bezeugen, ist der der 'Substanz'. Er suggeriert, alles Nicht-Substantielle sei für den Weg zum übermenschlichen Sein unwesentlich. Im Gebrauch des Begriffs zeigt sich jedoch das Gegenteil. Die philosophisch behauptete oder poetisch beschworene 'Substanz' wird zum Kern und Endpunkt des Wegs zum Übermenschen. Sie ist die lyrische Chiffre der Integrität von Ich und Welt. Eine authentische Konfession der Eigenschaften und Wege, die übermenschliches Sein ermöglichen oder zumindest erahnen lassen, bleibt bewußt oder unbewußt verdeckt.

D'Annunzio beschwört den Begriff der „Substanz" in ›Le vergini delle rocce‹ geradezu rituell. Er spricht von der „vitalen Substanz" eines Ortes, an dem „vom Vater auf den Sohn" die seiner Phantasie vom Übermenschen entsprechenden Eigenschaften vererbt werden. Er läßt Cantelmo zwar die Abwesenheit jedweder personalen Dimension dieser „Substanz" beklagen, doch bleibt immer der Glaube an eine mögliche Erneuerung, vielleicht sogar durch sein persönliches Eingreifen, was ihn wiederum selbst als legitimen Erben einer übermenschlichen „Rasse" auswiese.[76] In ›Il trionfo della morte‹ bezieht D'Annunzio denselben Begriff auf das Unverwechselbare eines Menschen. Aurispa fürchtet um seine „Substanz", solange Ippolita seine Gefühle und sein Leben in der Hand hat. „Vergeblich ist es, nach einer neuen Welt zu streben, nach einem neuen Leben (una vita nuova). Solange die Liebe dauert, ist die Achse der Welt in einem einzigen Wesen befestigt, und das Leben ist in einem engen Kreis geschlossen. Um wieder zu leben und um zu erobern, müßt' ich mich von der Liebe befreien, meiner Feindin entledigen..."[77] Hier erscheint authentisches Sein. Der Konflikt zwischen Cantelmos und Aurispas Idealen, fixiert in einer fast schon mythisch zu nennenden „Substanz", und der eigenen und der Welt Wirklichkeit bestimmt den eigentlichen Inhalt der Romane. Die beiden Helden sind sich dessen kaum bewußt. Während Cantelmo in seinen Träumen von den vergangenen und zukünftigen Zeiten einer übermenschlichen „Rasse" oder eines übermenschlichen „Geschlechtes" schwelgt, sucht Aurispa sein Heil in psychischer und physischer Gewalt. „Zerstören, um zu besitzen" wird sein Motto.[78]

Dramatisch spitzt sich der stets drohende Verlust der eigenen „Substanz" zu. Aurispa erfährt, daß seine bloß lyrische, lyristische Definition potentieller Übermenschlichkeit steril bleibt. Aurispa hat keine Kinder, keine Werke. „In keinem würde er die Abdrücke seiner Substanz verewigt, sein Ebenbild bewahrt, wie zum Aufstieg fähige Bewegung des Geistes zur Verwirklichung immer höherer Möglichkeiten verbreitet haben. In kein Werk würde er die Wesenheit seines Intellekts versammelt, harmonisch die Kraft (potenza) seiner vielfältigen Fähigkeiten offenbart, *sein Universum* ganz enthüllt haben. Seine Sterilität war unheilbar. Seine Existenz reduzierte sich auf einen bloßen Fluß von Empfindungen, von Gefühlen, von Ideen, jeden substantiellen Fundaments beraubt."[79]

Eine Ahnung des dramatischen Charakters eines authentischen Lebens formuliert D'Annunzio in der Lebensbeichte des Tullio Hermil in ›L'innocente‹. Er dynamisiert den Begriff der „Substanz", indem er Tullio sein Leben in seiner Gesamtheit und damit in seiner zeitlichen und räumlichen Ausdehnung reflektieren läßt. Dieser versucht die Augenblicke, in denen er auf Verständnis seiner Mitmenschen zu hoffen wagt, im aufrichtigen Bekenntnis seiner Schuld zu perpetuieren. Die „Substanz" kann in der „Aufrichtigkeit" aufgehoben werden, indem ein statisch-überzeitlicher Kern in einen dynamischen, Zeit und Raum akzeptierenden Akt überführt wird. Bevor er jedoch zu dieser Erkenntnis kommt, verwendet er den Begriff der „Aufrichtigkeit" nur, um seine Abneigung gegen das Kind zu legitimieren.[80] Er glaubt an die „rohe Substanz" in sich, die ihn zur Tat treibe.[81] Nach der Entscheidung zur Tat erkennt er, daß er seine persönliche Integrität nur in der Dynamik der „Aufrichtigkeit" bewahren kann, wenn er seinen Bericht zur eigentlichen authentischen Tat stilisiert. In den wenigen kurzen Gesprächen mit seiner Frau lügt er nicht, „da ich glaubte, mit meiner Aufrichtigkeit meine Schuld in den Augen jener sanften und edlen Frau zu verringern"[82]. Bewußt ist er sich seines Verhaltens nicht. Die Zerknirschtheit des Sünders gerät ihm zur Pose dessen, der die Überlegenheit der weltgewandteren, intellektuelleren und schließlich sogar – in ihrem Kind – schöpferischeren Konkurrenz, hier seiner Frau, anerkennen muß. Seine „Aufrichtigkeit" ist der Ausweg des Ohnmächtigen, der doch noch einen Weg zu höherem Sein verheißt.

Die persönliche Integrität eines Menschen ist eines der Zentralthemen im Werk und im Leben Gides. Immer wieder geraten Gides Menschen in die Fallen ihrer eigenen Sehnsucht, die wiederum nichts anderes sind als die Konsequenz ihrer selbstverordneten Weltanschauungen. Persönliche Integrität, Authentizität, Substanz oder Wahrheit sind in diesem Kontext synonyme Begriffe. „Aufrichtigkeit" kann sich nur im Bekenntnis der selbstempfundenen Distanz zwischen der Idealität des Lebensentwurfs und der Realität des Scheiterns in der Welt bewähren. In ›Corydon‹ gibt Gide sich selbst als nach Aufrichtigkeit strebenden Menschen zu erkennen, der allerdings, wie der gequält abwägende Stil signalisiert – und da wird die „Aufrichtigkeit" authentische Botschaft –, um die Anerkennung der anderen, um jemanden, der ihm zuhört, wirbt: „Was ich hier nach allem sage, so dachte ich, macht ganz und gar nicht, daß all das ist. Das *ist*. Ich versuche zu erklären, was ist. Und da man gewöhnlich auf keinen Fall zugeben will, daß *das ist*, untersuche ich, versuche ich zu untersuchen, ob es wirklich bedauernswert ist, daß man sagt – es sei."[83]

Literatur konstruiert nichts, sie dokumentiert – vorausgesetzt, der Autor läßt sich auf das Abenteuer ein, nichts als die Art und Weise, in der er selbst die Welt erlebt, literarisch zu präsentieren. Die Beziehung des Menschen zu sich selbst wird Mittelpunkt literarischer Arbeit. Dostojewski gilt Gide als Prototyp dieser Art von Literatur. In einer Rede zum 100. Geburtstag Dostojewskis betont Gide, daß der westliche Roman sich zu sehr mit den Beziehungen zwischen verschiedenen Menschen, sich jedoch „fast niemals mit den Beziehungen des Individuums mit sich selbst" – und der Zusatz ist wichtig – „oder mit Gott" befaßt habe. „Das intime Leben ist hier" – also bei Dostojewski – „wichtiger als die Beziehungen der Menschen untereinander."[84] Das leidende Ich steht im Mittelpunkt dieser Literaturtheorie. Wenn schon von Übermenschlichkeit die Rede ist, denkt Gide an die Authentizität der Darstellung im Werk, gleichviel ob es sich dabei um einen autobiographischen oder einen fiktionalen Text handelt. „Für die Künstler und für die Menschen der Tat (les hommes d'action) stellt sich die Frage des *Übermenschen* nicht, oder sie findet sich zumindest ebensogleich gelöst, ihr Werk ist eine unmittelbare Antwort. Die Angst beginnt, wenn die Frage ohne Antwort bleibt;

oder sogar wenn die Frage der Antwort weit vorausgeht. Wer nachdenkt und phantasiert, ohne zu handeln, vergiftet sich, und ich werde Ihnen hier erneut William Blake zitieren: ‚Der Mensch, der wünscht, aber nicht handelt, erzeugt die Pest.' An gerade dieser Pest vergiftet stirbt Nietzsche."[85] Man mag sich jetzt darüber streiten, inwiefern Gide mit der immerhin auch nur sprachlich realisierbaren „Aufrichtigkeit" dem Schicksal Nietzsches entgeht, oder auf die Tradition der Gewissenserforschung im Protestantismus verweisen: Der Zusammenhang zwischen persönlicher Integrität und authentischer Schilderung des Verhältnisses eines Menschen zu der Welt, die er in sein Inneres zu integrieren trachtet, auf der einen Seite und philosophisch-poetischem Handeln auf der anderen Seite ist ein zentrales Thema Gides. „Das ist der typische psychologische Roman. Ein wütender Mensch erzählt eine Geschichte; das ist das Thema eines Buches."[86]

Gerät der Mensch in seiner Identität in den Mittelpunkt des philosophisch-poetischen Interesses, können sich seine Konflikte in und mit der Welt von sozialen in metaphysische Konflikte verwandeln. Manche Personen der Erzählungen Gides neigen dazu, ihr „intimes Leben" zu einem besonderen, weil einsamen, weil von jedweder Beziehung zu anderen Menschen ‚reinen' und gerade deshalb so gut wie übermenschlichen Modell zu stilisieren. Gerade weil sie immer wieder danach streben, nicht bloß den für sie persönlich bestmöglichen, sondern den an sich gültigen Weg zu finden, geraten sie in Konflikte. Als Opfer ihres Idealismus werden sie zu tragischen Figuren. Dies gilt für auf den ersten Blick so unterschiedliche Figuren wie Fleurissoire in ›Les caves du Vatican‹ und Alissa in ›La porte étroite‹. Beide verirren sich in ihrem religiösen Wahn. Beide sind jedoch in ihrem Irrtum über die wirklichen Verhältnisse konsequent und daher als Gegenstand der Literatur authentische Zeugen ihrer Welt.

Alissa versucht, sich in ihrem Tagebuch selbst zu entdecken. Sie betont, daß sie nicht auf diese Weise bestätigen, sondern realistisch kritisieren wolle. „Schon klammere ich mich an dieses Heft. Könnte die Koketterie, die ich besiegt glaubte, hier ihre Rechte wiedererlangen? Nein; möge dieses Tagebuch nicht der willfährige Spiegel sein, vor dem sich meine Seele spreizt!"[87] Die Selbstentäußerung Alissas vollzieht sich im totalen Monolog. Sie ist kein Narziß, der an seinem Spiegelbild Gefallen findet. Sie will sich von allen Versuchungen befreien, sich selbst in die Außenwelt zu projizieren, um die ideale Außenwelt, die sie Gott nennt, in sich zu verankern. Die reale Außenwelt hingegen steht auf einer Stufe mit dem egoistischen Selbst, das es zu beseitigen gilt. Daher ist ihr Verzicht auf Jérôme logische Folge ihres Glaubens, während dieser, die Geliebte, also Alissa, selbst in der literarisierten Dokumentation ihrer gemeinsamen Verhältnisse als zweites besseres Selbst empfindend, Selbstentäußerung narzißtisch begreift. Er sucht seinen „Spiegel", das „Buch", in dem seine 'Wahrheit' aufgezeichnet ist, in seiner Geliebten, während sie jede Selbstbespiegelung im Sinne der Kritik Pascals an der „Selbstliebe (amour-propre)" als Sünde wider ihren Gott verurteilt.[88] Mehr noch: Jérôme erhebt die Geliebte zur Gottheit, um ihre Liebe zu Gott in seiner Liebe zu spiegeln. „Ich fand keinen anderen Grund für mein Leben als meine Liebe, hängte mich an sie, erwartete nichts und wollte nichts mehr erwarten, das nicht von meiner Freundin kam."[89] Wenn er an Alissa wie diese an Gott Halt sucht, geschieht dies aus Hilflosigkeit, nicht – wie bei Alissa – aus Selbstlosigkeit. Gott ist für ihn erst als Bindeglied zu Alissa wichtig. In Gott findet er ein Medium, über das er den ersehnten Kontakt zu Alissa realisieren kann. Mehr bedeutet ihm Gott nicht. „Ihm bot ich mein Leid. Ich dachte, daß Alissa sich auch zu Ihm flüchtete, und zu denken, daß sie betete, ermutigte, erhob mein Gebet."[90]

Jérôme und Alissa fungieren in Gides Erzählung als zwei Ausformungen eines Phänotyps, der mit gleichem Recht als ichschwach und als übermenschlich angesehen werden kann. Beide sind auf die Präsenz eines anderen Wesens angewiesen, um ihr Selbstbewußtsein konstituieren zu können. Aber beide lernen, diese Präsenz als rein geistige Fiktion zu sublimieren. Sie erheben sich über die reale Welt, indem sie aufeinander verzichten. Alissa geht lediglich in der Wahl des Selbstbewußtsein garantierenden Wesens einen Schritt weiter als Jérôme. Sie hat sich einem Gott ergeben, der sie nicht mehr an den geliebten Menschen Jérôme erinnert. Dieser jedoch vermischt ständig die menschliche und die göttliche Welt. Alissa und Gott sind sehr nahe beieinander. Sie ist ihm Göttin und Gott. „Ihre Briefe waren meine einzige Zuflucht, und ihre Erinnerung, wie Ronsard gesagt hätte, ‚meine einzige Entelechie'."[91]

›Les caves du Vatican‹ sind das Satyrstück zu ›La porte étroite‹. Das Phänomen der geradezu übermenschliche Qualitäten konstituierenden Religiosität wird satirisch verfremdet. Besonders die traurige Gestalt des Amédée Fleurissoire gerät zum Alter ego Alissas. Auch Fleurissoire konzentriert seine sozialen Bemühungen zunächst auf eine einzige Person, dann auf Gott. In seiner Jugend binden er und ein gewisser Gaston Blafaphas sich aneinander, daß man die beiden nur noch «*les blafafoires*» nennt. „Ihre Freundschaft schien jedem die einzige Arche, die Oase in der unbarmherzigen Wüste des

Lebens."[92] Gides Metaphorik belegt den quasi-religiösen Charakter dieser Freundschaft. Fleurissoire reißt sich erst aus dieser Bindung los, als eine höhere Aufgabe an ihn herangetragen wird. Es geht darum, den angeblich in der Engelsburg gefangenen Papst zu befreien. Das Wort „*Kreuzzug*" erregt ihn,[93] seine „Mission" gibt ihm die langgesuchte «raison d'être». Er hält sich für auserwählt: „Mir soll dies vorbehalten sein! Voll zärtlicher Bewunderung und Dankbarkeit: er hatte endlich seinen Lebenszweck. Ah! Erbarmen, Madame, halten Sie ihn nicht zurück! Es gibt so wenige Wesen auf der Erde, die ihre Bestimmung zu finden wissen."[94] Einsam reist er nach Rom, von Wanzen und Flöhen geplagt.[95] Und auch dort findet er sich nicht zurecht, gerät von einer Peinlichkeit in die andere. Schließlich stirbt er, von der Hand des Lafcadio Wluiki aus dem fahrenden Zug gestoßen, den Märtyrertod. „Ein Heiliger, mein Fräulein; das war ein Heiliger, sagte Julius mit Schwung und holte seinerseits sein Taschentuch hervor."[96] All dies geschieht, weil Fleurissoire sich ganz und gar als Spiegel eines höheren Wesens fühlen will und mangels eigener Substanz auch fühlen muß.

Auf ihre jeweils subjektive Art ist es Alissa, Jérôme und Fleurissoire gelungen, sich zumindest vor sich selbst als höhere Menschen zu beweisen. Gleichwohl bleibt ihr introvertierter Habitus steril. Sie bezahlen ihre Treue zu einem höheren Wesen, die sie für Treue zu sich selbst halten, mit sozialer Isolation. Ihr eigenes Verhalten ist daher nicht authentisch. Sie leben im Selbstbetrug und in der Lüge. Im Bekenntnis Alissas erscheint jedoch die Möglichkeit der Treue zu sich selbst, die letztlich eine Variante der Authentizität ist. In der Dokumentation ihres Schicksals durch einen Dritten liegt schließlich die authentische Wahrheit. In ihrer subjektiven Tragik repräsentieren sie Phänotypen des auf metaphysische, im Sinne Nietzsches „asketische Ideale" fixierten Denkens und Handelns.

Anders verhält es sich bei den „Bastarden", deren Prototyp eben der Lafcadio Wluiki ist, der den Märtyrertod Fleurissoires verursacht. Lafcadio lernt von seinen Lehrern Defoqueblize und Protos, die anderen zu verachten. „Und wenn es nicht die Gesellschaft gäbe, um uns in Zwang zu halten, würde die Gruppe von Verwandten und Freunden genügen, denen zu mißfallen wir uns nicht zuzubilligen wissen. Sie setzen unserer anstandswidrigen Aufrichtigkeit ein Bild von uns entgegen, für das wir nur zur Hälfte verantwortlich sind, das uns nur sehr wenig gleicht, aber dessen Grenzen zu verlassen, sage ich Ihnen, unziemlich ist. In diesem Augenblick ist das Tatsache: Ich entweiche meiner Person, ich entspringe mir ... O schwindelerregendes

Abenteuer! o gefahrenträchtige Wollust! . . ."⁹⁷ Im Unterschied zu Alissa oder Fleurissoire weiß Lafcadio um die Relativität des Lebens und akzeptiert sie mit allen ihren möglichen Folgen. Eine Tat ist lediglich das Produkt gewisser, im Augenblick ihres Geschehens wirksamer und nur deshalb unwandelbarer Umstände. Eine „Mission" wie die, an die Fleurissoire glaubt, ist absurd, weil in ihr die Welt monokausal aus einer einzigen Transzendenz abgeleitet und für alle Zukunft fest definiert wird. Dies aber widerspricht jeder Realität. Gide setzt einen Typus des höheren Menschen dagegen, der seine Taten in der Varianz des Lebens, in Raum und Zeit, differenziert begründen kann.

Einer der für diesen Typus verwendeten Begriffe ist «un subtil» (soviel wie „durchtrieben", „raffiniert", „listig", „scharfsinnig"). Er ist der all denen, die sich nicht aus dem Panzer ihrer alltäglichen Gewohnheiten befreien können, Überlegene, der Wandlungsfähige. „Un subtil, das war ein Mensch, der, aus welchem Grund auch immer, nicht an allen Orten dasselbe Gesicht zeigte. Nach ihrer Klassifizierung gab es manche Kategorien von Subtils, mehr oder weniger elegant und lobenswert, denen die einzigartige große Familie der *Krustazeen* antwortete und sich entgegenstellte, deren Vertreter sich von oben nach unten auf der sozialen Leiter breitmachten."⁹⁸ Authentizität und „Aufrichtigkeit" werden von Gide in der Person des Lafcadio dynamisiert und damit zu dramatischen Begriffen. Während Alissa und Fleurissoire die scheinbare Unwandelbarkeit ihres Weltbildes bereits als Vorzeichen ihrer Übermenschlichkeit erleben, beginnt diese für Lafcadio erst im dramatischen Konflikt mit der Welt. Der wandelbare und wandlungsfähige Mensch ist der Überlegene und – wie die Umstände des Todes Fleurissoires belegen – auch der „Überlebende" im Sinne Canettis. Lafcadio schließt das Scheitern in der Gesellschaft, sogar in der Form einer Verurteilung als Mörder, in sein Kalkül mit ein. Er rechnet geradezu mit jeder Situation, vorausgesetzt, er ist das Subjekt und die Situation das Prädikat. „In der Ferne, in den Kasernen, ertönt das Horn. Was! wird er darauf verzichten zu leben? und wegen der Wertschätzung Genevièves, die er ein bißchen weniger schätzt, seit sie ihn ein wenig mehr liebt, denkt er noch daran, sich auszuliefern?"⁹⁹ Dies sind die letzten Sätze in ›Les caves du Vatican‹. Legt man den Maßstab der Philosophie Lafcadio Wluikis an, ist der offene Schluß der angemessene Schluß jeder Erzählung und jedes Romans. Der Tod eines Protagonisten wirkt als Abschluß einer Erzählung hingegen anachronistisch. Er ist genauso lyrisch wie ein Happy-End.

Die Authentizität des Lebens

Ähnlich wie D'Annunzio problematisiert Gide in der Charakteristik seiner durch „Aufrichtigkeit" nach Authentizität strebenden Figuren die introvertiert-lyrische Sucht nach einer in ihrer Autarkie und ihrem Für-sich-Sein dauerhaften Lebensform. Diese jedoch ist geradezu die Quadratur des Kreises. Das Leben, in Zeit und Raum verhaftet, gerinnt nicht durch bloße verbal-philosophische Beschwörung zur fixen Form. Seine Dramatik ist nicht negierbar. Eine undramatisch verstandene „Aufrichtigkeit" gilt Gide sogar als Zeichen persönlicher Schwäche. Das Erscheinen einer Zeitschrift ›Sincérité‹ kommentiert er 1909 mit den Worten: „Im allgemeinen glaubt jeder junge Mensch mit Überzeugungen und Unfähigkeit zur Kritik, er sei aufrichtig."[100] Typisierend grenzt Gide in diesem Kontext das Werk des (lyrisch zu verstehenden) „poetischen Genies" von dem die Realitäten (dramatisch-authentisch) erfassenden „großen Staatsmann" ab. „Ich will sagen, daß man für die Bildung jedes großen Staatsmannes berücksichtigen muß, wie enorm der Anteil der *Umstände* ist. Nichts ist verschiedener vom poetischen Genie. Und dennoch entspricht auch das vollkommene Erblühen eines großen Werks irgendeiner Teilhabe des *seasonable*, zur vorläufigen Verfügung des Publikums, zu seiner unbewußten Spannung."[101] Dennoch: Der letzte Satz beleuchtet perspektivisch die andere lyrische Seite des übermenschlichen Denkens und Handelns. Auch Alissa kann aus dieser Warte zu Recht als Heilige, Märtyrerin oder schlechthin übermenschliches Wesen betrachtet werden. Gides dynamisierender Begriff der „Aufrichtigkeit" läßt die Definition inauthentischen, für sich aber konsequenten Verhaltens als Geschichte kristallisierenden Augenblick zu, vorausgesetzt der Erzähler fügt als Chronist des Lebens des jeweiligen Protagonisten die kristallinen, an sich inauthentischen Bruchstücke wieder zusammen. In diesem Sinne ist auch die Manie Gides zu verstehen, seine Figuren selbst zum Erzähler ihrer eigenen Geschichte zu machen. Im aufrichtigen Bekenntnis soll Authentizität entstehen.

Der Begriff der Authentizität erfaßt die subjektive Seite von Wahrheitsbegriffen, die der Wirklichkeit nicht standhalten können, ebenso wie die objektivierende Intention historisierender Interpretation, als die der erzählerische Akt bei Gide letztlich fungiert. Entscheidend ist das Bewußtsein einer wie auch immer gearteten Totalität, deren Inhalt sich im Fluß der Erzählung offenbart. In den ›Faux-monnayeurs‹ wird diese Form des Selbstbewußtseins zur ethischen Theorie, „Theorie der Immanenz, der Totalität im Augenblick, der zweckfreien, unmittelbaren und unmotivierten Freude"[102].

Edouard charakterisiert in seinem ›Journal‹ den „Bastard" als den modernen Vertreter dieser Philosophie: „‚Die Zukunft gehört den Bastarden.' – Welche Bedeutung in diesem Wort: ‚*Un enfant naturel!*' (wörtlich ‚ein natürliches Kind', d. h. ein uneheliches Kind). Allein der Bastard hat ein Recht auf das Natürliche."[103] Bernard, der bürgerliche Bruder Lafcadios, gerät so zum jugendlichen Über-Helden, den zu beschwören der Literat Edouard nicht müde wird, wohl wissend, daß die Realität des Kunstwerks in ihrer Authentizität durch die Authentizität des Lebens nicht gefährdet werden kann. „Was habe ich mit dem bürgerlichen Stand zu schaffen! Der Stand bin ich, der Künstler (L'état c'est moi, l'artiste); bürgerlich oder nicht, mein Werk hat den Anspruch, mit nichts zu konkurrieren."[104] Bernard und Lafcadio verkörpern die Realität, die Alissa und Fleurissoire verlassen haben. Dennoch können alle vier in ihrer jeweiligen Lebensform als Phänotypen übermenschlichen Seins gelten. Aus der Sicht ihres Autors Gide (und seines zweiten Ichs Edouard) determinieren weniger ihre Ziele als ihre tatsächlichen Verhaltensweisen die Qualität dieses Seins. Das dramatische und das lyrische Element können einander, in eine prozeßhaft definierte Dimension transponiert, ergänzen. Seine eigentliche Bedeutung gewinnt das lyrische Element jedoch erst in seiner Fixierung zum Kunstwerk, in dem Augenblick, in dem Philosophie in Kunst umschlägt. Zeit und Raum spielen keine Rolle mehr, obwohl gleichzeitig stets die Vorläufigkeit jenes Kulminationspunktes philosophisch-poetischer Existenz mitgedacht wird. Da Edouard die Qualität seines Lebens als Künstler und Philosoph mit der Billigung des alltäglichen Lebens der anderen Menschen zu vereinbaren weiß, realisiert er einen Idealtypus, der – wenn auch in der Präsentation Gides nur fiktiv, im Tagebuch erdacht, jedoch in keiner Realität erlebt – beide Dimensionen der Authentizität in sich birgt. Authentisch erscheint subjektiv auch das Empfinden einer übernatürlich geglaubten Wahrheit als letzter und einziger Legitimation des Lebens; authentisch ist im objektivierten Sinne das Wissen und Handeln nach der (Er-)Kenntnis der Widersprüche zwischen übernatürlicher Wahrheit und irdischer Realität. Authentizität läßt sich mit einer lyrischen *und* mit einer dramatischen Begrifflichkeit definieren. Die „Aufrichtigkeit" fungiert als prozeßhaft konkretisierende Methode dieser Authentizität.

Die Spannung der beiden Dimensionen der Authentizität findet ihre poetische Auflösung wiederum im Narziß. Gides Narziß sucht sein authentisches Bild – „er will endlich erkennen, welche Form seine Seele hat" – im „Fluß der Zeit". Narziß hebt die Bewegung des Flusses in sich auf. „Wo Narziß schaut, ist die Gegenwart. Aus der fernsten Zukunft drängen sich die noch virtuellen Dinge zum Sein; Narziß sieht sie, dann ziehen sie vorbei; so verströmen sie sich in der Vergangenheit. Narziß findet bald heraus, daß es immer dasselbe ist." Auch hier dominiert die Dialektik von Ruhe und Bewegung, lyrischer Utopie und dramatischer Wirklichkeit. „Er fragt; dann denkt er nach. Immer ziehen die selben Formen vorbei; allein der Schwung der Flut unterscheidet sie." [105] Narziß läßt sich nicht auf die Realität ein, er sucht lediglich sein eigenes Spiegelbild. Diese Form des „Paradieses" ist mythischer Traum. Das Dramatische verliert sich in der Sprache, die die Bewegungen der Welt in der Zeit nicht mehr wahrhaben will. Dennoch ist der momentane Ausdruck der Gefühle des Narziß authentisch, wenn auch in einem anderen Sinne als dem, den Edouard als beobachtender Künstler-Philosoph unterlegt. Narziß löst das Problem des Widerspruchs zwischen lyrischem und dramatischem Begriff der Authentizität poetisch-religiös auf; Edouard erkennt die dramatische Realität außerhalb seiner artistischen Intention als die Folie des einzig möglichen authentischen Lebens an. Oder: Edouard läßt beide Positionen jeweils im Augenblick gelten. Lediglich der Blickwinkel entscheidet, inwieweit die lyrische oder die dramatische Definition zutrifft. In seinem ›Journal‹ legt Edouard diese Weltsicht in die Worte der Pauline Molinier: „‚– Aber, mein Freund, Sie wissen gut, daß es nichts dergleichen gibt, sich zu verewigen, als die falschen Situationen. Es liegt an Ihnen, Romanschreiber, danach zu suchen, sie aufzulösen. Im Leben löst sich nichts auf; alles geht weiter. Man verweilt in der Unsicherheit; und man wird bis zum Ende dort verbleiben, ohne zu wissen, woran man sich halten soll; während man wartet, geht das Leben weiter, ganz so, als wenn nichts wäre. Und auch darein fügt man sich, wie alles Übrige . . . wie in alles. Gehen wir, leben Sie wohl.'" [106]

Authentizität wird in diesem Licht eine Option der Wirklichkeit, „Aufrichtigkeit" zur poetischen Methode. Sie ist im Kontext der Augenblicke gerechtfertigt, jedoch letztlich kristallisierte Zeit. Ihre Grenzen liegen – wie Valéry konstatiert – in der Einstellung des sich in ihr gefallenden Menschen zur Wirklichkeit. Valéry brandmarkt die Lust an der „Aufrichtigkeit" als Ausflucht: „Die ‚Aufrichtigkeit' in der Kunst (und der Literatur) ist immer ganz von der Sorge um die Wirkung der Aufrichtigkeit durchdrungen. Sie ist notwendig ein Entschluß, getroffen in der Absicht, etwas besser zu machen oder wirksamer zu machen." [107] Die „Aufrichtigkeit" zählt zu den Mitteln, mit denen ein Mensch versucht, sich vor sich selbst zu vervollkommnen. Gide wählt nicht umsonst die Form des ›Journal‹ und der Konfession in seinen Erzählungen. Nach Valéry gleichen sich in all ihren charakterlichen Verschiedenheiten selbst Alissa und Edouard. Sie sprechen in einem auf die Wirksamkeit ihres Sprechens auf ihr eigenes Selbstbewußtsein befangenen Monolog. Edouard repräsentiert in seiner Intellektualität lediglich einen höheren Reflektionsstand. Sein Bekenntnis zum dramatischen Fluß des Lebens ist – wendet man Valérys Kritik auf ihn an – de facto selbst lyrisch.

Authentizität und „Aufrichtigkeit" werden bei D'Annunzio und Gide hauptsächlich auf den einzelnen bezogen, der es auf sich nimmt, sich zu einem höheren Menschen, vielleicht sogar zu einem Übermenschen zu vervollkommnen. Das Ziel der distinktiven Akte auf dem Weg, den die „Aufrichtigkeit" dokumentiert, bleibt eine lyrische Utopie. Selbst in den Fällen, in denen die vom Menschen letztlich nicht mehr beeinflußbaren Realitäten als eigentliche Bedingung authentischen Lebens anerkannt oder sogar gefordert werden, verrät die monologische Sprache das utopistische Sehnen. Jedes Bekenntnis zu einer wie auch immer gearteten persönlichen Geschichte gerät in den Verdacht der Pose des ›Ecce Homo‹, die sich schon bei Nietzsche findet: „Meine Formel für die Größe am Menschen ist *amor fati*: daß man nichts anders haben will, vorwärts nicht, rückwärts nicht, in alle Ewigkeit nicht. Das Notwendige nicht bloß ertragen, noch weniger verhehlen – aller Idealismus ist Verlogenheit vor dem Notwendigen –, sondern es *lieben* . . ."[108] Doch was bleibt dem Menschen anderes übrig, fragt Gides Michel: „Könnte ich mich für mich interessieren, wenn nicht wie für ein vervollkommbares Wesen (un être perfectible)? " Allein darauf richtet sich sein „Wille". Seinen Körper will er in der Sonne „bräunen".[109] Das Bild des perfekten – hier sonnengebräunten – Körpers des Narziß taucht wieder auf. Es wird von Michel unmittelbar auf den Geist oder die Seele übertragen. Valérys Kritik an der Pose der „Aufrichtigkeit" trifft dann denjenigen, der auf seinem Weg zur Vollkommenheit innehält, ohne sich seines Zieles zu erinnern, sein Bekenntnis somit zum Selbstzweck macht. Sie gilt erst allgemein, wenn der Gedanke der Perfektibilität als Utopie authentischen Seins selbst ein Mythos mit der Funktion der Selbstrechtfertigung eines Einsamen wird, der es versteht, seine soziale Enge als psychische Weite zu inszenieren. Auch die von Nietzsche geforderte Selbstliebe hebt die soziale Dimension in sich auf, die erst von bloßer Aufrichtigkeit Wege zum authentischen Leben öffnet.

Pädagogen und Menschenfischer

Aus den erlittenen Grenzen leiten Intellektuelle die Eigenschaften ab, die den Typus eines Übermenschen oder zumindest eines mit übermenschlicher Kraft begabten Wesens konstituieren könnten, der sie angesichts ihrer Konflikte in der Welt sein zu müssen glauben. Je nach ihren Lebensumständen imaginieren sie diesen übermenschlichen Typus als Künstler, Philosoph oder Politiker. Damit jedoch das Übermenschliche nicht schwärmerische Utopie bleibt, müssen sie den Schritt über die Schwelle wagen, die das utopische Sehnen von einem höheren, die eigene Realität bestätigenden Sein trennt.

Der Schritt über die Schwelle zu einer übermenschlich definierten Realität wird in mehreren Texten als Akt der Kommunikation des selbsternannten Anwärters auf Übermenschlichkeit mit anderen, ebenfalls potentiell übermenschlichen, der in ihnen ruhenden Kraft jedoch nicht bewußten Menschen verstanden. Dieses Konzept überwindet die bloße Schwärmerei in einem zugleich dramatisch und lyrisch motivierten Verhaltenskodex. Dabei setzt sich der Gedanke durch, daß Übermenschlichkeit sich nicht in der einsam vollzogenen, eigenen Vervollkommnung, schon gar nicht in der Verachtung vermeintlich Unterlegener, sondern erst in der Weitergabe der erreichten Erkenntnis und Handlungsfreiheit verwirklicht. Pädagogen und Menschenfischer treten auf den Plan. Sie sind die mit dem Wissen von besseren Welten und Menschen betrauten Personen, die sich berufen fühlen, anderen beim Schritt über die Schwelle behilflich zu sein. Dabei fungieren die Pädagogen – beispielsweise bei Gide – durchaus als säkulare Variante der religiös motivierten prophetischen Menschenfischer, wie sie mit unterschiedlichen Glaubenssätzen Fogazzaro oder D'Annunzio beschwören. Andererseits brauchen beide die Unwissenden, damit sie sich – ganz nach der Dialektik von Herr und Knecht – als charismatische Wissende erweisen können. Habermas hat diese Dialektik in seiner ›Rekonstruktion des Historischen Materialismus‹ beschrieben: „Die gelungene Ich-Identität bedeutet jene eigentümliche Fähigkeit sprach- und handlungsfähiger Subjekte, auch noch in tiefgreifenden Veränderungen der Persönlichkeitsstruktur, mit denen sie auf widersprüchliche Situationen antwortet, mit sich identisch zu bleiben. Allerdings müssen die Merkmale der Selbstidentifikation intersubjektiv anerkannt sein, wenn sie die Identität einer Person sollen begründen können. Das Sich-Unterscheiden von anderen muß von diesen anerkannt sein."[110] Nicht hermetische Isolation, sondern Kommunikation soll die Distinktive übermenschlichen Seins begründen.

Die säkulare humanistische Version des Pädagogen bei Gide stellt in dieser Hinsicht sogar einen besonderen Fall dar: Sie dokumentiert eine in der Realität der Übermenschlichkeit notwendige Selbstbeschränkung, die zwar auch im Scheitern der Menschenfischer bei Fogazzaro und D'Annunzio erscheint, dort aber nicht zum Konzept selbst gehört, sondern lediglich Produkt mehr oder weniger scheiternder übermenschlicher Projekte ist. Bei D'Annunzio und Fogazzaro wird immer noch die Hoffnung auf eine andere Zeit geschürt, in der die jeweilige Utopie erfüllbar sein könnte und sollte; bei Gide ist diese Hoffnung obsolet geworden. Und die Einsicht in die Vergeblichkeit macht bei Gide letztlich einen entscheidenden Teil übermenschlichen Seins aus. Sein Konzept überwindet den bloßen Gestus äußerlicher Überlegenheit.

Benedetto, der Heilige Fogazzaros, kann als Prototyp des idealistischen Menschenfischers angesehen werden. Das bereits beschriebene individualistisch motivierte politisch-rhetorische Persönlichkeitsideal D'Annunzios – am deutlichsten in ›Il fuoco‹ präsentiert – wird in ›Il santo‹ von Fogazzaro gewissermaßen objektiviert. Was für den einen „Heiligen" gilt, soll für alle gelten; und doch gerät auch jener in das Wechselspiel von Herr und Knecht. Seine Methode dominiert den Inhalt seiner Pläne. Benedetto will seine Mitmenschen zunächst durch den Vortrag purer Philosophie für seine Idee einer Reform der seinem Glauben nach aller Unzulänglichkeit zum Trotz ewig gültigen totalen Institution menschlicher Gemeinschaft, der Kirche, gewinnen. Er ist kein Gott, kein übermenschliches Wesen in dem Sinne, daß er qua Geburt, qua Amt und aufgrund klar definierbarer Eigenschaften a priori dazu ausersehen wäre oder sich durch sein Handeln dadurch auszeichnete, die Menschheit zu retten. Benedetto entwickelt sich im Verlauf seines öffentlichen Lebens zu der Stimme der Reform, die sich sein Autor – und seine 'Freunde' – wünscht bzw. wünschen. Fogazzaro demonstriert an Benedetto, wie sich Reformer mit ihren Ideen in der Kirche artikulieren könnten, wie sie jedoch durch die Versuchungen ihrer Macht und die Schwäche ihrer Jünger zu reinen Machtmenschen werden. Sein Roman ist in diesem Sinne zugleich ein politischer Roman und die Geschichte der Entwicklung eines Übermenschen wider Willen.

Die Ausgangsthese des Romans formuliert der «abate Marinier»: „Die Individuen, die messianischen Menschen (i Messia) machen Wissenschaft und Religion fortschreiten. Gibt es einen Heiligen unter euch? Oder wißt ihr, wo man ihn fassen könnte? Faßt ihn und schickt ihn vor. Glühende Worte, große Nächstenliebe, zwei oder drei kleine Wunder, gebt ihm ein, was er sagen muß, und euer Messias wird mehr erreichen als ihr alle zusammen."[111] Sein Gesprächspartner, der Intellektuelle Giovanni, stimmt ihm zu. Er vergleicht die in der Kirche notwendige Erneuerung mit dem säkularen Erneuerungsprozeß des Risorgimento der italienischen Nation. Für beide Prozesse bedarf es desselben Menschentypus.[112] Kirche und Italien gelten als unwandelbare Ideen, die lediglich durch die jeweils herrschenden Menschen unzureichend verwirklicht werden. Marinier weist darauf hin, daß die Kirche als Institution nicht in Frage gestellt werden könne, hingegen die Menschen sich im Hinblick auf ihre reale Position zur idealen Kirche prüfen müßten. Die Kirche bestehe aus einem „wandelbaren menschlichen Element" und einem „unwandelbaren Element göttlicher Wahrheit".[113] Die Schwäche der Menschen bedingt die historische Notwendigkeit von Charismatikern. Die Person des schwachen Papstes, der, in Intrige und Bürokratie seiner Kardinäle gefangen, alle Reformideen bedauernd abweist, provoziert die ideale Stärke Benedettos.[114] Das „wandelbare Element" des Lebens gilt es zu beeinflussen, und daher muß sich der Mensch vervollkommnen. Benedetto dokumentiert als quasi-übermenschlicher „Heiliger" in seiner Person ein mögliches Modell, den Menschen zu „wandeln". In der Polarisierung des Streits um Ideal und Wirklichkeit der Kirche auf die beiden Personen Benedettos und des Papstes erscheint eine Grundproblematik des Übermenschlichen. Die gläubige, in sich aus schwachen, von den Möglichkeiten Benedettos affizierten, jedoch letztlich weit entfernten Menschen bestehende Menge erhebt Benedetto zu dem Heiligen, zu der Figura Christi, die er selbst gar nicht sein will und im christlichen Verständnis auch nicht sein darf. An ihm bewahrheitet sich in fataler Weise Mariniers Forderung nach einem realen Messias. Es hilft ihm nichts, daß er sich persönlich gegen den Ruf verwahrt, ein Wundertäter zu sein.[115] Benedettos Freunde schrecken zurück, doch auch ihnen bleibt nichts anderes übrig, als vor dem Volk zu kapitulieren, das seine eigene Schwäche in Benedetto zu überwinden hofft. Der Reformer Benedetto wird wider Willen zum Propheten und Menschenfischer. Giovanni denkt darüber nach, ob der Wunderglaube des Volkes, dessen Hoffnung auf Wunderheilungen durch „ein Bildnis, eine Reliquie, einen Menschen", noch Glaube zu nennen sei. Resigniert sagt er: «Però era fede» („Und doch war es Glaube"). „Es war Glaube, es war unschuldiger Irrtum, es war Liebe, es war Leid."[116] Das Zauberwort «fede» verhindert den Abfall des Propheten von seinem Messias. Die Sehnsucht nach einem Zeichen mystischer Kommunion zwischen „Heiligem" und

Menschenmenge dominiert jede Skepsis. Dies gilt auch für Benedetto selbst. Der Erzähler schildert den Konflikt, den die Größe der Aufgabe und die Erwartungen seiner Anhänger in Benedetto auslösen, nach dem Muster einer Heiligenlegende. Er baut eine der Versuchung Christi nachgestaltete Szene ein, in der Benedetto sein Selbstbild prüft. „In jenem Augenblick schlug der Christus die Weltherrschaft antragende Satan wie ein Blitz in sein Denken ein. Er warf sich zu Boden, verblieb auf dem Bauche liegend auf den Steinen, im Geiste stöhnend: ‚Jesus, Jesus, ich bin nicht würdig, ich bin nicht würdig, so wie du versucht zu werden!' Und er hielt die Lippen zusammengepreßt, drückte sie auf den Stein, Gott in der stummen Kreatur suchend, Gott, Gott, der Seufzer, das Leben, der glühende Frieden der Seele. Ein Windhauch streift ihn, bewegte das Gras um ihn herum. / ‚Bist du es', stöhnte er, ‚bist du es, bist du es?' / Der Wind schwieg."[117] Die Versuchung adelt den Versuchten, vergöttlicht ihn: Auch sie bestätigt seinen übermenschlichen Habitus. Er wird zum Opfer seiner Bildung. Der Philosoph funktioniert – im vollen Sinne des Wortes – als Demagoge.

Die Übermenschlichkeit Benedettos liegt in zwei komplementären Phänomenen begründet. Einerseits erhebt ihn die Wirkung seines Denkens und Handelns sowohl in den philosophischen Erörterungen seiner intellektuellen Freunde als auch in der populär-religiösen Verehrung im Volk zu einer Figura Christi, von der geradezu die Erneuerung der Kirche in einer im menschlichen Ermessen leicht nachvollziehbaren Zeit verlangt wird. Andererseits fordert ihn sein Vorhaben zu einer menschliche Kräfte übersteigenden Anstrengung heraus, so daß er sich schließlich selbst bei aller Ablehnung der Erhöhung seiner Person als übermenschliches Wesen empfinden muß. Benedettos Sendungsbewußtsein weist in der Tat einen Weg über die Schwelle zum übermenschlichen Sein. Selbst in der Beziehungsfalle, in der er sich als Opfer seiner Taten wiederfindet, verwirklicht sich eine Form übermenschlichen Seins, die bereits über die bloße Schilderung der Inhalte der zugrundeliegenden Utopie und der verschiedenen dramatischen Konflikte des nach Übermenschlichkeit strebenden Ichs hinausreicht. Benedettos Utopie umfaßt die Menschheit, ist somit eine latent totale politische Utopie, so daß Benedettos Scheitern und Tod letztlich einen Sinn erhalten: Sein Werk überlebt ihn. Doch entzieht sich auch dies wiederum seiner Kontrolle, weil das Übermenschliche in ihm erst im Ergebnis seines Menschenfischens sichtbar wird. Ihm geht es wie Zarathustra, der Mühe hat, seinen Zuhörern den zu vermitteln, der er sein will. „Also erzählte Zarathustra. Seine Jünger aber hörten ihm kaum zu: so groß war ihre Begierde, ihm von den Schiffsleuten, den Kaninchen und dem fliegenden Manne zu erzählen. / ‚Was soll ich davon denken!' sagte Zarathustra. ‚Bin ich denn ein Gespenst? / Aber es wird mein Schatten gewesen sein. Ihr hörtet wohl schon einiges vom Wanderer und seinem Schatten? / sicher aber ist das: ich muß ihn kürzer halten – er verdirbt mir sonst noch den Ruf.'"[118]

Ein mit Benedetto konkurrierender Typus ist Gides Ménalque, der in ›Les nourritures terrestres‹ und in ›L'immoraliste‹ in seiner überzeitlichen Lehre jede historische Realität transzendiert. Ménalque verfügt wie Benedetto über eine Utopie, die die gesamte Menschheit ansprechen soll und kann. So wie Benedetto mit seinen Reden und Taten die Menschen in einer humanisierten, für ihn somit re-christianisierten Kirche an einer gemeinsamen überzeitlichen Idee, später dann Wirklichkeit teilhaben lassen will, fordert Ménalque die in jedem einzelnen Menschen neu zu verwirklichende Überwindung psycho-sozialer Zwänge. Beide beziehen ihre Utopie im Prinzip auf alle Menschen. Es gibt zumindest im Ansatz keine Auserwählten. Allerdings demonstriert Gide an Ménalque, daß sich Übermenschlichkeit als Inhalt zielgerichteten Handelns nicht in einer totalen Institution vollziehen muß und sollte.

Der Pädagoge Ménalque findet seine Vorbilder in den Darstellungen weiser Lehrer. Er weiß um die Probleme des um seine Identität ringenden Schülers. Er versucht, den Schüler zur Erkenntnis seiner selbst zu führen, bis dieser schließlich in der Lage ist, seinen Weg in der Welt selbständig zu bestimmen. Ménalque baut auf die Individualität jedes einzelnen. Der umfassende Ansatz seiner Utopie liegt in der Forderung, daß jeder den Weg Nathanaels (in ›Les nourritures terrestres‹) oder Michels (in ›L'immoraliste‹) gehen könne, um seine Persönlichkeit zu entfalten.

Der Erzähler der ›Nourritures terrestres‹ übernimmt Ménalques Pädagogik. Sein pädagogisches Objekt ist der Leser, den er im Prolog apostrophiert. Vordergründig redet er zwar Nathanael an, gibt jedoch zu erkennen, daß dieser lediglich seine Fiktion ist. Gleichzeitig entlarvt er den idealen Lehrer Ménalque als Fiktion Nathanaels. Die Beziehung zwischen den fiktiven Figuren Ménalque und Nathanael spiegelt die zwischen Erzähler und Leser. „Mißversteh' mich nicht, Nathanael, wegen des brutalen Titels, den es mir diesem Buch zu geben gefallen hat; ich hätte es *Ménalque* nennen können, aber Ménalque hat, ebenso wie du selbst, nie existiert. Der einzige menschliche Name, mit dem dieses Buch sich hätte bedecken können, ist mein eigener, aber wie hätte ich es nun wagen können, es so zu zeichnen?" Dies gilt auch für den Leser des Buches. Er schreibt lesend ein neues, sein eigenes Buch. „Möge mein Buch dich lehren, dich mehr für dich als für es selbst zu interessieren, – dann mehr für alles übrige als für dich."[119] Wichtig ist, daß sich der angeredete Leser vervollkommnet und dann die Welt als ganze entdeckt. Die Figuren des Buches sind nur fiktive Vorbilder. Mit der Relativierung der Bedeutung einzelner Personen als Träger übermenschlichen Seins oder zumindest seiner Prophezeiung demontiert Gide Konzepte für den Weg zum Übermenschen, die sich aus dem Charisma und der Gewalt einer einzigen Person ableiten. Selbst Gott oder besser: jedweder Vorstellung von Gott als Prototyp einer übermenschlichen Person wird die Aura der Einzigartigkeit genommen. Der erste Rat des ersten Buches lautet: „Wünsche nicht, Nathanael, Gott anderswo als überall zu finden." Die Begründung: „Jede Kreatur zeigt Gott an, keine offenbart ihn. Sobald unser Blick sich bei ihr aufhält, lenkt uns jede Kreatur von Gott ab."[120] Der Mensch entfaltet sich somit nicht, indem er sich selbst in die Welt projiziert, sondern indem er sich in ihr auflöst, somit mit der Zerstörung der Vorbilder auch in sich selbst überwindet. Dieser Akt des Überwindens ist die Entdeckung der Dynamik des Lebens. Gleiches gilt für alle anderen suprapersonalen Ideen und Ideologien. „Auch ich habe, verdammt, mit Flaubert vor dem Götzenbild des Fortschritts lächeln oder lachen können; aber das liegt daran, daß man uns den Fortschritt wie eine spöttische Gottheit nahebrachte. Fortschritt des Handels und der Industrie, vor allem der schönen Künste, welche Dummheit! Fortschritt der Erkenntnis, ja gewiß. Aber wichtig ist für mich der Fortschritt des Menschen selbst."[121] Weder Gott noch die Person noch der Fortschritt – man könnte die Liste mit Begriffen wie Freiheit, Authentizität, Aufrichtigkeit beliebig fortsetzen – können für sich als das letztlich für übermenschliches Sein konstitutive Distinktiv gelten. Das kämpferische Plädoyer für den Fortschritt des Menschen selbst erscheint wiederum ohne die Beigabe der anderen das Menschliche oder sogar Übermenschliche definierenden Eigenschaften wenig konkret. Der Fortschrittsgedanke des Industriezeitalters wird nur vordergründig auf eine wie auch immer definierbare Moralität des Menschen übertragen. Vorerst beläßt es Gide bei der Kritik scheinbar vorbildlicher Personen, gleichviel ob vorgegeben göttlicher oder sonstiger Provenienz. Sie entlarven sich mit der Zeit alle als von transzendenten, utopischen und statischen Idealen träumende Menschenfischer.

Ménalque fungiert in den ›Nourritures‹ als Phänotyp eines zunächst bloß abstrakten Konzepts des Wegs zum Übermenschen. In ›L'immoraliste‹ erlebt Michel ihn als den Lehrer, der ihm das für ein höheres, vielleicht auch übermenschliches Sein notwendige Verhalten selbst vorlebt. „Aber ach, wie blaß wurden die Sätze neben den Taten. War das Leben, die kleinste Geste Ménalques nicht tausendmal beredter als mein Unterricht?"[122] Die Qualität seines Handelns konstituiert den Übermenschen. Dies bedeutet nicht, daß jedes Handeln in diesem Sinne auch einer irgendwie herrschenden Moral entsprechen müsse – Michel erkennt selbst, daß ihm der „Sinn für Moral" möglicherweise fehle, weil ihm Eigentum nichts bedeutet[123] –; es bleibt der Anspruch, der Mensch vervollkommne sich in dem Maße zu einem höheren Menschen, in dem es ihm gelänge, sich zur seine eigene Welt beherrschenden, somit die dort bedeutenden Handlungen bestimmenden Person zu machen. Dabei kommt es keineswegs darauf an, andere Menschen nach seinem Bilde zu formen: Entscheidend sind die Offenheit und die Autarkie, die jedes sich selbst wie die anderen bestimmende Handeln ermöglichen. Michel erlebt, daß sich Ménalque schließlich von ihm distanziert. Er vermißt Ménalques Interesse an seinem Leben. Ménalque lächelt wie ein ostasiatischer Weiser,[124] der weiß, wann es Zeit ist, den Schüler sich selbst zu überlassen. Ein totales Konzept für das Leben eines jeden Menschen hat er nicht. Es liegt am Schüler selbst, wie er aus seiner neu gewonnenen Unabhängigkeit den ihm gemäßen offenen Umgang mit der Welt gestaltet. Ménalque ist im Unterschied zu Benedetto unpolitisch. Er ist Pädagoge, aber kein Menschenfischer.

In mehreren Erzählungen hat Gide das Verhältnis von Schüler und Lehrer thematisiert. Er folgt dabei Nietzsches Verdikt gegen den durchaus Laios ähnelnden Lehrer, der den Schüler als seinen Besitz betrachtet. „Ja, ehemals schien es den Vätern billig, über Leben und Tod des Neugebornen (wie unter den alten deutschen) nach Gutdünken zu verfügen. Und wie der Vater, so sehen auch jetzt noch der Lehrer, der Stand, der Priester, der Fürst in jedem neuen Menschen eine unbedenkliche Gelegenheit zu neuem Besitze. Woraus folgt..."[125] Der Lehrende ist schon allein aufgrund seiner Tätigkeit verdächtig, den Lernenden als bloßes Objekt seines Machtstrebens zu benutzen. Das Übermenschliche legt Gide somit folgerichtig weniger in den Lehrenden als in den Lernenden. Das Gebot der ›Nourritures terrestres‹, das Buch nach der Lektüre wegzuwerfen, gilt. Erst in der Befreiung vom mächtigen Lehrer findet der Mensch die Freiheit als die ihn als höheren Menschen ausweisende Eigenschaft. Auf den Fall

„Benedetto" angewendet hieße dies, daß die Benedetto vertrauende Menge sich von ihm lösen müßte, um sich zu in Freiheit höheren Menschen zu entwickeln. Benedetto verstellt als „Heiliger" genauso wie der Papst als Institution den Blick auf die tatsächlichen Möglichkeiten des oder der Menschen.

Den deutlichsten Beleg eines problematischen Verhältnisses von Lehrer und Schüler bietet ›La symphonie pastorale‹. Der «pasteur» empfindet seine Aufgabe als die des guten Hirten, der das verlorene Schaf «Gertrude» wieder zurück in die Gemeinde der Gläubigen führt, die für ihn die wahre Menschheit und Menschlichkeit verkörpert.[126] Das Gleichnis vom guten Hirten wird wörtlich interpretiert: Gertrude ist kein Mensch, denn auf diesen 'Titel' hat nur der wissende, gläubige «pasteur» ein Recht. „Ihre Schreie hatten nichts Menschliches; man hätte gesagt, es wäre das klagevolle Kläffen eines kleinen Hundes."[127] Der «pasteur» nimmt sich vor, der blinden und sprachlosen Gertrude mit der Sprache auch gleichzeitig die in seinem Glauben allein seligmachende Weltsicht zu lehren. Er spricht von einem „ganzen Erziehungsroman von Gertrude", den er sich zurechtgelegt habe.[128] Schwierigkeiten führt er auf Gertrudes Unzulänglichkeiten zurück und hofft sogar, sie als Zeichen der Größe seiner pädagogischen Tat verstehen zu dürfen; auf den Gedanken, er habe nicht seine Schülerin, sondern lediglich sich selbst als idealen Vater und Lehrer im Sinn, kommt er nicht einmal, als er erfahren muß, daß er so nicht nur Gertrude, sondern auch seinen Sohn Jacques verloren hat. Gertrude erst gibt ihm die Gelegenheit, aus der Durchschnittlichkeit seines Alltags mit Amélie zu entfliehen, die für ihn die bürgerliche Alltäglichkeit, eine banale Form der 'Wiederkunft des Gleichen' verkörpert. Er klagt darüber, daß sie von ihm keine „schwierige Handlung" fordere und daß ihre Art von „Fortschritt im Leben" darin bestehe, „nur ähnliche Tage der Vergangenheit hinzuzufügen"[129].

Der «pasteur» allein bestimmt, was Gertrude liest. Er zieht sogar vor, daß sie nicht zu viel ohne ihn lese.[130] Ihre Blindheit will er erhalten, getreu dem Bibelwort, daß die Blinden keine Sünde haben könnten.[131] Seine Liebe ist eine Liebe mit Bedingungen, wie die Formulierung „ich finde das Kind wieder, das ich liebte" verrät.[132] Ihre Krankheit gibt ihm Selbstbewußtsein. Die Beschreibung ihrer Schwäche gerät ihm zur Beschwörung ihrer Unterlegenheit, die er in das Selbstbild seiner Selbstaufopferung verwandelt.[133] Gertrude stirbt in oder sogar an dem Dilemma, zwischen ihrer puristischen Erziehung, präsent im «pasteur», und ihrem Drang nach Freiheit, signalisiert in der

Augenoperation, nicht leben zu können. Sein Bild von Gertrude entstammt seinen eigenen Vorstellungen einer transzendenten Übermenschlichkeit. „Das vollkommene Glück Gertrudes, das von ihrem ganzen Wesen ausstrahlt, kommt daher, daß sie die Sünde in keiner Weise kennt. In ihr gibt es nur Klarheit, Liebe."[134] Die totalen Begriffe und Partikel „vollkommen", „von ihrem ganzen Wesen", „in keiner Weise" enthüllen den Absolutheitsanspruch des «pasteur», der sich nicht nur auf Gertrude als Objekt seiner pädagogisch-religiösen Absichten, sondern auch auf die Welt insgesamt, beispielsweise das Verhalten seiner Frau Amélie und seines Sohnes Jacques erstreckt.

›La symphonie pastorale‹ endet mit einer Katastrophe. Lediglich in der Konversion Jacques' leuchtet ein Schimmer möglicher Befreiung auf, obgleich – aus der Perspektive Gides betrachtet – auch hier lediglich eine totale Wahrheit durch eine andere eingetauscht wird. Gertrudes Tod jedoch demonstriert, daß in einer Gesellschaft, in der Pädagogen und Menschenfischer vom Schlage des «pasteur» gottgleich herrschen, keine Perspektive für diejenigen verbleibt, die Freiheit wollen. Gertrudes potentielle Übermenschlichkeit kommt nicht ans Licht, weil der «pasteur» alles um sich zu überstrahlen beansprucht. Seine Definition von Übermenschlichkeit prägt alleine seinen Bericht, der sich aus seiner Perspektive wie ein Beleg seines Heldentums liest. Niemand entkommt seinen Lehrern – so könnte die Botschaft von ›La symphonie pastorale‹ moralisierend verkürzt verstanden werden.

In ›Les faux-monnayeurs‹ erfaßt die Opposition zweier Thesen die Tragweite des Dilemmas. Auf der einen Seite behauptet der alte Profitendieu, „die beste Erziehung der Welt obsiegte nicht über die schlechten Instinkte", und wertet damit jede Freiheitsregung als vom 'wahren' Leben entfernenden, weil noch tierischen Impuls ab;[135] auf der anderen Seite klagt Bernard Laura sein Leid, wegen der Übermacht fremder Einflüsse sein eigenes Selbst nicht finden zu können. „Ah! wenn Sie wüßten, wie wütend es macht, im Kopf haufenweise Sätze großer Autoren zu haben, die einem unwiderstehlich auf die Lippen kommen, wenn man ein aufrichtiges Gefühl ausdrücken will."[136] Der Jüngere, der Lernende ist der Schwächere. Gertrude stirbt, Bernard kehrt zu seinem Stiefvater zurück. Allerdings weiß Bernard, was er erlebt hat. Das Wissen um die Folgen der Erziehung befreit ihn von pädagogisch verkleideter Menschenfischerei. Armand Vedel formuliert die zugehörige Theorie: „Ja, ich glaube, daß es das ist, was ich an Aufrichtigstem in mir habe: der Abscheu, der Haß gegen alles, was man Tugend nennt. Versuch' nicht zu verstehen. Du weißt nicht, was eine erste puritanische Erziehung aus uns machen kann. Sie läßt im Herzen einen Groll zurück, von dem man sich nicht mehr heilen kann..., wenn ich nach mir urteile, endete er grinsend."[137]

Die Pädagogen und Menschenfischer, die sich selbst zu Übermenschen aufwerfen, geraten immer wieder auf Wege, auf denen Übermenschlichkeit bloße Herrschaft ist, Freiheit anderer jedoch ausschließt. Solange sich Menschen auf andere als Vorbilder konzentrieren, bleiben ihre eigenen Möglichkeiten notwendig unverwirklichbar. Die Größe der Macht der Vorbilder wiederum beeinflußt die Intensität des Willens der pädagogischen Objekte, sich selbst zum Subjekt ihres Lebens zu machen. Gleichwohl vermögen beide Personengruppen den Schritt über die Schwelle zum Übermenschen zu tun. Allerdings hängt das Gelingen davon ab, wie sehr sie in der Lage sind, ihre jeweilige Definition von Übermenschlichkeit durchzusetzen und zu perpetuieren. Gide neigt dazu, nur diejenigen als potentielle Übermenschen zu definieren, die aus eigener Kraft bereit und in der Lage sind, sich von den psycho-sozialen Zwängen ihrer Umwelt, für die beispielsweise eine Person stehen kann, zu befreien. Aber dies bleibt offen wie die Zukunft der sich Befreienden, Lafcadios oder Bernards. Der Tod anderer, Gertrudes oder Boris', belegt, daß die Befreiung von übermächtigen Vorbildern vorerst nur eine Utopie ist. Nur der Ménalque in ›L'immoraliste‹ verkörpert mit seinen Einsichten in das Verhältnis zwischen zunächst überlegenem Lehrer und zur Befreiung aufgerufenem Schüler eine weitere, höhere Stufe auf dem Weg zum Übermenschen. Er ist im Sinne Nietzsches selbst die „eigens ihm leuchtende Sonne". „Oh daß doch viele solche neue Sonnen noch geschaffen würden!"[138]

Die unterschiedliche Bewertung des Freiheitsbegriffs als Konstituenten des Übermenschlichen durchzieht – wie bereits an mehreren Beispielen belegt – viele Texte, in denen es um die Bewährung eines Prätendenten auf den Rang eines Übermenschen geht. Paradigmatisch für alle lassen sich zwei Texte von Barrès und Montherlant zitieren. Während Barrès den Pädagogen, der seine Schüler in die Freiheit führen will, für einen Verführer und Zauberer hält, nennt Montherlant ihn – in der Radikalität des verlorenen Sohnes bei Gide, der seinem jüngeren Bruder das Leben in der freien Welt schmackhaft macht[139] – einen verantwortlichen Mann. In ›Les déracinés‹ erhält der Lehrer Bouteiller die Schuld an den nicht unbedingt gut verlaufenden Lebenswegen seiner Schüler. „Diese Kinder entwurzeln, sie von dem Boden und der sozialen Gruppe lösen, wo alles sie zusammenbindet, um sie außerhalb ihrer Vorurteile in die abstrakte Vernunft zu versetzen, wie sollte ihn das stören, ihn, der keinen Boden hat, weder Gesellschaft noch, so denkt er, Vorurteile?"[140] Der Arbeitersohn Bouteiller mag zwar Opfer seiner sozialen Herkunft sein, dem Leser wird jedoch bereits zu Beginn des Romans klargemacht, was er von Bouteillers Lehren zu halten hat: Bouteiller ist ein „Zauberer" und ein „Verführer".[141]

Montherlant formuliert in ›La relève du matin‹ die Gegenthese. In einem Gespräch mit einem «Abbé» sagt das Ich des Essays: „*Date pueris iras!* Löst Leidenschaften in den Kindern, damit sie die Leidenschaft der Religion leben können."[142] Der zentrale Begriff Montherlants ist „Leben", der von Barrès „Boden". Montherlant will, daß die Lehrer ihre Schüler den eigenen Weg finden lassen, indem sie „Krisen" geradezu provozieren. Barrès verlangt, daß sie sie lehren, sich in eine naturgegebene Ordnung einzufügen.[143] Gides Erzählungen wiederum belegen – wie übrigens auch veschiedene Texte Montherlants, etwa ›L'exil‹, ›La ville, dont le prince est un enfant‹ und ›Les garçons‹ –, mit welchen Schwierigkeiten die Emanzipation vom Lehrer oder vom Vater, beide als erste Repräsentanten der Gesellschaft schlechthin verstanden, zu rechnen und zu kämpfen hat.

Handeln jenseits aller Werte

In ›Jenseits von Gut und Böse‹ unterzieht Nietzsche den Begriff der „Freiheit des Willens" einer fundamentalen Kritik. Er weist darauf hin, daß die „Freiheit des Willens" – ob auf die eigene Vervollkommnung oder auf die Herrschaft über andere bezogen –, vor allem aus der Sehnsucht, ein Überlegener zu sein – Nietzsche nennt sie „Affekt des Kommandos" –, entsteht. „Das, was ‚Freiheit des Willens' genannt wird, ist wesentlich der Überlegenheits-Affekt in Hinsicht auf den, der gehorchen muß: ‚ich bin frei', ‚er muß gehorchen' – dies Bewußtsein steckt in jedem Willen, und ebenso eine Spannung der Aufmerksamkeit, jener gerade Blick, der ausschließlich *eins* fixiert, jene unbedingte Wertschätzung ‚jetzt tut dies und nichts andres not', jene innere Gewißheit darüber, daß gehorcht werden wird, und was alles noch zum Zustande des Befehlenden gehört. Ein Mensch, der *will* –, befiehlt einem Etwas in sich, das gehorcht oder von dem er glaubt, daß es gehorcht."[144] Doch mit dem bloßen Wollen ist es nicht getan. Wollen ist zunächst nicht mehr als ein erster Schritt zur Befreiung von vorhandenen, als ungenügend, weil die eigene Bewegungsfreiheit einengend empfundenen Strukturen. „‚Freiheit des Willens' heißt eigentlich nichts weiter, als keine neuen Ketten fühlen."[145] Die alten Strukturen werden im Akt des Wollens, der, da ohne Wirkung auf die Außenwelt, eher ein Akt vorbewußter Auflehnung ist, nur negiert, nicht jedoch zerstört. Nietzsche warnt vor dem Irrtum, „Wollen *genüge* zur Aktion": „Weil in den allermeisten Fällen nur gewollt worden ist, wo auch die Wirkung des Befehls, also der Gehorsam, also die Aktion *erwartet* werden durfte, so hat sich der *Anschein* in das Gefühl übersetzt, als ob es da eine *Notwendigkeit von Wirkung* gäbe; der Wollende glaubt, mit einem ziemlichen Grad an Sicherheit, daß Wille und Aktion irgendwie eins seien –, er rechnet das Gelingen, die Ausführung des Wollens noch dem Willen selbst zu und genießt dabei einen Zuwachs jenes Machtgefühls, welches alles Gelingen mit sich bringt."[146] Wollen und Handeln sind nicht notwendig miteinander verknüpft. Es gibt somit ein Wollen ohne Wirkung in der Wirklichkeit, es sei denn, man betrachtet die subjektive, emotionale Illusion des Wollenden, sich von irgend etwas lösen zu müssen und vielleicht sogar lösen zu können, das ihm als etwas zu Überwindendes erscheint, bereits als zureichende Wirkung. Andererseits ist das Handeln, wenn es dann aus dem Wollen entsteht, nicht notwendig mit Freiheit verknüpft. Auch das Handeln auf Befehl hat seinen realen Wert für die Konstitution des Selbstbewußtseins des Handelnden. Der «pasteur» in ›La symphonie pastorale‹ handelt beispielsweise so, wie er handelt, weil er in sich einen entsprechenden Befehl seines nach seinen eigenen Bedürfnissen geschaffenen Gottes spürt. Auf der anderen Seite versucht ein Lafcadio Wluiki in ›Les caves du Vatican‹, Freiheit, Wollen und Handeln in Einklang zu bringen. Übermenschlichkeit liegt – subjektiv gesehen – in beiden Konzepten; erst aus dem jeweiligen Erzähler- (oder Autoren-)Kommentar wird ersichtlich, ob sie jeweils als Illusion des vorgeblichen ‚Übermenschen' oder als konstituierender Bestandteil seiner Persönlichkeit zu interpretieren ist.

In ›Also sprach Zarathustra‹ formuliert Nietzsche die These, daß das „Wollen" bereits ein „Schaffen" sei. „Schaffen" fungiert dabei als der Begriff, der die letzte Konsequenz des Handelns, den Aufbau, die Konstitution eines neuen, vorher nicht realen Zustands bezeichnet. „Wollen befreit: denn Wollen ist Schaffen: *so* lehre ich. Und *nur* zum Schaffen sollt ihr lernen!"[147] Das Objekt des „Schaffens" ist der Schaffende selbst, der sich die Welt wertend zu eigen macht. Wer über die „Werte", den „Sinn", die Namen herrscht, hat den Weg zum Übermenschen zurückgelegt. „Werte legte erst der Mensch in die

Dinge, sich zu erhalten, – er schuf erst den Dingen Sinn, einen Menschen-Sinn! Darum nennt er sich ‚Mensch', das ist: der Schätzende. / Schätzen ist Schaffen: hört es, ihr Schaffenden! Schätzen selbst ist aller geschätzten Dinge Schatz und Kleinod. / Durch das Schätzen erst gibt es Wert: und ohne das Schätzen wäre die Nuß des Daseins hohl. Hört es, ihr Schaffenden! Wandel der Werte – das ist Wandel der Schaffenden. Immer vernichtet, wer ein Schöpfer sein muß. / Schaffende waren erst die Völker, und spät erst einzelne; wahrlich, der einzelne selber ist noch die jüngste Schöpfung."[148] Die Fähigkeiten, die Nietzsche dem „Schaffenden" zuschreibt, sind vor allem intellektuelle. Der „Schaffende" ist Philosoph. Als Prototyp des Übermenschen ist er in der Lage, die Aufgabe zu erfüllen, die nur noch ein einzelner erfüllen kann, weil die Kollektive, die dies in vergangenen Zeiten konnten, zur „Herde" verkommen sind. Während Nietzsche in ›Also sprach Zarathustra‹ die „Herde" noch als potentiell positiven Begriff einführt, der ein kollektives Glück aus der Herrschaft über Namen und Werte impliziert,[149] findet sich im Nachlaß die Notiz, an der „Herde" sei „nichts Schaffendes", weil sie nur „auf Stillstand und Erhaltung gerichtet" sei.[150] Der Siegeszug des Individualismus aus der Not deutet sich in ›Also sprach Zarathustra‹ an, wenn Zarathustra den „großen Mittag" als „unser letzter Wille" beschwört: „,*Tot sind alle Götter: nun wollen wir, daß der Übermensch lebe.*'"[151] Nietzsche läßt in der Schwebe, ob dieser „Übermensch" als die Menschheit als ganze oder zumindest eine bestimmte Gruppe oder lediglich ein Einzelner, vielleicht eine sehr kleine Gruppe hervorragender Einzelner zu verstehen ist. Auf jeden Fall ist der Begriff des „Schaffens" als Attribut des Übermenschen konstitutiv. Der Übermensch bewirkt handelnd Veränderungen in der Welt, die ihn schließlich als ‚Maß aller Dinge' erscheinen lassen, auch wenn er schließlich zugeben muß, daß er selbst kaum in der Lage sein wird, seine Wirkungen und somit sich selbst erschöpfend vor ihr zu beweisen. „Wahrlich, schwer zu beweisen ist alles Sein und schwer zum Reden zu bringen. Sagt mir, ihr Brüder, ist nicht das Wunderlichste aller Dinge noch am besten bewiesen? / Ja, dies Ich und des Ichs Widerspruch und Wirrsal redet noch am redlichsten von seinem Sein, dieses schaffende, wollende, wertende Ich, welches das Maß und der Wert der Dinge ist."[152] Die konkreteste Wirkung des Ichs, das Übermensch sein will, ist noch die der Zertrümmerung überkommener Werte. „Siehe die Gläubigen aller Glauben! Wen hassen sie am meisten? Den, der zerbricht ihre Tafeln der Werte, den Brecher, den Verbrecher – das aber ist der Schaffende."[153]

Das Motiv der „Zertrümmerung" verleitet vor allem politisch interessierte Autoren zu einem martialischen Handlungsbegriff. Marinetti fordert: „Töten wir den Mondschein!"[154], D'Annunzio läßt Stelio Effrena Heraklit mit dem Satz „Der Bogen hat zum Namen BIOS und zum Werk den Tod" zitieren und das Bild des „barbarischen Schöpfers" Dionysos beschwören,[155] Barrès legt Renaudin die für alle drei Autoren zutreffenden Worte in den Mund: „Jedes Wesen kämpft, um sich einen Platz am zu engen Gastmahl der Natur zu schaffen, und der Stärkste neigt dazu, sich zum Cäsar aufzuschwingen (*césariser*)."[156] Der neue Mensch, der Übermensch, soll mit Gewalt provoziert werden. Die Zerstörung herrschender Wert- und Wahrnehmungsmuster, für die Marinetti stellvertretend den romantischen Mondschein setzt, die scheinbar paradoxe Notwendigkeit des dionysischen Todes in D'Annunzios ›Il fuoco‹ und der pure Kampf um die besten Plätze beim diesmal nicht himmlischen, sondern 'natürlichen' Gastmahl bei Barrès bedingen die Heraufkunft des vergangene und zukünftige Zeiten, Psyche und Physis in sich vereinigenden Schöpfer-Menschen.

Die martialische Sprache der Zerstörung zeugt von einer kompromißlosen Philosophie. Der Fortschritt, den Marinetti predigt, duldet keinen Widerstand. Sein Subjekt ist der Mensch als Spezies schlechthin, und der Futurist ist sein Prophet. „Wir behaupten indessen als absolutes Prinzip des Futurismus das ständige Werden und unbestimmte Fortschreiten, physiologisch und intellektuell, des Menschen."[157] Poetische Werke sind daher bei Marinetti kämpferische, politische Werke. „Die Kunst kann in der Tat nur Gewalt, Grausamkeit und Ungerechtigkeit sein."[158] Die Methode ist der Inhalt, der Inhalt die Methode. Nicht von ungefähr formuliert Marinetti mehrfach Entwürfe politischer Programme, beispielsweise zur Behebung des Künstler-Elends. Bewußt auf Dantes ›Commedia‹ anspielend, prophezeit er die ruhigen Zeiten nach dem Sieg der Kunst. „Wir haben nicht das irdische Paradies, aber die wirtschaftliche Hölle wird von den unzähligen Festen der Kunst erfreut und befriedet."[159] Solange jedoch der krude Materialismus der Ökonomen gemeinsam mit dem romantizistischen Ethos vergangenheitssüchtiger Künstler allein herrscht, muß sich der futuristische Künstler seiner kriegerischen Mittel bedienen. Seine Kunst wird zur Eloge der Gewalt – und ihres subjektiven Gegenstücks: der Gefahr, in die sich auch der Künstler begibt. „Wir wollen die Liebe zur Gefahr singen, die Gewohnheit zur Energie und zur Tollkühnheit."[160]

D'Annunzio propagiert die Kraft, «la forza», als Movens der

Selbst-Vervollkommnung des Menschen. „Nie hatte er in sich tiefer das Gefühl der unberechenbaren Kraft gehabt, zu der das Herz des Menschen fähig ist. Und wie er seinen eigenen Herzschlag hörte und die Gewalt des anderen voraussagte, schien es ihm, als höre er die Hammerschläge auf dem harten Amboß widerhallen, auf dem man das menschliche Schicksal schmiedet."[161] Aber diese Kraft bleibt unspezifisch. Sie wirkt zunächst nur in Gefühlen, die noch nicht authentisch, sondern sprachlich verkleidet und verzerrt erscheinen. Das Ich, das die Gefühle der Kraft in sich spürt, gewinnt zwar an Selbstbewußtsein, weil es sie spürt, vermag sich jedoch noch nicht mit einem konkreten Lebensplan in die Welt hineinzuproduzieren. „Aber die fieberhafte Ungeduld der Tat, die Eile zu wirken, das Bedürfnis, die Vollendung zu bezeugen, überfielen den jungen Mann. Seine Arbeitsfähigkeit schien sich zu vervielfachen. Er erwog die Fülle seiner kommenden Stunden."[162] In der Aufwallung der Ahnung im Innersten brodelnder Kräfte träumt sich Stelio in dionysische Mysterien hinein.[163] Doch «dionisiaco» bezeichnet weder einen realen Raum noch eine reale Zeit. Das Attribut charakterisiert auch weniger das zugehörige Nomen als den Gefühlszustand des Ichs. Eine perspektivische Projektion einer Handlung in die Welt hinein fehlt.

In seinem Fliegerroman ›Forse che sì, forse che no‹ wird D'Annunzio konkreter. Als Flieger kann sich Paolo Tarsis als Nachfolger des kretischen Baumeisters Dädalus fühlen.[164] Der Flug ist seine Kunst.[165] Der Tod ist „der Gefährte jeden Spiels, das die Mühe lohnt, gespielt zu werden"[166]. Mit dem Spielbegriff jedoch – „Alles ist Spiel" lautet die zu Beginn des Romans mehrfach wiederholte These[167] – relativiert D'Annunzio die Verbissenheit, die man bei Marinetti und in seinem eigenen Roman ›Il fuoco‹ findet. Paolo Tarsis braucht keine Projektion eines mächtigen Gegners wie Marinetti in seinen Manifesten und keine vorzeitlichen dionysischen Vorbilder wie Stelio Effrena in ›Il fuoco‹: Er selbst kann in seiner Verschmelzung mit der Maschine die uralten Träume von übermenschlichen Fähigkeiten verwirklichen. Selbst der innere Druck, den D'Annunzio als Wahnsinn qualifiziert – „Ein Wahnsinn ist in mir, älter als ich, der mir keine Ruhe gibt"[168] –, löst sich in den Fähigkeiten des fliegenden Menschen auf. Er erfüllt sich und der Menschheit „einen Traum himmlischer Abenteuer"[169]. Spiel und Abenteuer wirken wenig martialisch; spielerisch ist selbst die Todesgefahr, die für die Definition des Handlungsbegriffs in ›Forse che sì, forse che no‹ konstitutiv ist. Und so gelingt es D'Annunzio in ›Forse che sì, forse che no‹, seinen Prätendenten auf den Rang eines Übermenschen von dem Zwang, etwas anderes zerstören zu müssen, um sich selbst als höherer Mensch beweisen zu können, zu befreien. Die „materielle Tat", die Andrea Sperelli suchte, um „die innere Sorge" zu zerstreuen, ist real geworden.[170] Der martialische Tenor in ›Il fuoco‹ oder in Marinettis Manifesten reduziert sich zur zu überwindenden Vorstufe auf dem Weg zum Übermenschen.

Barrès betrachtet die martialische Tat als Entfaltung des im Menschen schlummernden Gewaltpotentials. In ›Le jardin de Bérénice‹ spricht er von den 'unsichtbaren Mächten', die sich im Menschen ihren Weg bahnen werden, als existierten sie unabhängig von ihrem jeweiligen Subjekt. „In uns gibt es Kräfte, die sich nicht in Taten übersetzen; sie sind unseren aufmerksamsten Freunden unsichtbar und von uns schlecht erkannt. (...) Das sind sich vorbereitende Leidenschaften; sie werden beim kleinsten Anstoß einer Gelegenheit ausbrechen."[171] In höheren Menschen verwirklichen sich Potentiale, die diese selbst erst im Prozeß ihres An-den-Tag-Kommens zu erkennen beginnen. Vorerst jedoch bestimmen die Gewalten der Umwelt die Gewalt eines potentiellen Übermenschen. In ›Sous l'œil des barbares‹ muß sich Philippe gegen die «Barbares», die seine Zeitgenossen sind, behaupten. Das 'Ich' und die 'Barbaren' fungieren als typologisch einander entgegengesetzte Begriffe eines insgesamt durchaus stabilen Weltsystems. Die Schlüsselfrage nach dem die Welt beherrschenden Subjekt stellt sich erst aus der Perspektive eines der potentiellen Entwicklungen im System zumindest vorbewußten Ichs, das schließlich merkt, daß es selbst die Welt nach seinem Bild ordnen kann und muß, um nicht seinerseits von den anderen, den pauschal und kampfgerecht „Barbaren" Genannten, geformt zu werden. „Sowie man sie einander entgegensetzt, finden die beiden Begriffe *Barbaren* und *Ich* ihre volle Bedeutung. Unser Ich ist die Art, in der unser Organismus auf die Reize der Umwelt und unter dem Gegensatz der Barbaren reagiert. (...) Und das ganze Buch ist Philippes Kampf, sich inmitten der Barbaren zu behaupten, die ihn nach ihrem Bilde beugen wollen."[172] Barrès schreibt parteilich aus der Perspektive seiner Protagonisten, deren Seelenzustand sich in den ihren jeweiligen Gegnern unterstellten Absichten spiegelt. Ihre Befreiung ereignet sich jedoch erst in der Tat. „Die Tat führt den Menschen zum Realen, und das Reale zwingt ihn schließlich, wahrhaft zu empfinden."[173] Die Einsicht in die Dialektik von Welt und Ich, zugespitzt in der polemischen Opposition von „Barbaren" und „Ich", findet ihre Wirklichkeit in mehr oder weniger gewalthaltigen poetischen Formeln, die zwar immer in der Schwebe lassen, ob das jeweils erzeugte

Gefühl in die Wirklichkeit hineinwirken kann, aber niemals einen Zweifel daran lassen, daß eine solche Wirkung die letzte Konsequenz des Weges zur Befreiung von den Zwängen der Welt im Sinne einer Eroberung der Herrschaft in der und über die Welt ist.

Die psychologische Analyse wendet Barrès in ›Les déracinés‹ ins Politische. Die verborgenen Leidenschaften, von denen Barrès in ›Le jardin de Bérénice‹ spricht, lassen sich in ›Les déracinés‹ klar beim Namen nennen: Die Welt braucht einen neuen Caesar, der die „nationalen Kräfte", die „französische Energie" in der Mehrheit der Menschen weckt.[174] Dieser Caesar kann wie ein Messias zur unerwarteten Zeit kommen. Jeder, der sich den von Barrès propagierten nationalen Ideen verschreibt, trägt diese Möglichkeit in sich. „Was einen Caesar ausmacht, ist in ihm und kann nicht erblich sein. Ein Caesar kommt wie eine Notwendigkeit in dem Augenblick, wo es keine Tradition mehr gibt."[175] Wer daran glaubt, hat den Kampf gegen die „Barbaren" gewonnen. Nicht die individuelle Entwicklung, sondern der Glaube an die in jedem offensichtlich verborgenen Tugenden der schlechthin guten und starken Gemeinschaft konstituiert nach Barrès übermenschliche Eigenschaften. Ein Caesar ist der Spiegel der gläubigen Gesellschaft.

Die Mächte und Kräfte, die bei Barrès, D'Annunzio und Marinetti das Bild der jeweiligen Protagonisten von möglichen Wegen zum Übermenschen bestimmen, erwachsen nicht aus einer konkret verortbaren historischen Situation. Der jeweilige Gegner wird zwar als historisch definierbare Gruppe von Personen dargestellt, die über Welt und Werte herrschen, doch zeugt die rein subjektive Perspektive des Erzählers davon, wie wenig sie sich tatsächlich auf die Welt einlassen wollen und können. Ihre Politik spiegelt letztlich ihre eigenen Bedürfnisse; sie benutzen die sie umgebende Welt wie Narziß den Spiegel des Wassers. Da dieses Wasser jedoch im Fluß ist, verzerrt sich ihre Wahrnehmung, und sie halten sich für Götter und Übermenschen. D'Annunzio feiert gerade diese verzerrte Wahrnehmung als die Voraussetzung des einzig wahren Heldentums am deutlichsten in der Figur des Paolo Tarsis in ›Forse che sì, forse che no‹. Der Schlüsselsatz des Romans lautet: „Sohn, es gibt keinen Gott, wenn du es nicht sein willst."[176] Mit dem Flugzeug umfaßt Paolo Tarsis die gesamte Mythologie des Abendlandes. Dädalus und Prometheus sind die antiken Vorläufer,[177] Christus symbolisiert die eschatologische Phantasie paradiesischen Lebens.[178] Der Flieger Paolo Tarsis selbst beherrscht mit der Maschine Körper und Geist, Immanenz und Transzendenz. Die Maschine ist das Instrument, wenn nicht gar das durch

Technik geschaffene, daher wahrhaft vollkommene Organ des Körpers, mit dem der Kontakt zwischen den entfernten Welten des Dies- und des Jenseits hergestellt werden kann. Paolo Tarsis lebt jenseits der Geschichte mit ihren Kämpfen; seine Phantasie gilt – wie den Propheten und Künstlern der antiken und der christlichen Mythologie – der Harmonie von Ich und Welt. Der Flug wird zu einem mythisch-mystischen Schauspiel, dessen Schilderung angemessen nur in Begriffen wie „paradiesischer Glanz", „mystisches Licht" oder „Beleuchtungen" der Altäre geschieht.[179] Tarsis versteht es, Geschichte in dem seinen Mitmenschen Übermenschlichkeit suggerierenden Augenblick zu fixieren. Veränderungen scheint er aufheben zu können. Zukunft erscheint als ewige Gegenwart.

D'Annunzio löst die martialische Variante des übermenschlichen Handelns in ›Forse che sì, forse che no‹ spielerisch auf. Valéry nähert sich der Frage, wie übermenschliches Handeln möglich sei, von einer anderen Seite. Er stellt Nietzsches Frage, was der Mensch könne, neu. „,Was kann ein Mensch?' (Teste) ist entschieden die größte Frage. / Aber *können* hat 2fachen Sinn, einen passiven und einen aktiven. / Ich KANN *hören, fühlen,* ertragen, verändert werden, leiden etc. – das ist der Sinn ‚Eigenschaften' – und der Aspekt *Empfindungsvermögen.* / Ich KANN *machen,* handeln, *verändern* – das ist der Sinn *Fähigkeit* – und der Aspekt *Tat.* / *Zwischen beiden,* gemischte Möglichkeiten: / Ich *kann* mich *erinnern* – / und man muß hier alle Taten hinzufügen, die bald auf Reflexen, bald auf dem Willen beruhen."[180] Valéry möchte alle Varianten des menschlichen Könnens gelten lassen. Sowohl das auf Wirkung in der und auf die Außenwelt konzipierte Handeln im engeren Sinne als auch das die Wirkung des in der Außenwelt Geschehenden, Gehandelten auf die Innenwelt des Ichs werden im 'Können' zu bewußten Beweisen der menschlichen Existenz. Das 'Können' definiert durch das Bewußtsein des die Welt Erfahrenden oder Be-Handelnden die jeweilige Stufe auf dem Weg zum Übermenschen. Im 'Können' erfüllt sich das 'Wissen'. „Unser Wissen strebt zum Können und entfernt sich von einer koordinierten Betrachtung der Dinge; man braucht Wunder mathematischen Scharfsinns, um ihm einige Einheit wiederzugeben. Man spricht nicht mehr von ersten Prinzipien; die Gesetze sind nicht mehr als immer wieder zu vervollkommnende Instrumente."[181] Die Zeiten der Wahrheitssucher sind vorbei. Jede 'Wahrheit' ist in dem Augenblick überholt, in dem sie ausgesprochen wird. Daher sind auch die Fähigkeiten, die Instrumente, wichtiger, die das Aussprechen und Ausführen sowie das Zerstören von 'Wahrheiten' – diesmal im Plural – bewirken, als die jeweiligen vorgeblichen 'Wahrheiten', die Inhalte des Sprechens und Handelns. „Suche nicht die 'Wahrheit' – sondern suche diese Kräfte, die die Wahrheiten schaffen und auflösen."[182] Valéry konzipiert das Bild des „Menschen als Instrument", des «homme instrument» – nicht zu verwechseln mit Marinettis und D'Annunzos Lob der Maschine als dem besseren Menschen oder zumindest als vollkommenem Organ des Menschen: Bei Valéry ist der Mensch selbst das Werkzeug, das „Instrument" –, wenn er ihn mit «pouvoir», 'Macht' und 'Können' zugleich, gleichsetzt.[183] Perfektion, Vollkommenheit, oder personalisiert: Übermenschlichkeit entstehen im Handeln, das Valéry mitunter spielerisch verschlüsselt als „Gymnastik" bezeichnet. „Alle Gymnastik strebt zum Göttlichen, – oder eher zum Vollkommenen, wahrscheinlich, um dahin zu gelangen, endlich dieses Vollkommene zu übersteigen."[184] Letztlich liegt die Übermenschlichkeit in einem vom Menschen selbst gesteuerten Werden. Dabei spielt der reale Grund des Werdens keine Rolle. Valéry setzt Handeln im Sinne eines produktiven Einwirkens auf die Außenwelt mit Handeln im Sinne kreativ-reflexiver Verdichtung in Poesie gleich. Poesie wird zu einer der verschiedenen spielerisch-kämpferischen Methoden, Körper und Geist – der Geist als eines der Organe des Menschen verstanden – zu vervollkommnen. „Man muß Poesie sagen, wie man Fechten, Tanz, Reiten sagt."[185]

Valéry greift einen Gedanken auf, den Baudelaire in den ›Tableaux parisiens‹ als Metapher, Montherlant in ›Les olympiques‹ später als reale Option verwendet. Baudelaires Dichter flieht in Paris die unbarmherzige Sommerhitze. Seine Dichtkunst vergleicht er mit der Fechtkunst, sein Dichten mit einem mehr oder weniger zufälligen Streunen. Die Worte sind der Ort des Dichtens wie die gepflasterten Straßen der Ort des Flaneur.

> Quand le soleil cruel frappe à traits redoublés
> Sur la ville et les champs, sur les toits et les blés,
> Je vais m'exercer seul à ma fantasque escrime,
> Flairant dans tous les coins les hasards de la rime,
> Trébuchant sur les mots comme sur les pavés,
> Heurtant parfois des vers depuis longtemps rêvés.[186]

[Wenn die grausame Sonne mit verdoppelten Geschossen auf die Stadt und die Felder, auf die Dächer und das Korn schlägt, werde ich mich allein in meiner phantastischen Fechtkunst üben, in allen Ecken die Zufälle des Reimes witternd, über die Wörter wie über die Pflaster stolpernd, manchmal an seit langem geträumte Verse stoßend.]

Montherlant nimmt die Metaphorik Baudelaires wörtlich. Er bewundert „diese Intelligenz des Sports"[187], das „heilige Königreich der Starken"[188]. Er konstruiert einen Typus des Intellektuellen, der nicht nur intellektuell, sondern auch physisch aus der Menge der Menschen hervorragt, und findet in der Mythologie des Stierkampfes eine Form ideologischer Legitimation, aus physischer und intellektueller Überlegenheit zugleich, hier sogar im Effekt aus der Vernichtung der physischen Existenz eines anderen Wesens sein eigenes Selbstbewußtsein abzuleiten, um so mehr, als daß der zu tötende Stier ein göttliches Wesen symbolisiert. „Nur die Besitznahme befreit. Hier war die Besitznahme der Akt des Tötens, Spielart des anderen Opfers. Die primitiven Völker beteten das wilde Tier an, das sie jagten und töteten. Der Stier Apis, der vollkommenste Ausdruck der Göttlichkeit in tierischer Form, die Priester ertränkten ihn am Ende eines gewissen Zeitraums in einem der Sonne geweihten Brunnen."[189] Hymnisch folgt der Erzähler der exaltierten Stimmung Albans: „Tief war die Notwendigkeit des wohltuenden Mordes, des wahrhaft schöpferischen Mordes."[190] Der Priester-Matador, der Alban sein möchte, vereinigt intellektuellen Anspruch, religiöse Legitimation und martialische Gewalt in sich. Anders als Tullio Hermil, der in seinem (ihm in jeder Hinsicht noch unterlegenen) Sohn sich einen potentiellen Konkurrenten vom Hals schafft, erhebt er nach mythischem Vorbild denjenigen, den er töten will, und wird selbst zum jederzeit neu siegenden Gott. Und der, den er sich zum Gegner wünscht, ist der größte und wildeste. „Alban sah ihn an. Der Kopf des Gottes war einen Meter über ihm. Schweigend betete der Kind-Mann ihn an."[191] Kunst, Philosophie, Religion und physische Anstrengung fallen zusammen. Erst in dieser Ganzheitlichkeit manifestiert sich die Überlegenheit der Tat eines europäischen Intellektuellen.

Gide formuliert einen Begriff übermenschlichen Handelns, in dessen Zentrum sich die Unmittelbarkeit der Tat selbst befindet. Entscheidend für den «acte gratuit» (soviel wie: „zwecklose und zweckfreie Tat") ist der Augenblick, in dem er geschieht, getan wird. Allerdings setzt Gide das Konzept des «acte gratuit» in einen Kontext mit der Frage, wie weit sich der Mensch von seiner Gesellschaft, seiner Geschichte entfernen könnte. Die Antwort stimmt skeptisch. Eine „zwecklose Tat" ist offenbar noch lange keine „Tat ohne Geschichte". In ›Les faux-monnayeurs‹ setzt Strouvilhou geradezu darauf, daß der Mensch seine Freiheit verliert, sobald er sich auf Beziehungen zu anderen Menschen einläßt. Jedermann ist oder wird mit der Zeit erpreßbar. „„Es ist gut, fuhr er fort, es ist sogar unentbehrlich, Beziehungen der Gegenseitigkeit unter den Bürgern zu schaffen; so bilden sich die stabilen Gesellschaften. Man hält sich, was! Wir halten die Kleinen, die ihre Eltern halten, die uns halten. Vollkommen? Verstehst du?"[192] Ähnlich argumentiert Protos in ›Les caves du Vatican‹: „Aber was mich erstaunt, daß Sie, Cadio, intelligent wie Sie sind, geglaubt haben, daß man so einfach aus einer Gesellschaft aussteigen könnte, und das ohne in einem Schlag in eine andere zu fallen; oder daß eine Gesellschaft auf Gesetze verzichten könnte."[193] Lafcadio versucht zwar immer wieder, sich von seiner Vergangenheit, also den Beziehungen, die er in seinem Leben eher unfreiwillig eingehen mußte, zu befreien, gerät aber letztlich genau in die Situation, die er zu vermeiden suchte. Nach dem Mord an Fleurissoire und der Liebesnacht mit Geneviève steht er vor der Entscheidung, sich der Polizei auszuliefern, sein Leben zu beenden oder um Genevièves willen den Mord zu vertuschen. Der Erzähler gibt keine Antwort. Lafcadio wird jedoch – soweit kann der Leser sich die Geschichte selbst weitererzählen –, wie auch immer er sich entscheidet, seine Taten nicht mehr leugnen können. Er ist mit Geneviève und mit Fleurissoire in eine so enge Beziehung getreten, daß sein weiteres Leben nur noch Alternativen zuläßt, die sich auf jene Voraussetzung beziehen. Für jede folgende Tat gibt es eine eng mit den vorangegangenen zusammenhängende Begründung. Ein davon unabhängiger Weg existiert nicht. Auch für Lafcadio gilt der Satz des Coclès aus ›Le Prométhée mal enchaîné‹: „Sehen Sie, wie sich heute alles verkettet, alles sich kompliziert, anstatt sich zu erklären."[194]

In ›Alissa‹ beschreibt Gide einen Menschen, der sich von allen gesellschaftlichen Bindungen befreien will, um zu einem höheren Leben zu finden. Ihre Freiheit ist die Freiheit der Fragenden, Wartenden, die ihre Vergangenheit für überwindbar hält: „Alles in ihr war nur Frage und Warten." In ihren Augenbrauen findet Jérôme „einen zugleich ängstlichen und vertrauensvollen fragenden Ausdruck"[195]. Ebenso wie in der Schlußpassage von ›Les caves du Vatican‹ fungiert der Gestus der Frage als Signal für eine dem jeweiligen Menschen zwar nicht unbedingt bewußte, nichtsdestoweniger seine Persönlichkeit entscheidend prägende Verwurzelung in einer von ihm letztlich nicht so gewollten Geschichte. Gerät die letzte Grundfeste der Persönlichkeit ins Wanken, kann das gesamte Gebäude zusammenstürzen, es sei denn – und dies ‚gelingt' Alissa –, die Illusion einer intakten Gedanken- und Handlungskette erweist sich als stärker als der durch die Realitäten erzwungene Zweifel. Die Fanatikerin Alissa entgeht dem Druck der Realität, indem sie ihr Leben opfert. Ihre psychische Integrität läßt sich nur um den Preis der Aufgabe ihrer physischen Existenz bewahren. Lafcadio kann sich aus diesem Dilemma befreien, indem er die möglichen Konsequenzen seiner Geschichte und seiner „zwecklosen Tat" wie eine kompliziertere Rechenaufgabe behandelt. Er ist sich seiner Situation bewußt. Alissa hingegen will alle Optionen ausschließen, die nicht von ihr selbst gewollt sind. Für sie zählt nur ihre Liebe zu Gott, und diese verlangt in ihrer Konsequenz ihren Tod.

Wie Alissa empfindet ihr komisches Gegenstück Fleurissoire, der allerdings nur so lange komisch wirkt, als er für den Leser offenbar Opfer seiner eigenen Unbedarftheit ist. Oder: Alissa wirkt nur deshalb nicht komisch, weil der Leser gewohnt ist, religiös motivierte Selbstverleugnung hoch zu achten. Niemand kann jedoch ermessen, welcher Betrug – der Pascals, dessen Schriften und Erlebnisse Alissa nachempfindet, oder der des Protos und seiner Bande, der unbewußte, nicht gewollte oder der verbrecherische, bewußt inszenierte – der schlimmere ist. Beide, Alissa und Fleurissoire, glauben aufrichtig an die Wahrheit ihrer Mission. Beide glauben, von ihrem Gott berufen zu sein, ihm nachzufolgen, Alissa in der Entsagung, Fleurissoire in der heroischen Tat. „Wem vertrauen, wenn nicht dem Papst? und sobald dieser Eckstein verschwand, auf dem die Kirche stand, verdiente nichts mehr wahr zu sein."[196]

Auf der anderen Seite führt die Auflösung einer transzendent legitimierbaren einzigartigen Begründbarkeit des Lebens im Tod der Gläubigen zum selben Ergebnis wie die Erkenntnis der Verwurzelung jedes Menschen in den vielfältigen Verflechtungen der ihn umgebenden und – seine Existenz begründenden – Mitwelt. Selbst in ›Les faux-monnayeurs‹ demonstriert Gide, wie sich eine vermeintliche Chance, ohne einschränkende (Vor-)Geschichte zu leben, in der Realität zunächst im Nichts auflöst. Bernard, der ursprünglich hoffte, er sei vaterlos frei von jedem Einfluß („Nicht zu wissen, wer sein Vater ist, das heilt von der Angst, ihm zu gleichen. Jede Suche verpflichtet"[197]), kehrt zu seinem Stiefvater zurück, als er erfährt, daß es ihm nicht gutgehe. Die Offenheit vor und für Vergangenheit *und* Zukunft bleibt dem unparteiischen Beobachter vorbehalten. Edouard notiert: „‚Ich erfahre von Olivier, daß Bernard zu seinem Vater zurückgekehrt ist; und das war wohl das beste, was er tun konnte. Als er vom kleinen Caloub, den er zufällig getroffen hatte, erfuhr, daß es dem alten Richter nicht gutging, hörte Bernard nur noch auf sein Herz. Wir werden uns morgen abend wiedersehen, denn Profitendieu hat mich eingeladen, mit Molinier, Pauline und den beiden Kindern zu dinieren. Ich bin sehr neugierig, Caloub kennenzulernen.'"[198] ›Les faux-monnayeurs‹ endet wie ›Le retour de l'enfant prodigue‹. Entscheidend ist für Gide nicht die Freiheit von jeder Kausalität, sondern die Chance, in Freiheit Risiken auf sich zu nehmen, die in der familiär bedingten Lebensplanung nicht vorgesehen sind. Der zurückgekehrte verlorene Sohn und Edouard verführen mehr oder weniger die jüngeren, den Bruder, Bernard, Caloub. Den ersten Schritt tun diese jedoch selbst. Edouard wird erst auf Bernard aufmerksam, weil dieser seine Familie verlassen hat; der jüngere Bruder lauscht enthusiastisch fragend der Erzählung des Heimgekehrten. Caloub schließlich: Seine Geschichte ist offen, aber durchaus aus der Bernards – und der anderen Jugendlichen in den Erzählungen Gides – ableitbar. In diesem Sinne gilt auch für Alissa und Fleurissoire die Qualität übermenschlichen Verhaltens. Sie verlassen die ihnen vertraute Welt, um sich zu vervollkommnen. Ihr tragisches Ende gibt ihnen zumindest aufgrund der Reaktionen der ihnen nahestehenden Menschen recht. Ihr Problem besteht schließlich einzig und allein darin, daß sie es nicht verstanden, die in einer bestimmten Ideologie begründete Zeit als vorläufig und begrenzbar, ihre Ideengebäude als relative und veränderbare Wirklichkeit, nicht Wahrheit, sich selbst nicht nur einer einzigen Lebensoption verpflichtet, sondern für andere Möglichkeiten offen zu erkennen. Die „zwecklose Tat" des Lafcadio Wluiki in ›Les caves du Vatican‹ ist somit der bewußte Versuch, zu einem selbstbestimmten Zeitpunkt unter Ausnutzung der gegebenen Zufälle der bislang gelebten Kausalkette eine völlig neue Wendung zu geben, die sogar geeignet sein könnte, eine neue, bisher eher unwahrscheinliche Kausalkette zu schaffen.

Die Theorie des «acte gratuit» findet man bei Gide in den parabelhaft verschlüsselten Erzählungen ›Le Prométhée mal enchaîné‹ und ›Paludes‹. In dem „Chronik der privaten Moral" überschriebenen Kapitel des ›Prométhée‹ erklärt der Kellner Prometheus, daß das eigentliche Element einer „absolut zwecklosen Handlung" darin bestehe, daß sie aufgrund einer freien Willensentscheidung des Handelnden der Anfang einer Handlungskette sei. Als Kellner sei er beispielsweise in der Lage, Beziehungen zwischen seinen Gästen herzustellen, somit eine eigene, eine neue gesellschaftliche Ordnung zu schaffen. Dies könne er verallgemeinern: „Ich nannte den Menschen: das einer zwecklosen Handlung fähige Tier." Doch im nächsten Satz nimmt er dies wieder zurück: „Und dann habe ich danach das Gegenteil gedacht: daß er das einzige Wesen sei, das unfähig sei, zwecklos zu handeln. Zwecklos! denken Sie nur: ohne Grund – ja, ich verstehe Sie: setzen wir: ohne Motiv, unfähig." Es geht um die „desinteressierte Tat", die „Tat auch ohne Ziel; also ohne Herrn", die „freie Tat" (acte libre).[199] Der Schritt über die Schwelle zur völligen Freiheit beginnt mit einem philosophischen Drahtseilakt. Wer eine durchgehende, rational kontrollierte Begründung sucht, stürzt wie Nietzsches Seiltänzer in ›Also sprach Zarathustra‹ ab. „‚Nicht doch‘, sprach Zarathustra (zu dem Abgestürzten); ‚du hast aus der Gefahr deinen Beruf gemacht, daran ist nichts zu verachten. Nun gehst du an deinem Beruf zugrunde: dafür will ich dich mit meinen Händen begraben.‘"[200] Der Mensch jedoch selbst, der sich zum Übermenschen erheben will, darf sich nicht auf die Begründung seines Handelns versteifen, sondern muß die Unbegründbarkeit seiner Existenz selbst akzeptieren. Dann nämlich sind Handlungen „zwecklos". „Der Mensch ist ein Seil, geknüpft zwischen Tier und Übermensch – ein Seil über einem Abgrunde. / Ein gefährliches Hinüber, ein gefährliches Auf-dem-Wege, ein gefährliches Zurückbleiben, ein gefährliches Schaudern und Stehenbleiben. / Was groß ist am Menschen, das ist, daß er eine Brücke und kein Zweck ist: was geliebt werden kann am Menschen, das ist, daß er ein *Übergang* und ein *Untergang* ist."[201] In diesem Verständnis sind Lafcadio, Alissa, Fleurissoire und Bernard zumindest auf dem Wege zum Übermenschen; die „zwecklose Tat" definiert sich als die Handlungsweise, in der das Handeln und seine Wirkungen, nicht aber seine Begründung im Vordergrund stehen. In ›Paludes‹ doziert Barnabé: „Nun macht allein die Verantwortlichkeit für die Taten für jeden ihre Wichtigkeit aus – und ihr Anschein ist nichts." Es kommt nicht darauf an, was eine Handlung im Vergleich mit anderen Handlungen taugt; wichtig ist allein die in der Handlung erwiesene Bestätigung der subjektiven Integrität des Handelnden. Es geht nicht darum, „mehr oder weniger mittelbar große Taten zu erzeugen, sondern gerade die Verantwortlichkeit der kleinen Taten immer und immer größer zu machen"[202]. Wenn der Handelnde sich selbst auch vor seinen Mitmenschen als der für die Wirkungen seines Handelns Verantwortliche weiß und auszeichnet, kann er nach Gide den Anspruch, sich zu einer höheren Stufe des Menschseins zu entwickeln, als für sich erfüllt betrachten. Diese Verantwortung übernehmen der verlorene Sohn, Alissa und Bernard, sogar Fleurissoire; Lafcadio beginnt, sich für seine eigenen Taten verantwortlich zu erklären und dementsprechend zu handeln, nicht unbedingt im konventionell moralischen, wohl aber im ontologischen Sinne. Sie alle werden Anfang einer Handlungskette, weil sie die eingefahrenen Bahnen ihrer Vergangenheit verlassen und neue, für Außenstehende letztlich unerklärbare Wege einschlagen. Sie setzen sich selbst als eigentlichen Beginn und als eigentliches Ziel ihrer Handlungen. Im Sinne Nietzsches werden so „Brücke" und „Seil" stabiler. Bernard erklärt Edouard in ›Les faux-monnayeurs‹: „Wußte Kolumbus, als er Amerika entdeckte, wohin er segelte? Sein Ziel war voranzukommen, geradeaus. Sein Ziel war er."[203]

Räume und Zeiten des Übermenschen

Enge und Weite in den Gärten des Lebens

Eine übermenschliche Existenz bedarf eines sozialen Raumes, in dem sich übermenschliche Eigenschaften entfalten können. Dieser Raum muß die Strukturen der imaginären Räume der Utopie und die erlebten Räume der Wirklichkeit miteinander verbinden, sei es durch die dramatische Schilderung des Konflikts zwischen Ideal und Wirklichkeit, sei es durch die lyrische Phantasie eines beide Raumtypen zugleich aufhebenden Lebens. Dasselbe gilt für die den Eigenschaften eines Übermenschen adäquaten Zeiten. Somit rückt nach der Betrachtung möglicher Eigenschaften eines Übermenschen die seiner historischen, kulturellen und sozialen Situierung in den Mittelpunkt des analytischen Interesses.

Eine zentrale Funktion in den Räumen und Zeiten eines Übermenschen erhalten Maschine und maschinell erzeugte Kräfte. In Nietzsches Nachlaß findet sich die Utopie einer Erziehung des Menschen zum vollkommenen Wesen, zum Maschinen-Wesen. Die „Maschine" ist die zeitgenössische Metapher für „Vollkommenheit", „Perfektion" schlechthin. Nietzsche entwirft die Utopie eines idealen Menschen, der jeden real vorfindbaren an Perfektion übertrifft, weil sich in ihm alle Arten von „Tugenden", im Sinne von einen höheren Menschen auszeichnenden Eigenschaften, konzentrieren. „Ich versuche eine *ökonomische* Rechtfertigung der Tugend. – Die Aufgabe ist, den Menschen möglichst nutzbar zu machen und ihn, soweit es irgendwie angeht, der unfehlbaren Maschine zu nähern: zu diesem Zwecke muß er mit *Maschinen-Tugenden* ausgestattet werden (– er muß die Zustände, in welchen er machinal-nutzbar arbeitet, als die höchstwertigen empfinden lernen: dazu tut not, daß ihm die *anderen* möglichst verleidet, möglichst gefährlich und verrufen gemacht werden)."[1] Das Ambiente, in dem diese „Maschinen-Tugenden" jedoch ihre räumliche und zeitliche Basis finden könnten, muß noch geschaffen werden. Marinetti fordert in seinem 1909 veröffentlichten Manifest ›Uccidiamo il chiaro di luna‹ die Technisierung des Lebens. Während der Mensch früher auf das wärmende und erhellende Licht der Sonne angewiesen war, kann er heute selbst durch die Technik der Elektrizität für Wärme und Helligkeit sorgen. „Elektrisieren" wird zu einem gängigen Begriff für körperliche Stimulation.[2] Im elektrischen Licht werden das Licht von Sonne und Mond übertroffen.[3] Das künstliche Licht, die Elektrizität, ist Zeichen der neuen Aufklärung. In ›Spagna veloce e toro futurista‹ heißt es: „Die neuen elektrischen Monde von Barcelona und Bilbao verbieten dem alten Ruß der katholischen Scheiterhaufen, den spanischen Horizont wieder zu beschmutzen."[4] Die Königin der Liebe, «la luna», der Mond, hat ausgedient. Bereits Rimbaud hatte in dem Gedicht ›Roman‹ den Schein einer Straßenlaterne als das für Liebende angemessene Ambiente geschildert.[5] Marinetti wendet das bei Rimbaud noch romantisch inszenierte Motiv in ein moralisches Postulat. Der Schlachtruf „Töten wir den Mondschein!" signalisiert den Aufbruch in eine Welt, in der Poesie und technische Perfektion, Traum und Wirklichkeit sowie Form und Inhalt poetisch-politischen Tuns eine Einheit bilden. Romantik und Religion, metaphysische Entitäten der Vergangenheit, werden zertrümmert. Der Dichter setzt sich als Künstler und Politiker par excellence, als Prophet und Chronist des Baumeisters, Wissenschaftlers und Technikers an Gottes Stelle.

Ähnlich verfährt auch D'Annunzio in seinem Fliegerroman ›Forse che sì, forse che no‹. Die Funktionen des Fliegens und des Flugzeugs, der Aufschwung des Piloten zu neuen Welten überbieten die Visionen der überkommenen Mystiker der ›Elévation‹, die noch prophetisch-visionär in Topoi der mittelalterlichen Himmels- und Höllenfahrten dichteten. Der Flieger Paolo Tarsis erschließt sich Räume, entfaltet seine Fähigkeiten, kommuniziert als bewunderter Held mit der ihn bewundernden Masse. Mehr noch als die Rede des Propheten und Künstlers Stelio Effrena erreicht sein Handeln als Wissenschaftler und Techniker eine soziale Dimension des höheren Menschen, die dem konstitutiven narzißtischen Selbstwertgefühl eine zureichende materielle Basis gibt. Paolo Tarsis erlebt den Flug als Sinnbild der Macht, wenn nicht als die Macht selbst. Er weiß, dank des „militanten Willens" „die Materie zu handhaben und zu besitzen"; „und er wußte, was die Lippen nicht aussprechen können, was die Augen nicht erweisen können".[6] Der Flug wird zur von einem durch seine Willenskraft sich auszeichnenden Menschen bewußt inszenierten kultischen Handlung, die der staunenden Menge, der Vertreterin der Menschheit, eine in Ziel und Form offenbar stabile Harmonie erstehen läßt. „Und die Welt war voll von einem anderen Ruhm, und von überallher stiegen die Hymnen auf, und die Nationen glaubten schon die Grenzen außer Kraft, und geheiligt waren die Flügel des siegreichen Ikarus!"[7] Der moderne Ikarus wird gleichzeitig Friedensfürst, Religionsstifter und Reichsgründer. Er, der mit seiner Maschine verschmilzt, wenn er sie zum Leben zu erwecken versteht – „ich will die Ardea erwecken"[8] –, erreicht Souveränität in Raum und Zeit. Nicht nur die bloß scheinbar tote Materie der Erde, nicht nur die enthusiastische Menge der Menschen, Religion wird zum Inhalt im Flugrausch Paolos. „Die Ardea drehte sich im Himmel Christi, auf der Wiese der Wunder."[9] Der Himmel des Fliegers wird zum metaphysischen Ort, die Maschine zur Himmelsleiter. Die Wirklichkeit der Flüge Paolos oszilliert zwischen dem Bedürfnis, sich aus der Menge der Menschen zu erheben, und dem Bewußtsein, alles Seiende im Augenblick eines für die Übermenschlichkeit konstitutiven Akts aufzuheben. Die von Marinetti kritisierte Romantik kehrt in Empfindungen und Sprache zurück.

In anderen Romanen variiert D'Annunzio das in ›Forse che sì, forse che no‹ zugespitzte Motiv des höheren Menschen als Weltenherrscher. In ›Il fuoco‹ fungiert Stelio Effrena als Rhetor in der Rolle, die später Paolo Tarsis einnehmen wird, in ›Il piacere‹ und ›Le vergini delle rocce‹ strahlt ein ideales Rom als Zentrum der Welt die Kraft aus, die D'Annunzio später, in ›Il fuoco‹ wie in ›Forse che sì, forse che no‹, Einzelpersonen zuschreibt.

In ›Il fuoco‹ fungiert die öffentliche Rede Stelio Effrenas in Venedig als der Akt, der die Überlegenheit des Künstlers über die Menge erst konstituiert. Stelio verläßt den Elfenbeinturm, den Ort der Einsamkeit, an dem keine Kommunikation mit den anderen Menschen möglich war, um an einem Ort venezianischer Tradition, dort, wo der Doge zum Volk sprach, mit dem „*Paradies* des Tintoretto im Hintergrund und der *Gloria* des Veronese über dem Haupt", „zum ersten Mal mit der Menge kommunizieren zu können".[10] Der Künstler wird durch den Genius loci zu dem Politiker, dem es gelingt, die Aura des Ortes, der «Sala del Maggior Consiglio» aufzunehmen und zumindest in der Wahrnehmung seiner Bewunderer das Amt des mächtigsten Mannes der venezianischen Geschichte, des Dogen, darzustellen. Stelio realisiert die Einheit von Kunst und Macht. Die Pracht der sakralen und profanen Gebäude Venedigs kulminiert in der Bibliothek, dem Ort des Geistes und der Kunst, dem wiederum die Musik den übergreifenden Inhalt gibt. „Und jene stille Musik aus unbeweglichen Linien war so machtvoll, daß sie das fast sichtbare Phantasma eines schöneren und reicheren Lebens schuf, indem sie es über das Schauspiel der unruhigen Menge legte."[11]

Venedig, die „reine Kunststadt"[12], hat ihren wahren Meister in Richard Wagner, dessen Universalität der Erzähler in ein weiteres Raumbild faßt. Eine Ohnmacht des Meisters läßt in den Gefühlen der Jünger, aus deren Perspektive D'Annunzio schreibt, die Geräusche der von Menschen geschaffenen Stadt in der Weite der Natur aufgehen. Die Sinneswahrnehmungen lösen sich im „wirren Lärm" – mit Betonung auf dem entgrenzenden Attribut – auf. Ufer, Kanal, San Marco verschwimmen in einem seelischen Meer. „Wie lange dauerte dieser schreckliche Transport? Kurz war die Schiffspassage zum Ufer; aber diese wenigen Schritte zählten wie ein langer langer Weg. Das Wasser lärmte gegen die Balken des Landungsplatzes, das Heulen drang vom Canale wie von den Mäandern der Höhlen, die Glocken von San Marco läuteten zur Vesper, der wirre Lärm verlor jede unmittelbare Wirklichkeit und erschien unendlich tief und bewegt wie ein Klagelied des Ozeans." Der Meister selbst ist Anlaß jener aquatischen Musik: Er ist derjenige, „der die Kraft von seiner ozeanischen Seele auf der Welt verbreitet hatte"; der Erzähler beschwört „das sterbliche Fleisch des Offenbarers, der durch die Religion der Menschen die Wesenheiten des Universums in unendlichen Gesang verwandelt hatte".[13] Schwächen des Körpers relativieren sich in der Universalität des Geistes. Gleichzeitig verwandeln sich konkrete räumliche Orientierungspunkte in Venedig in psychische Werte, die das Selbstbewußtsein des Protagonisten Stelio Effrena erst konstituieren. Der Weg, den er mit dem todkranken, sterbenden Richard Wagner zurücklegt, der Auftritt vor der Menge auf dem Balkon des Dogenpalastes, geben den Grund seiner poetisch-politischen Selbstinszenierung. Die im ‚Ozeanisch-Universalen' erreichte höhere Stufe des Menschseins löst die irdisch-geographische und soziale Grundlage jedoch in einem nicht mehr näher bestimmbaren, fast schon transzendent anmutenden Anderswo auf. Stelio Effrena ist der Künstler, der als Erbe und Prophet die passende Ideologie formuliert. In seiner Rede sagt er: „Und da im Universum allein die Poesie Wahrheit ist, ist derjenige, der weiß, sie mit den Tugenden des Gedankens zu betrachten und in sich anzuziehen, nahe dran, das Geheimnis des Sieges über das Leben zu erkennen."[14] Kontinuität und Wahrheit, also eine dauerhafte Form der Wirklichkeit, konstituieren die Über-Welt, in die Stelio Effrena sich und die Menschheit hineinträumt. Venedig ist der Überort des geschichtsbewußten Künstlers und Philosophen, den der Techniker und Wissenschaftler – wie Paolo Tarsis – im Himmelsflug erneut überwinden wird. D'Annunzio vereinigt Politik und Technik mit Poesie und Religion und geht damit über Marinettis Konzept, in dem Technik und Politik die bessere Dichtung sind, hinaus. Sein Konzept übermenschlicher Existenz ist ganzheitlich. Der Überort seiner ästhetisch-politisch-religiösen Phantasie ist jedoch Rom.

In ›Le vergini delle rocce‹ beklagt D'Annunzio wortreich den Verfall Roms, das nicht nur für ihn Symbol einer Kraft ist, die Italiens kulturelle und letztlich auch politische Überlegenheit in der Welt konstituieren sollte, wäre sie nicht immer wieder – wie die Tradition der Italienklage bei Petrarca oder bei Leopardi belegt – in der Realität, die wiederum von ihren zeitgenössischen Bewohnern gebildet wird, korrumpiert worden. Die Menge der lasterhaften Römer steht dem «Re di stirpe guerriera» gegenüber. Die vielen Verbrechen und Verbrecher in Rom – die entsprechenden Nomina stehen im Plural: „Vergewaltigungen", „obszöne Gastmähler", „Übeltäter", „maßlose Phantasmen"; der Ort der Schrecken sind „Kloaken" – scheinen alles Wertvolle, Göttliche, Kriegerisch-Männliche mit sich hinwegzureißen. Die Elemente scheinen Rom im Bösen zu beherrschen. Der Petersdom, „die einsame Kuppel", reflektiert das Gewesene; sein Bewohner jedoch ist alt, „eine altersschwache Seele", und das Reich des „Königs von kriegerischem Geschlecht" ist nicht mehr von dieser Welt.[15] Nur der Visionär erahnt, wenn auch unscharf, die Züge eines vielleicht bloß möglichen, vielleicht aber auch bisher nur unerkannten römischen Messias. „Und ich sah in meiner Einbildungskraft hinter den flammenden Glastüren des königlichen Balkons eine bleiche zusammengezogene Stirn, auf der (...) das Zeichen eines übermenschlichen Schicksals eingeschnitten war."[16] Weil durchschnittlich begabte Menschen gegen die Korruption in Rom nichts mehr ausrichten können, soll ein übermenschliches Wesen die Stadt und mit ihr – dies klingt bei D'Annunzio immer wieder mit – die lateinische Kultur retten, um so das ‚wahre' Rom wiederzubeleben. „Hier ist alles tot, aber alles kann unversehens in einem Geist wiederaufleben, der genügend Übermaß und Wärme hat, das Wunder zu vollbringen."[17] Wie bedrohlich Claudio die römischen Zustände empfindet, verdeutlicht ein Überbietungsvergleich: „Und abermals beugten sich die Mengen vor der göttlichen Erscheinung seines Wahnsinns, nicht wie in Delphi, um die dunklen Worte des schrägen Gottes zu erflehen, sondern um die lichtvolle Antwort des vorigen Lebens zu erhalten, diese Antwort, die der Nazarener nicht gab."[18] Rom ist der Ort der Utopie und des Verfalls zugleich. Die Intensität des einen bedingt die des anderen Faktors. Wenn D'Annunzio Claudio vom „neuen König von Rom" sprechen läßt,[19] verweist er weniger auf die Qualitäten eines Übermenschen als auf die Ohnmacht und die Depression, die seine Romanfigur wie auch andere in seinem Werk vor der Realität empfinden.

In ›Il piacere‹ gibt es konkretere Rom-Phantasien. Andrea Sperelli sieht die römischen Bauwerke mit den Augen eines Poeten, der zwar immer wieder bestrebt ist, in der Wahl seiner Attribute und Verben die eigenen Empfindungen anklingen zu lassen, aber grundsätzlich jede Rom-Phantasie aus der erlebten Wirklichkeit ableitet. Das Rom Andrea Sperellis ist ein Garten. Wenn ein Dezembertag zum Sonntag im Mai wird, verzaubern reale Gegebenheiten auf realen Straßen und Plätzen die Atmosphäre: „Die Silvestersonne verbreitete am römischen Himmel ich weiß nicht welche verschleierte, ganz weiche, goldene, fast frühlingshaft milde Wärme. Alle Straßen waren bevölkert wie an Maisonntagen. Auf der Piazza Barberini, auf der Piazza di Spagna fuhr eine Menge Wagen eilig überquerend vorbei; und von den beiden Plätzen reichte der wirre andauernde Lärm, der zu Trinità de' Monti aufstieg, abgeschwächt bis zu den Zimmern des Palazzo Zuccari."[20] Im Unterschied zu ›Le vergini delle rocce‹ erliest sich der Leser ein reales Rom. Er kann die Wege Andrea Sperellis verfolgen, die verschiedenen Bauwerke mit dessen Augen betrachten, mit dessen Gefühlen nachfühlen. Die Schönheit und Überlegenheit Roms erwächst nicht aus der dekadent-historisch gebildeten Nostalgie des Betrachters, sondern aus der Präsenz der Architektur und der Statuen. In den Dioskuren erlebt Andrea Sperelli „die unsterblichen Genien Roms, die über den Schlag der heiligen Stadt wachen"[21], sein Rom vereinigt in sich Reminiszenzen der Gemälde Watteaus,[22] den Flair der *domus aurea*,[23] die Gedichte von Keats oder Gemälde von Böcklin.[24] „Das unendliche Rom, von einer Wolkenschlacht beherrscht, schien den Himmel zu erleuchten."[25] Der Himmel und die Stadt, das Göttliche und das Menschliche, kommunizieren miteinander, so daß nicht eins von beiden, sondern die Symbiose beider das ausmacht, was sich im Begriff des Über-Ortes fassen läßt. Auch der Kitsch der Zeit, „die Liebe zu *bibelot* und *bric-à-brac*", beeinträchtigt dies nicht. Er wird in das Gesamtbild einer Stadt, deren führende Schicht in sich ruht, integriert. Weil es den Adel der Stadt gibt, werden auch die Dinge, die er tut und anfaßt, edel. „Unter den herzoglichen Fingern schienen jene wertvollen Stoffe Wert zu erhalten."[26]

In D'Annunzios Romanen gibt es keine aktive, politisch planbare oder gar geplante Auseinandersetzung mit den vorgefundenen Verhältnissen. Rom und Venedig inspirieren jedoch das Denken und Handeln der jeweiligen Protagonisten, im Negativen wie im Positiven, im Sinne Nietzsches als „jene großen Treibhäuser für starke, für die stärkste Art Mensch, die es bisher gegeben hat, die aristokratischen Gemeinwesen in der Art von Rom und Venedig verstanden Freiheit genau in dem Sinne, wie ich das Wort Freiheit verstehe: als etwas, das man hat und *nicht* hat, das man *will*, das man *erobert* . . ."[27] Beschreibend nähert sich D'Annunzio den Wirklichkeiten dieser Überorte, die jedoch immer wieder den Topos des Locus amoenus, des Gartens Eden, zumindest den des verlorenen Paradieses, selbst in der Variante des Locus terribilis, reflektieren. Rom und Venedig spielen ihre Rolle als Staat gewordene Gärten.

Ein Blick in das Werk von Barrès bestätigt die These, daß ursprünglich politisch definierte Überorte letztlich poetische Gärten sind. In ›Jardin de Bérénice‹ resümiert Barrès seinen Versuch, eine ideale, zugleich poetisch und politisch wirksame Welt zu finden, mit den Worten: „Die Masse der Wälle, die Unendlichkeit der Ebene, die wollüstige Wüstheit dieses kleinen Gartens, meine Liebe zur Seele der Einfachen, meine Unterwerfung eines Verstandesmenschen vor dem Instinkt, alle diese Emotionen, die ich in diesem Dorf durchgebildet hatte, und all dieses Pittoreske, von dem ich seit dem ersten Tag ergriffen worden war, verschmolzen jetzt in einer harmonischen Form. (. . .) Schöner ideologischer Garten, alles von der, die nicht mehr ist, beseelt, wahrhaftiger Garten der Bérénice."[28] Die Aura des Ortes findet ihre Erfüllung in der imaginierten Präsenz der geliebten und verehrten Frau. Ideale verwirklichen sich in einer Sprache, deren poetischer Duktus sich aus einer stilisierten Raumwahrnehmung ableitet. Das Übermenschliche entsteht hier durch Autosuggestion.

Auch in ›Un homme libre‹ erfühlt sich der Ich-Erzähler sein Selbstbewußtsein in einem engen gartenähnlichen Ort. Hier erscheint Venedig als Fluchtort der Seele: „Ich werde mich in Venedig einschließen, vertrauend, daß diese Rasse mir guten Rat geben wird."[29] Lothringen, das Heimatland der «déracinés» im gleichnamigen Roman, läßt sich schließlich auf den Raum einer Seele reduzieren; gemeint ist die Seele, die Aura des Ortes ist, die sich selbst im dichtenden Ich spiegelnd wiedererkennt. „Vielleicht werde ich, Lothringen, mich am vollständigsten in deiner Seele erkannt haben."[30] Lothringen und Venedig in ›Un homme libre‹, Lothringen in ›Les déracinés‹, das Museum des „guten Königs René" in ›Jardin de Bérénice‹ reflektieren Polis *und* Paradiesgarten. Sie dienen dem Ich als „Fixpunkt" bei seinen Orientierungsversuchen auf dem Weg, sich selbst zu vervollkommnen.[31] Sie verlieren ihre Wirkung, sobald äußere Umstände, in ›Les déracinés‹ personifiziert im Lehrer Bouteiller und verräumlicht in der Stadt Paris, den in seinem Orientierungsstreben Erfolglosen 'entwurzeln'. Im Konflikt entsteht Tragik. „Diesen Entwurzelten wußten sie keinen guten Boden für eine 'Wiedereinpflanzung' (replantement) zu bieten. (...) Aus ihrer natürlichen, vielleicht bescheidenen, aber schließlich sozialen Ordnung sind sie zur Anarchie, zu einer tödlichen Unordnung gekommen."[32] Nicht umsonst trägt das letzte Kapitel die Überschrift „Entwurzelt, enthauptet".[33] In den Romanen von Barrès sind die Überorte angenehm eng, die Personen geradezu klaustrophil. Ihre Übermenschlichkeit reduziert sich auf innere Potentiale, die in der Realität außerhalb der 'Gärten' oft genug kein Gegenstück finden.

Bezieht man die Gartenmetapher auf die Texte D'Annunzios und Marinettis, stellt man fest, daß der Maschinenmythos ebenso wie der Mythos des Rhetors, der des Décadent wie der des kraftvollen Künstler-Politikers sich in Räumen erfüllen, die immer noch denen der Verehrer Watteaus und Rousseaus in der ersten Hälfte des 19. Jahrhunderts ähneln. Das Werden höherer Menschen vollzieht sich in der Außenwelt nicht zugänglichen Gärten. Die scheinbar mystische Kommunion des Paolo Tarsis und des Stelio Effrena mit den sie bejubelnden Mengen relativiert sich in diesem Licht. Beide reproduzieren ebenfalls ihre narzißtischen Bedürfnisse, indem sie die ihnen beherrschbar erscheinenden Räume in ihr Denken und Tun hineinimaginieren. Das andere, das sich sowohl als Landschaft als auch als personal faßbare Menge präsentiert, erhält seinen Sinn nur im Spiegel des es wahrnehmenden Ichs. Kommunikationsprozesse verlaufen in eine einzige Richtung. Der beanspruchte Raum bleibt selbst als im Anspruch universal definierter Raum notwendig umgrenzter und umgrenzbarer Ort. Grenzüberschreitend sind erst die mit ihm assoziierten Gefühle. Und diese sind die Basis des übermenschlichen Traums.

Gide hat sich immer vehement gegen die These der «déracinés» verwahrt. Selbst Ödipus läßt er Barrès angreifen. Als Kreon versucht, ihn mit dem Wort „Bastard" zu beleidigen, stellt er seine Position klar: „Oh! verdammt, nein! Aber es mißfällt mir nicht, mich einen Bastard zu wissen. Zu der Zeit, in der ich glaubte, Sohn des Polybos zu sein, bemühte ich mich, seine Tugenden nachzuäffen. Was hatte ich nicht, was nicht vorher in meinen Vätern gewesen wäre, sagte ich mir immer wieder. So ich die Lehre der Vergangenheit hörte, erwartete ich mein Amen, mein Diktat von gestern allein. Dann ist der Faden plötzlich gerissen. Ins Unbekannte gestürzt; keine Vergangenheit mehr, kein Modell mehr, nichts, auf das ich mich stützen könnte; alles zu schaffen, Vaterland, Ahnen ... zu erfinden, zu entdecken. Niemand, dem ich ähneln könnte außer mir selbst.

Was soll's von nun an, ob ich Grieche oder Lothringer bin? O Kreon! so unterworfen, so allem konform, wie solltest du die Schönheit dieses Verlangens verstehen. Seine Eltern überhaupt nicht zu kennen, das ist ein Appell an die Tapferkeit."[34] Ödipus propagiert die Emanzipation des Menschen von den ihn prägenden Räumen. Er geht sogar so weit, zu behaupten, daß ihn kein Raum präge. Selbst seine Geschichte, die unbestimmte Herkunft, die Herrschaft in Theben, die Erkenntnis der unwissentlich begangenen Verbrechen, schwebt in einem von ihm selbst akzeptierten Nirgendwo. Zeit und Raum verlieren für denjenigen ihre Bedeutung, der das scheinbar Unvermeidliche als Teil seiner Persönlichkeit angenommen hat. In einem weiteren Raumbild formuliert Ödipus seinen Wunsch, sich immer weiter von den Raum- und Zeitbestimmten zu entfernen, zu denen der Realpolitiker Kreon zählt. Zunächst Kreon: „Dir die Initiative, das Neue. Mich bindet die Vergangenheit. Ich respektiere die Tradition, die Gebräuche, die festgelegten Gesetze. Aber denkst du nicht, daß es in einem Staat gut ist, daß das alles vertreten ist, und daß ich im Hinblick auf deinen Neuerungsgeist ein glückliches Gegengewicht bilde, das dich zurückhält, zu schnell zu gehen, das deine zu kühnen Unternehmungen bremst, die oft riskierten, den sozialen Körper aus den Fugen zu bringen, wenn man ihnen nicht diese mir eigene Kraft der Trägheit und des Zusammenhalts entgegensetzte."[35] Dagegen die Position des Ödipus: „Ah! ich möchte dem Gott entkommen, der mich umhüllt, mir selbst. Ich weiß nicht, was Heroisches und Übermenschliches mich umtreibt. Ich möchte ich weiß nicht welch neuen Schmerz erfinden. Irgendeine verrückte Geste erfinden, die euch alle erstaunt, die mich erstaunt und die Götter."[36] Enge versteht Ödipus nicht als Chance, sich meditativ auf sich selbst zu besinnen. Die scheinbar kraftvollen Vokabeln „Heroisches" und „Übermenschliches" bleiben unkonkret und inhaltslos, solange Menschen vom Schlage eines Kreon herrschen. Ödipus formuliert eine Zukunft, in der er oder zumindest seine Utopie der Freiheit und – der Begriff des „Neuen" deutet darauf hin – simplen Andersartigkeit die Bewunderung aller hervorrufen, hat jedoch kein Konzept zu bieten, das nicht ins Abstrakt-Träumerische spielte. Darin, daß seine Utopie jedoch (noch) keinen realen Ort hat, liegt Kreons Macht begründet. Gide wendet diesen Nachteil in einen Vorteil, indem er die Raum- (und Zeit-)Vergessenheit als eines der übermenschliche Fähigkeiten konstituierenden Merkmale definiert.

In ›Si le grain ne meurt‹ findet sich die ideologische Begründung der im dramatischen Dialog des ›Oedipe‹ umkämpften Lebensform.

„Ich liebe das Spiel, das Unbekannte, das Abenteuer; ich liebe es, nicht dort zu sein, wo man glaubt, daß ich sei; auch deshalb, um zu sein, wo es mir gefällt, und daß man mich dort in Ruhe läßt. Mir ist es vor allem wichtig, frei denken zu können."[37] Eine höhere Daseinsform des Menschen ist für Gide untrennbar mit den Begriffen der Freiheit und der Offenheit verbunden. Wichtig ist die Möglichkeit zum jederzeitigen Aufbruch in neue Welten. Eben dies verhindert in den Augen Gides der von Barrès propagierte „Rückzug auf seine *Minima*". Mehr noch: Gide wirft Barrès in einem Journal-Eintrag vom 22. September vor, daß „dieser Rückzug das Spiel Hitlers macht"[38]. Hinter dem Aufruf, sich auf seine Herkunft, in ›Les déracinés‹ Lothringen als Gegenpol zum modern-unübersichtlichen Paris, zu besinnen, entdeckt Gide ein komplettes anti-modernistisches politisches Programm, das sich gleichzeitig gegen kapitalistische Produktivität und aufklärerische Bildung wendet. Die Ideologie der „Verwurzelung (enracinement)" verrät in ihrer Affinität zum Faschismus ihr traditionalistisches und bildungsfeindliches Ambiente. Der von Barrès in ›Les déracinés‹ als *causa prima* der Verwirrungen der sieben jungen Lothringer in Paris angeklagte Lehrer Bouteiller wäre in Gides Werk ein Held. Lehren und Lernen sind für Gide imaginäre Formen des Aufbruchs in ferne Welten. Nicht umsonst spielen Pädagogen, professionelle und selbst-ernannte, in Gides Werk eine tragende Rolle. „Jeder Unterricht ist eine Entwurzelung durch den Kopf. Je schwächer jemand ist, um so weniger kann er Unterricht ertragen."[39] Im selben Aufsatz, der den Titel ›Autor de M. Barrès‹ trägt, heißt es: „Ja, Veränderung des Ortes, Entfremdung (dépaysement), das verlangt vom Menschen eine Anpassungsgymnastik, eine Wiedereinrichtung auf dem Neuen: Das ist die Erziehung, die der starke Mensch verlangt, – gefährlich, es ist wahr, auf die Probe stellend; das ist ein Kampf gegen *das Fremde*; aber es gibt nur Erziehung, sobald der Unterricht verändert. – Für die Schwachen: Verwurzelt euch! verwurzelt euch!"[40] Die Typologie von Stärke und Schwäche spitzt den Gegensatz zwischen den ideologischen Ansätzen im Denken von Barrès und Gide zu. Gide schlägt Barrès mit dessen eigenen Waffen. Freiheit und Stärke, Überlegenheit und Macht manifestieren sich eben nicht im Verschmelzen mit einem zugeborenen Raum, sondern erst in der Fähigkeit, diesen Raum zu verlassen, zu überwinden. In ›L'évolution du théâtre‹, einem Text aus dem Jahr 1904, bezieht Gide geistige Enge unmittelbar auf eine für ihn wie für Nietzsche prototypische Ideologie der Schwäche: „Wer Drama sagt, sagt: Charakter, und das Christentum wendet sich gegen die Charaktere, indem es jedem Menschen ein gemeinsames Ideal vorgibt."[41] Die Spitze gegen das Christentum fungiert als Verdikt gegen jede ideologisierte Literatur. Gide setzt die Konfliktstruktur dramatisierter Literatur gegen ein lyrisierendes Streben nach auch verbaler Perpetuierung eines endlich erreichten, endlos anmutenden Zustandes, der das dramatische Element im Leben nicht in sich aufhebt, sondern verdrängt. Der sinnfällige literarische Ausdruck beider Strukturen ist der Gegensatz räumlicher Ent- und Verwurzelung.

In verschiedenen Erzählungen Gides oszilliert die jeweilige Entwicklung der Protagonisten zwischen dem bewußten Eingeständnis eigener Schwäche und einem daraus abgeleiteten Streben nach deren Überwindung, unabhängig davon, ob ein positives Ergebnis wahrscheinlich sein mag oder nicht. Der «pasteur» in ›La symphonie pastorale‹ und Alissa in ›La porte étroite‹ können als Prototypen der 'Verwurzelung' gelten. Für den «pasteur» ist der Mensch ein zur Aufnahme Gottes vorzubereitendes Gefäß. Für ihn ist Lehren und Lernen nicht Provokation zu kreativer Entäußerung, sondern Vervollkommnung nach festgelegten Regeln, auf die – so glaubt er – nicht er, sondern ein höheres Wesen, das er Gott nennt, alle Menschen verpflichtet. In diesem Verständnis muß es dem «pasteur» als Verfehlung erscheinen, wenn sein Objekt selbst Subjekt wird und den Weg aus sich heraus zu finden beginnt. Die psychologisch gesehen narzißtische, epistemologisch gesehen transzendentale Frage Gertrudes „Nun! sagen Sie mir sofort: Bin ich hübsch?" bringt ihn aus der Fassung. „Dieses plötzliche Fragen verwirrte mich um so mehr, als ich bis zu diesem Tag auf keinen Fall der unleugbaren Schönheit Gertrudes habe Aufmerksamkeit gewähren wollen; und ich hielt darüber hinaus für vollkommen unnütz, daß sie selbst davon erfuhr."[42] Die Liebe zwischen dem Mündel Gertrude und dem Sohn Jacques fungiert in der Erzählung als Kristallisationspunkt der Befreiung Gertrudes. Allerdings ist die Macht des «pasteur» so stark, daß Gertrude sich letztlich nicht von ihm befreien kann. In ihrem Tod erkennt der «pasteur» sein Scheitern. Um sein eindimensionales Verhältnis zu Gott mit Gertrude zu bestätigen, hätte er mit ihr eins werden müssen. Dies gelingt jedoch nicht ihm, sondern Jacques, mit dem sie gemeinsam zum Katholizismus konvertiert. Die eine Ideologie wird durch die andere ersetzt, und Gott bleibt – wenn auch mit verändertem Inhalt – das Bezugswort einer imaginierten Freiheit. Weil Gertrude nicht die Wahl zwischen verschiedenen Räumen (und Personen) hatte, sondern nur zwischen zweien, erscheint ihr eine andere Ideologie schon als Ort der Freiheit. Objektiv scheitert sie wie die auf eine Verwurzelung angewiesenen Lothringer. Die vom «pasteur» propagierte *stabilitas loci* erfüllt sich im Nichts der Wüste. Die verschneite Landschaft in ›La symponie pastorale‹ illustriert seine geistige Enge. Das letzte Wort der Novelle heißt „Wüste".

Noch enger ist die geradezu klösterliche Enge, in die sich Alissa und Jérôme, die Protagonisten in ›La porte étroite‹ – sie willentlich, er im Wunsch, der Geliebten gerecht zu werden –, begeben. Das Lernen dient Jérôme dazu, sich in eine Art geistigen Kokon einzuspinnen. „Es gefiel mir, daß diese fast mönchische Gewohnheit mich vor einer Welt bewahrte, die mich im übrigen wenig anzog und bei der es mir genügt hätte, daß Alissa sie fürchten könnte, um mir sogleich hassenswert zu erscheinen."[43] Eine Reise hingegen, die Jérôme zunächst noch als möglicherweise gemeinsames Erlebnis mit Alissa erhofft, gerät unter das Verdikt der Entäußerung. Die Phantasie – „sich zu zweit ganz allein auf der Unsicherheit der Fluten spüren" – bricht zusammen, als Alissa sich in den Wahn, ihre Schwester Juliette und Jérôme seien füreinander bestimmt, zurückzieht. Nicht die Weite der Meere, der Reiz eines unbekannten Hafens, sondern die enge Pforte, ein geheimer Garten faszinieren Alissas ängstlich-verfallenen Liebhaber.[44] Der Garten erscheint auf den ersten Blick in seiner üppigen Vegetation mit „einem dichten Vorhang von Lorbeersträuchern aus Portugal und einigen Bäumen", seiner geschützten Lage „gegen die Winde vom Meer" und einer „unter den Ästen" verschwindenden Allee, der „schwarzen Allee", als Geheimnisvolles verbergender oder zumindest andeutender, alles in allem aber idyllischer Ort. Seine Enge, er ist „rechtwinklig", „von Mauern umgeben", vermittelt das Gefühl der Geborgenheit. Die labyrinthische Dichte der Vegetation unterstreicht jedoch auch die Erwähltheit derjenigen, die den Weg in den Garten gefunden haben. Der Garten ist Ort einer Initiation. Wer den Weg durch den Garten gefunden hat, findet „eine kleine geheime Pforte", durch die man eine idyllische Landschaft mit der Kirche „und am Abend, wenn die Luft ruhig ist, den Rauch einiger Häuser" sieht.[45] Wer in diesem Garten seinen Platz gefunden hat, kann sich zum Herrscher einer Welt aufschwingen. Die Konturen sind klar, und selbst die Dichte der Vegetation ordnet sich in das Bild einer vom Menschen jederzeit beherrschbaren Welt ein, vorausgesetzt, er hat die Ideologie akzeptiert, die man braucht, um diesen Ort als die Welt schlechthin zu empfinden. Die Klaustrophilie der beiden Liebenden in ›La porte étroite‹ steigert sich in der Schilderung von Juliettes letztem Zufluchtsort, dessen Türen zu Alissas Zimmer und zum Salon führen. Juliette erfüllt in ihrem Leben nach dem Tod Alissas das Vermächtnis der Schwester. Sie sucht ebenfalls „Schutz vor dem Leben"[46].

In ›Les faux-monnayeurs‹ fungieren Bernard und Boris als Phänotypen der Typologie der 'Verwurzelten' und der 'Entwurzelten'. Im «Jardin du Luxembourg» weitet sich Bernards Blick. Die fehlende Orientierung fordert ihn heraus, erhöht die Intensität seines Lebens. „Bernard betrachtete nicht den Garten; er sah, wie sich vor ihm der Ozean des Lebens ausdehnte. Man sagt, daß es Straßen auf dem Meer gibt; aber sie sind nicht vorgezeichnet, und Bernard wußte nicht, welche die seine war."[47] Boris hingegen erscheint die Welt ohne ihn orientierende Menschen und Gottheiten wüst und leer. Die Weite schreckt ihn. „Die ganze Welt erschien ihm wüst. Seine Mutter war zu weit von ihm entfernt, immer wieder abwesend; sein Großvater, zu alt; selbst Bernard, zu dem er Vertrauen gefaßt hatte, war nicht mehr da. Eine zarte Seele wie die seine braucht jemanden, dem man seinen Adel und seine Reinheit als Opfergabe darbringen kann. Er hatte nicht genug Stolz, um sich darin zu gefallen. Er hatte Bronja viel zu sehr geliebt, um hoffen zu können, jemals diesen Grund zu lieben wiederzufinden, den er mit ihr verlor. Die Engel, die er zu sehen wünschte, wie sollte er in Zukunft, ohne sie, an sie glauben? Selbst sein Himmel leerte sich jetzt."[48] Sicherlich steht Bernard am Anfang seiner Reise, erlebt Boris das Ende seiner Lebensversuche, doch verkörpern beide einen Typus, der Gides Werk ebenso prägt wie der Pädagoge: «l'enfant prodigue», „der verlorene (verschwenderische) Sohn". Während Boris den Sprung aus sich heraus nur mit „Hilfe" falscher Freunde in den Tod schafft, gelingt es Bernard, seine Existenz als „Bastard" immer besser zu rechtfertigen. Selbst seine Rückkehr hat nichts von Resignation. Sie ist ein Akt bewußter Menschlichkeit und Zeichen seiner neuen Souveränität im Wechselspiel von Enge und Weite.[49]

Das Sterben von Boris, Alissa, Gertrude, auch das des Fleurissoire, zeigen das Elend derjenigen, die sich ihrer Verwurzelung im jeweiligen sozial-räumlichen Ambiente bewußt geworden sind, jedoch nicht die Kraft haben, sich daraus zu befreien, es sei denn in der subjektiven Legitimation der Enge als Lebenszweck. Sie haben nicht gelernt, ihre Not als Teil des notwendigen Befreiungsaktes zu verstehen, den Gide in ›Le retour de l'enfant prodigue‹ im Dialog zwischen dem zurückgekehrten und dem nächstgeborenen Bruder im Bild der Liebe zur eigenen Bedürftigkeit ankündigt. „– Ah! ich kann es dir jetzt sagen: Diesen Durst suchte ich in der Wüste. / Einen Durst, den diese nicht gezuckerte Frucht löscht . . . / – Nein; aber sie macht diesen Durst lieben." Und auf die Frage, wo dieser „Durst" zu finden sei, antwortet der Zurückgekehrte: „Es ist ein kleiner, verlassener Weinberg, den man vor dem Abend erreicht. Keine Mauer trennt ihn mehr von der Wüste. Dort floß ein Bach; einige halbreife Früchte hingen an den Zweigen. (. . .) Die gleichen wie in unserem Garten; aber wild. Es war den ganzen Tag sehr heiß."[50] Der jüngere Bruder wird reisen. Der Garten wird verlassen. In der Wüste findet sich eine Oase, in der sich das Einverständnis in die dramatische Struktur des Lebens erleben läßt. Erst derjenige, der Entbehrung und Heimatlosigkeit erfahren und – genossen hat, kann auch dann, wenn er in die soziale Enge der Heimat zurückkehrt, seine innere Souveränität behaupten.

Gides Gärten haben das Flair eines universalen harmonischen Reichs. Dies beginnt bereits im ›Traité du Narcisse‹. Dort heißt es zwar, das Paradies sei nicht groß gewesen, doch habe es die ganze Welt im kleinen enthalten. Der Erzähler spricht von einem „Garten der Ideen"[51]. Aus diesem ontologischen Konzept eines Welt-Gartens leitet der träumende Narziß die Realität des Kunstwerkes ab. Wie Kristalle gleichen sich die Kunstwerke. Sie alle sind Teil-Paradiese, Abbilder der einen, jenseits der Zeiten im biblischen Eden verwirklichten idealen Welt. Jedes Wort und jeder Satz werden zu „reinen Symbolen" eines Ganzen.[52] Die in diesen wenigen Sätzen mehrfach beschworene „Reinheit" fungiert als die poetische Version des philosophischen Wahrheitsbegriffs. Soweit böte sich sogar eine Legitimation des Dichters, der sich in seiner lyrischen Sprache – wie Mallarmé, von dem Gide schreibt, er verneine „die äußere Welt" quasi poetisch-religiös „durch die Kraft seines Glaubens" – aus der realen in die ideale Welt verabschiedet, da diese immer noch jene, zumindest als Raum jenseits jeder Zeit, in sich begreift.[53] Der Prüfstein bleibt die Frage, ob das lyrische Modell des „engen Gartens" auf einer 'Verdrängung' des Leidens an der Welt oder der bewußten 'Aufhebung' der dramatischen Wechselfälle des Lebens im hegelianischen Sinne beruht. Aus der Antwort ergibt sich der jeweilige subjektive oder objektive Gehalt des Traums vom höheren Leben.

In einer Phantasie des Lucien Bercail demonstriert Gide, wie sich ein realer Ort in einen poetischen Raum verwandeln kann. Der Erzähler wird zum eigentlichen Souverän über Raum und Zeit, zum Prototypen eines übermenschlichen Wesens, das die verschiedenen Subjektivitäten in einer objektiven, zumindest objektivierenden Darstellung aufhebt. „‚Was ich möchte', sagte Lucien, ‚ist keineswegs die Geschichte einer Persönlichkeit, sondern die eines Ortes erzählen, –

schau, beispielsweise die einer Gartenallee wie dieser hier erzählen, was hier vor sich geht – vom Morgen bis zum Abend.'" Minutiös beschreibt Lucien, wie die Kindermädchen, die Ammen gekleidet sind, die Kinder Sandkuchen bauen, sich streiten, von den Kindermädchen dafür geohrfeigt werden, wie die jungen Leute einander suchen, fliehen, Studenten, Liebende und andere sich bis in den Abend hinein jeweils 'standesgemäß' verhalten. Er schließt lapidar: „Das Stück ist zu Ende."[54] Die Welt ist ein Theater. Und dennoch ist sie real. Die Gartenallee ähnelt als erzählter Ort dem Erzählort. Selbst als Lucien spekuliert, nachts im menschenleeren Park Schatten umgehen zu lassen, bestimmt die Realität eines erlebten und jederzeit für jedermann konkret wiedererlebbaren Ortes seine Erzählung. Hier gibt es keine Struktur, die auf eine höhere, die eines idealen zeitlosen Überortes beziehbar wäre. Der Dichter-Philosoph der ›Faux-Monnayeurs‹ spiegelt nicht sich in der Welt, sondern die jeweils aktuell erlebten Orte in sich. Er schafft eine perspektivische Struktur von Räumen, die sich potentiell in den Augen der in ihnen lebenden Personen verengen und weiten können. Subjektiv können enge und weite Räume übermenschliche Eigenschaften suggerieren. Objektiv muß – zumindest nach Gides Bercail-Erzählung – beides sich in einer Erzählung vereinen.

Das Leben auf Distanz

Der Widerspruch zwischen Ist und Soll der Welt wird im Drama des Weges zum Übermenschlichen produktiv aufgelöst. Nietzsche entlarvt ironisch die in jedem noch so metaphysisch verklärten Soll der Welt latent sichtbare Spiegelung des Ich-Ideals des Subjekts der übermenschlichen Phantasie. „Ach, es gibt so viel Dinge zwischen Himmel und Erde, von denen sich nur die Dichter etwas haben träumen lassen! / Und zumal *über* dem Himmel: denn alle Götter sind Dichter-Gleichnis, Dichter-Erschleichnis! / Wahrlich, immer zieht es uns hinan – nämlich zum Reich der Wolken: auf diese setzen wir unsre bunten Bälge und heißen sie dann Götter und Übermenschen: – / Sind sie doch gerade leicht genug für diese Stühle! – alle diese Götter und Übermenschen. / Ach, wie bin ich all des Unzulänglichen müde, das durchaus Ereignis sein soll! Ach, wie bin ich der Dichter müde!"[55] Zarathustras Rede erkennt den Willen der Dichter an. Sie wollen „durchaus" Zukunft, Geschichte, Taten, schlechthin dramatisches „Ereignis". Doch können sie nicht verbergen, daß sie in ihren Utopien von „Götter(n) und Übermenschen" nach bestandenen

Kämpfen doch wieder lyrische Zustände als das eigentliche Ziel eines jeden Lebens propagieren. Diese Dichter wollen letztlich jede Distanz zwischen Ich und Welt verdrängen. Das Übermenschlich-Göttliche fungiert als letzte Sublimation der Distanz, die in der Wirklichkeit zwischen Ich- und Welt-Ideal des Subjekts – die in dieser Konzeption identisch sind – und jeder erlebten Realität herrscht. In Wirklichkeit fallen Ich und Welt, Subjekt und Objekt nur im metaphorischen Reden von einem Ziel zusammen, das – je nach religiöser oder philosophischer Grundeinstellung – Übermensch oder Gott genannt werden kann.

Der Drang nach einer poetischen Auflösung der Distanz zwischen Ich und Welt liegt in der Angst des Ichs begründet, sich selbst nicht uneingeschränkt als Subjekt der Vereinigung von Ich- und Welt-Ideal konstituieren oder erleben zu können. Das poetische Ich kennt nur die Distanz zwischen Ich und Welt, aber weder den Ort des Ziels noch den des Anfangs. Es kennt sich selbst nicht. Nietzsche begreift dies als das Dilemma der Menschen überhaupt. Entweder empfinden sie sich außerhalb von Ich und Welt als geradezu verkörperte Distanz zwischen Ich und Welt, oder sie leiden an der Enge der Konzentration auf die subjektive Kraft des Ichs, die sich aus einer Negierung der Welt ergibt. Im Aphorismus „*Im Gefängnis*" aus dem zweiten Buch der ›Morgenröte‹ vergleicht Nietzsche die Konzentration des Ichs auf sich selbst mit einer in ihrem eigenen Netz gefangenen Spinne. „Die Gewohnheiten unserer Sinne haben uns in Lug und Trug der Empfindung eingesponnen: diese wieder sind die Grundlagen aller unserer Urteile und 'Erkenntnisse' – es gibt durchaus kein Entrinnen, keine Schlupf- und Schleichwege in die *wirkliche Welt*! Wir sind in unserem Netze, wir Spinnen, und was wir auch darin fangen, wir können gar nichts fangen, als was sich eben in *unserem* Netze fangen läßt."[56] Ein solches Ich-Konzept reduziert die Realität der Außen-Welt auf das dem Ich Ähnliche. Der Spinnenmensch erfährt nichts von dem, was sein Netz nicht erreicht. Jede Botschaft ferner Außenwelten, jeder Schritt aus dem Netz heraus, jede Spiegelung alles Äußeren in dem „Netz", der Metapher des Innenlebens des Ichs, erscheinen illusorisch. Die Distanz zwischen Innen- und Außenwelt konstituiert jedoch den Begriff der Welt als ganzer. Daher fordert Nietzsche, daß das denkende Ich sich von Versuchungen befreit, seine Distanz zur Außenwelt zu leugnen. Es soll – und in dieser Forderung klingt schon eine neue Form kategorischen Imperativs an – diese Distanz als eigentliches Movens seines Lebens akzeptieren. Nietzsche verkleidet und personalisiert den Gedanken im Bild sozialer Hierarchie. Der

Distanzierende erscheint als Herr, Überlegener, Herrscher, der Distanzierte als Knecht, Unterlegener, Beherrschter. „Das Pathos der Vornehmheit und Distanz, wie gesagt, das dauernde und dominierende Gesamt- und Grundgefühl einer höheren herrschenden Art im Verhältnis zu einer niederen Art, zu einem 'Unten' – *das* ist der Ursprung des Gegensatzes 'gut' und 'schlecht'."[57] Die Entstehung moralischer Urteile – der Text, aus dem das letzte Zitat stammt, trägt den Titel ›Zur Genealogie der Moral‹ – kann selbst wiederum als Metapher verstanden werden. Nietzsches fundamentale Kritik zeitgenössischen Moralempfindens kann und soll hier nicht unterbewertet werden. Aus ontologischer Sicht fungiert das Bild hierarchischer Gesellschaftsordnung jedoch als Utopie eines von Nietzsche ideal imaginierten Verhältnisses eines Menschen zu der ihn umgebenden Welt. Der Doppelsinn im Begriff des „Pathos" belegt die These doppelter Interpretation des Begriffs hierarchischer „Distanz". „Pathos" ist nicht nur im Sinne von Schmerz, Leid, sondern auch im Sinne des philosophisch-literarischen Begriffs des Erhabenen (französisch: «le sublime») zu verstehen. Der 'pathetische' Mensch kann sein Leiden an der Distanz in eine ihn selbst erhöhende Tat verwandeln, in Nietzsches Sprache: „umwerten". Auf der einen Seite gilt ihm das Gefühl der Distanz als Teil seines Wissens um den „Gegensatz zu allem Niedrigen, Niedrig-Gesinnten, Gemeinen und Pöbelhaften", das zu überwinden schwer sei, auf der anderen Seite garantiert es ihm Selbstbewußtsein, es überwinden zu können.[58] Die topische Künstlerklage um die ach so triste Mediokrität des Alltags wird in einen in politische Hierarchien gekleideten, letzthin jedoch auf einer höheren Ebene wiederum poetisch-moralischen Lebensimpuls verwandelt. Umgekehrt gilt Nietzsche die Leugnung der „Distanz" als typisch „christliche" – auch dies eine Metapher – Vereinfachung der Wirklichkeit. Er ersetzt die im „Christentum" verherrlichte „Distanz zwischen Gott und Mensch" durch die Distanz zwischen Mensch und Mensch, Mensch und Außenwelt. „In der ganzen Psychologie des 'Evangeliums' fehlt der Begriff Schuld und Strafe; insgleichen der Begriff Lohn. Die 'Sünde', jedwedes Distanz-Verhältnis zwischen Gott und Mensch ist abgeschafft – *eben das ist die 'frohe Botschaft'*."[59] Dort, wo die äußerliche Distanz zu einer nicht erlebten, nur geglaubten Transzendenz verschwindet, entsteht die auf der Erkenntnis der eigenen Werte begründete Distanz zwischen höheren und niederen Menschen, schließlich die zwischen Mensch und Übermensch. Dieser kann sich selbst an die Stelle Gottes setzen: Eben dies ist „*Umwertung aller Werte*: das ist meine Formel für einen Akt höchster Selbstbesinnung der Menschheit, der in mir Fleisch und Genie geworden ist"⁶⁰.

Nietzsches Begriff der Distanz impliziert ein Handeln des Menschen in der Welt. Es werden keine neuen Transzendenzen geschaffen; die Menschen und Dinge, die sich der Distanzierende unterwirft, bleiben stets Teil der Welt, in der sich der Akt des Distanzierens vollzieht. Nietzsche schafft eine immanente Subjekt-Objekt-Relation zwischen Ich und Nicht-Ich, die nur scheinbar die Ausdehnung des dem jeweiligen Ich zur Verfügung stehenden Universums verkleinert. Dadurch, daß die Transzendenz in die Welt hineingeholt wird, gewinnt das Ich, schließlich der Mensch als Gattung unendliche Handlungsspielräume. Über die Realisierbarkeit, die Aktualisierbarkeit der jetzt offenen Möglichkeiten ist damit noch nichts gesagt. Die dramatischen Konflikte auf dem Weg dorthin konstituieren erst die Inhalte der neuen Freiheit.

Der Distanzierende gewinnt in und aus der Distanz die Fähigkeit, die Distanzierten zu verwandeln. Er wird zum Motor der Entwicklung der Menschheit als Gattung, weil er – als Philosoph – die Struktur der Welt erkannt hat und – als Künstler – ihr poetisch-politisches Potential handzuhaben versteht. „Der *Künstler*-Philosoph. Höherer Begriff der *Kunst*. Ob der Mensch sich so ferne stellen kann von den anderen Menschen, um *an ihnen zu gestalten*? (– Vorübungen: 1. der sich selbst Gestaltende, der Einsiedler; 2. der *bisherige* Künstler als der kleine Vollender, an einem Stoffe.)"⁶¹ Distanzierung ist produktives Handeln. Einsamkeit kann darin nur ein Übergangszustand sein, das Bearbeiten von Wirklichkeitsfragmenten exemplarisch-propädeutisches Experiment. Das Ziel ist jedoch der Politiker im etymologischen Sinne des Wortes: der Mensch, der die Gemeinschaft der Menschen als Gattung zu einem 'Gemeinwesen' zusammenfügt. „*Genialität der Menschheit.* – Wenn Genialität, nach Schopenhauers Beobachtung, in der zusammenhängenden und lebendigen Erinnerung an das Selbst-Erlebte besteht, so möchte im Streben nach Erkenntnis des gesamten historischen Gewordenseins – welches immer mächtiger die neuere Zeit gegen alle früheren abhebt und zum ersten Male zwischen Natur und Geist, Mensch und Tier, Moral und Physik die alten Mauern zerbrochen hat – ein Streben nach Genialität der Menschheit im ganzen zu erkennen sein. Die vollendet gedachte Historie wäre kosmisches Selbstbewußtsein."⁶²

Indem Nietzsche den Begriff der „Genialität der Menschheit" aus einem Prozeß, der „Historie", begründet, verknüpft er die Distanz zwischen Mensch und Übermensch, zwischen Status quo und Utopie mit der Zeit. Jene quasi-räumliche Distanz wird im Begriff der Zeit ontologisches Prinzip. Paul Valéry nimmt den Gedanken auf. „Jedesmal, wenn es in unserem Geist Dualität gibt, gibt es Zeit. Die Zeit ist der Gattungsname a(lle)r Fakten von Dualität, von Differenz."[63] Die Zeit ist eine Form der Distanz: „Die Zeit, innere Distanz."[64] Auch wenn die Zeit in ihrer Gesamtheit betrachtet als „die ewige Gegenwart"[65], als unwandelbar erscheint, läßt sie sich aus der Sicht des jeweiligen 'Zeitgenossen' differenzieren. Valéry beschreibt nicht die Zeit als objektive Größe; objektiv und objektivierbar ist der im Begriff der Zeit von jedem Inhalt zunächst abstrahierte Wandel, den Valéry erst im zweiten Schritt dramatisch rhythmisiert. Unterbrechungen des in der Theorie ununterbrechbaren, in der Praxis jedoch gerade in seinen Unterbrechungen belegten Rhythmus der Zeit – „Überraschung, Akzidens, Erstaunen, Unwissen, Unordnung"[66] – enthüllen die dramatische Struktur des Lebens. „Die Zeit und mancher Begriff – resultieren aus dem Gegensatz zwischen einer sich verändernden Sache und einer in einem Rahmen festen Sache."[67] Die Distanz zwischen Status quo und Utopie wird flexibel. Entscheidend für die Qualität des Denkens und Handelns des jeweiligen Menschen ist die jeweilige Ausdehnung der Distanz. Die spezifische räumliche Ausprägung verrät die zeitlichen Dimensionen, in denen gedacht und gehandelt wird. „Die Zeit wird durch die Empfindung des Abstands (la sensation de l'écart) bemessen."[68] Was nach Nietzsche für soziale und räumliche Distanzen gilt, gilt nach Valéry auch in der und für die Zeit.

In Gides ›La symphonie pastorale‹ wird die Angst vor Distanzen Grund des dramatischen Konflikts. Der Ich-Erzähler, der «pasteur», beginnt mit dem Satz: „Der Schnee, der seit drei Tagen nicht aufgehört hat zu fallen, versperrt die Straßen."[69] Der Eingangssatz verräumlicht die ideologische Position des «pasteur». Wege aus seinem Pfarrhaus hinaus führen nur zu den zu christianisierenden Menschen, die er wiederum – exemplifiziert an seinem Verhalten gegenüber Gertrude – im vollen Wortsinn nach Hause führt. Distanzen werden verschüttet. Das Leben soll ewige Gegenwart sein und dort, wo sie ihr Attribut in der christlichen Ideologie des «pasteur» nicht verdient, sich zu einem Zeit und Raum in einem einzigen Kraftpunkt verschmelzenden Zustand entwickeln. Nicht mehr und nicht weniger verlangt der «pasteur» vom Wolfskind Gertrude. Jede Distanz besteht nur vorübergehend. Die Blockade des Wegs durch den Schnee kann somit aus der Sicht des «pasteur» nicht negativ bewertet werden. Was vom Standpunkt der Menschen in der Welt, zu denen auch

Autor und Leser zählen, wie ein selbstgeschaffenes Gefängnis wirken muß, gilt ihm als Ort höheren Wissens und höheren Bewußtseins. Seine Trauer gilt nicht seiner selbstgewählten räumlichen Isolation, sondern der Tatsache, daß er seinen Ort, den er nach wie vor für den einzig seligmachenden hält, nicht mehr mit denen teilen kann, die er dafür ausersehen hatte. Er ist ein Auserwählter ohne Jünger, der seinem Gott nicht folgen kann, weil er die von ihm Auserwählten nicht an sich binden kann. Er erfährt, daß diese die Nähe, die er ihnen anbot, ausschlagen und sich und ihn distanzieren. Die gleichzeitige Konversion seines Sohnes und seines Mündels führt ihm vor Augen, daß die Schneewüste um sein Pfarrhaus auch seine eigene innere Wüste war und ist.

Die Struktur des Entwicklungsprozesses in ›La symphonie pastorale‹ kann als Beispiel für viele gelten. Die Entwicklungsprozesse von Figuren der Erzählungen Gides führen immer wieder in Spiralform von innen nach außen, um schließlich wieder in einem Sprung zum Ausgangspunkt zurückzuführen. Zunächst ohne Wissen um die eigene Identität, verfolgen viele Figuren Gides eine mehr oder weniger stichhaltige Idee, die sie zwar nach außen führt, aber dann – und darauf liegt der Hauptakzent des Erzählduktus – auf sich selbst zurückwirft. Der «pasteur» findet seine Identität in der Religion, Anthime Armand-Dubois in Wissenschaft und Freimaurerei, Edouard huldigt einem philosophisch-poetischen Literaten-Ethos. Sie alle erfahren Brüchigkeit und Vergeblichkeit ihres Denkens und Handelns: Anthime bekehrt sich zum Katholizismus, ist aber wirtschaftlich ruiniert;[70] Edouards Erziehungsprojekt, das gleichzeitig sein Romanprojekt ist, läuft mit der Rückkehr Bernards ins Leere, so daß ihm nur bleibt, seine Neugier auf die Bekanntschaft des jüngeren Bruders Caloub kundzutun.[71] Wie in ›Paludes‹ schließen sich die Kreise.[72] Die Erzählung beginnt wieder von vorn. Im Scheitern empfinden Gides Figuren zwar wie beispielsweise der «pasteur» eine unbestimmte Distanz zwischen sich und der Welt, können – und wollen – sie jedoch nicht rational erfassen. So bleibt ihr Leben geradezu Leiden an der Distanz. Dies gilt selbst für Tagebücher und Lebensbeichten, die weniger als Versuche, sich selbst zu erkennen, denn als Selbstlegitimation angelegt sind.

D'Annunzios ›Le vergini delle rocce‹ und Barrès ›Le jardin de Bérénice‹ beschwören die qualvolle Realität zeitlicher Distanz, verräumlichen sie jedoch letztlich, um sie erträglicher zu machen. In ›Le jardin de Bérénice‹ geht die Zeit völlig in der körperlichen Präsenz von Städten und Personen auf. „Könnten Bérénice und Aigues-

Mortes mir nicht die Kultur anzeigen, die mich von meiner Mobilität heilte? Ich bin in der Vagabundiererei verloren und weiß die Einheit meines Lebens nicht wiederzufinden."[73] Arles, Lothringen und Venedig sind weitere Orte mit großer Vergangenheit, Rousseau gilt als Prophet.[74] Neben Bérénice wird der König René zum personifizierten Symbol poetisch-philosophisch-politischen Glücks.[75] Bérénice selbst erscheint in magischer Verklärung, weil sie sich als Tochter des „Kustos" des «Musée du roi René» an einem Ort aufhält, der einer Vergangenheit Zukunft verheißt. Umgekehrt ist sie die Leben verleihende 'Göttin', die der Erzähler in der Tradition anderer lyrisch-prophetischer Frauengestalten entdeckt zu haben glaubt. In den Reminiszenzen vergangener Zeiten verliert sich der Erzähler. Er vermischt die Wirklichkeitsebenen der magischen Beschwörung und der historischen Analyse. Seine Welt entsteht in der Imagination neu; Distanzen verschwinden. Ebenso läßt D'Annunzio Claudio Cantelmo empfinden, der sich als Nachfahren der „wenigen höheren Menschen" inszeniert, die nach seinem Weltbild die Welt prägen und geprägt haben.[76] Über-Orte wie das Rom der Antike und der Renaissance statten seinen Traum von einem der Menschheit möglichen höheren Leben aus. Personalisiert wird der Traum in mythischen Helden aus der griechischen Antike oder den großen Zeiten italienischer Geschichte. Odysseus, Prometheus, die Bourbonen, Franz von Assisi, Dante und Garibaldi sind die wichtigsten.[77] Die eigenen Ahnen vervollständigen das Bild.[78] Claudio Cantelmo evoziert keinen dieser Helden, um nur das eigene Selbstbewußtsein zu kompensieren. Er realisiert den persönlichen Bezug zu jeder einzelnen der genannten Gestalten in dem Augenblick, in dem er den Namen ausspricht. Ihm geht es um die Menschheit, zumindest um Italien. Seine Sehnsucht nach Wiederkehr vergangener Zeiten hat in seiner Person die Zukunft, die er der gegenwärtigen Welt abspricht.

In ›Le jardin de Bérénice‹ und in ›Le vergini delle rocce‹ teilen die Protagonisten die Illusion, in vergangenen Zeiten ein immer wieder neu realisierbares Urbild ihrer Sehnsucht nach einer Zeit übermenschlicher Heroen zu finden. D'Annunzio personalisiert Cantelmos Bild, um so die Distanz zwischen Zeiten auf eine Distanz zwischen Personen, somit zwischen Räumen zu reduzieren. In anderen Texten bleibt der Distanzbegriff hingegen vage. Weder Zeiten noch Personen, lediglich abstrakte Raumphantasien prägen die imaginierten Überwelten. In ›L'innocente‹ suggerieren bloße lyrische Worte eine dem bekennenden Ich bewußte Distanz. Tullio Hermil hängt dem „Reflex der fernen Liebe", den „weitesten Erinnerungen unserer

Liebe" nach.[79] Imaginierte Grenzen, kaum konkret beschreibbar, sollen überwunden werden. „Es schien, daß mein ganzes Sein sich ausbreitend, sich ausdehnend, sich über seine Grenzen hinaus ausdehnend mit einer feinen, schnellen und unaufhörlichen Schwingung leichter würde."[80] Weite fungiert als lyrische Magie; Attribute und Partizipien verschleiern die Tatsache, daß das sprechende Ich die Grenze, die es sich zu überwinden vorgenommen hat, im Grunde nicht orten kann. Während Cantelmo die Distanzen zur übermenschlichen Realität in sich konzentrieren will, versucht Tullio Hermil, sich selbst in die Außenwelt zu projizieren. Beide Bewegungen können einander ergänzen. Gemeinsam ist ihnen, daß Distanzen als Objekt, nicht als Bedingung der auf dem Weg zum übermenschlichen Sein notwendigen Überwindungs- und Umwertungsakte gelten. Gleichviel liegt die Quintessenz der Distanzierungsakte in der imaginativen Kraft des Ichs, das sein Ideal-Ich immer so weit zu verwirklichen bestrebt ist, daß zwei Welten, die eine als Ort des Ideal-Ichs, die andere als sein Anti-Ort, beide jedoch Über-Orte, miteinander vereinbar werden.

Um die labile Distanz zwischen Ich und Welt drehen sich die meisten Entwürfe übermenschlichen Seins. Sie unterscheiden sich darin, inwieweit Distanz als Bedingung oder als Objekt der „zu den göttlichen Wegen" strebenden Handlungen bedacht wird. Grundsätzlich wird eine Welt vorgestellt, die in Distanz zum betrachtenden Ich besteht, aber letztlich durch den sie distanzierenden Akt utopisiert und in eine Distanz höherer Ordnung überführt werden soll. Das handelnde Ich bemüht sich darum, im Akt der Distanzierung den Augenblick einer mit ihrem Weltkonzept weitgehend identischen Welt genießen zu dürfen. Ein wesentliches artistisches Modell ist Baudelaires „Mensch der Mengen", der «homme des foules». „Erinnern Sie sich an ein Bild (wahrhaftig, es ist ein Bild!), geschrieben von der mächtigsten Feder dieser Epoche, mit dem Titel *der Mensch der Mengen?* Hinter dem Fenster eines Cafés mischt sich ein Genesender, der die Menge mit Vergnügen betrachtet, durch den Gedanken in alle Gedanken ein, die sich um ihn herum bewegen. Gerade von den Schatten des Todes zurückgekehrt, atmet er mit Wonnen alle Keime und alle Ausströmungen des Lebens ein; wie er an dem Punkt angelangt war, alles zu vergessen, erinnert er sich und will sich mit Eifer an alles erinnern. Schließlich stürzt er sich quer durch diese Menge auf der Suche nach einem Unbekannten, dessen flüchtig gesehene Physiognomie ihn in einem Augenblick fasziniert hat. Die Neugier ist eine fatale, unwiderstehliche Leidenschaft geworden."[81] Dieser Typus ähnelt dem „Künstler-Philosophen" Nietzsches, der sich von der Welt zu distanzieren versteht, um sie selbst gestalten zu können. Souverän verfügt das Ich über die Fähigkeit, sich selbst sozusagen vorläufig aus der Welt zu entfernen, gleichzeitig aber das eigene Handeln in den Mittelpunkt zu stellen. Die Distanz zur Außenwelt ist der akzeptierte Ausgangspunkt des jederzeit in sie hineinprojizierbaren Denkens und des ebenso jederzeit möglichen handelnden Eingreifens. Der (oder das) „Unbekannte" muß nicht, kann aber physische Gegenwart gewinnen. Die durch die Glasfenster des Cafés erzeugte Kommunikation mit der Außenwelt kann, muß aber nicht dialogisch werden. Es genügt, daß das Ich um seine Fähigkeiten weiß, die ihm Kommunikation mit der Welt ermöglichen. Als „Genesender" weiß es ebenso um seine Grenzen. Doch macht es gerade die Akzeptanz dieser Grenzen zu dem, der sich in der Welt zu orientieren versteht, ohne sich in ihr zu verlieren.

In ›Trionfo della morte‹ schreibt D'Annunzio: „Dem Menschen ist es unmöglich, mit den Dingen zu kommunizieren. Der Mensch kann den geschaffenen Erscheinungen seine ganze Substanz einflößen, aber wird niemals etwas als Gegenleistung erhalten. Das Meer wird ihm niemals ein verständliches Wort sagen. Die Erde wird ihm niemals ihr Geheimnis enthüllen. Der Mensch wird sein ganzes Blut in den Fasern des Baumes fühlen können, aber der Baum wird ihm niemals einen Tropfen seiner Lebensader geben."[82] Der von D'Annunzio in Anlehnung an Baudelaire und Nietzsche propagierte Transzendentalismus verlegt die Dramatik aus der Welt in das Ich hinein. Nicht der äußere räumliche oder zeitliche Gegensatz zwischen Ich und Welt, die Gegensätze im Ich selbst schärfen die Abgrenzung von Ich und Welt. Gide geht sogar noch einen Schritt weiter, indem er Edouard schreiben läßt, daß es für den auf Autarkie bedachten Menschen letztlich entscheidend sei, die Konflikte in sich zu beherrschen, weil sich die Welt in jedem sie jeweils aus seiner Sicht wahrnehmenden Menschen neu in Formen von Innen- und Außenwelt spalte. „Die Art und Weise, in der sich die Welt der Erscheinungen uns aufzwingt und in der wir versuchen, der Außenwelt unsere besondere Interpretation aufzuzwingen, macht das Drama unseres Lebens aus." Allerdings fügt er hinzu, daß man diese Sicht der Dinge auch als Resignation vor der Unbegreifbarkeit der Welt interpretieren könnte. „Der Widerstand der Fakten lädt uns ein, unsere ideale Konstruktion in den Traum zu verlagern, in die Hoffnung, in das zukünftige Leben, in dem sich unser Glaube von allen unseren Enttäuschungen in diesem hier nährt."[83] So wird die unüberbrückbare Distanz zwischen

Ich und Welt im Sinne Nietzsches zum entscheidenden Movens auf dem Weg zu einer übermenschlichen Daseinsform schlechthin, weil sie dem Ich in seiner Einsamkeit den Raum läßt, sich selbst als Dreh- und Angelpunkt der Welt zu definieren. Es bleibt die geradezu voluntaristische Erkenntnis: „Für jeden ist die Straße einzigartig, und jede Straße führt zu Gott."[84] Verehrung gebührt dem Ich, dem Subjekt der Welt. Die Eismeer-Reise in ›Le voyage d'Urien‹ endet mit dem Satz: „Und immer noch kniend haben wir auf dem schwarzen Wasser des Himmels gesucht, den Ich träume."[85] Solche Überorte sind zeitlos. Die Zeit spielt lediglich im Augenblick der Entdeckung eine Rolle. Das Subjekt der Entdeckung, der angehende Bewohner solcher Überorte gewinnt sein Selbstbewußtsein als höheres, übermenschliches Wesen aus der bewußt angenommenen und schließlich sogar willentlich fixierten Distanz zu den Dingen. Krankheit, Grenzbewußtsein, soziale Bedrängnisse können vom Ich durchaus zu den eigentlichen Charaktereigenschaften eines Übermenschen gezählt werden. Strategien zur Überwindung einer Distanz müssen jedoch nicht der Distanz an sich gelten. Auch in der Anerkennung der Unabdingbarkeit der Distanz zwischen Ich und Außenwelt liegt die Grundstruktur der hegelianischen Typologie vom Herrn und vom Knecht als dem Muster der dialektischen Beziehungen des Ichs zu seinen Träumen, die es auf die eine oder andere Art zu verwirklichen aufgebrochen ist.

Quellennachweise

In den Quellennachweisen wird jeweils der Kurztitel der Originalausgaben genannt. Sollte bei allgemeinen Titeln wie ›Werke‹ oder ›Œuvres‹ nicht eindeutig aus dem Text ersichtlich sein, um welches einzelne Werk es sich handelt, wird dies in Klammern hinter dem Namen des Autors spezifiziert. Der ausführliche bibliographische Nachweis ist in der Auswahlbibliographie nachzulesen.

Die Generation des Culte du Beau

[1] Feuerbach: Wesen des Christentums, 40.
[2] Musil: Mann ohne Eigenschaften, 55.
[3] Nietzsche: Werke II, 1166.
[4] Bentley: Cult of the Superman, 91 f.
[5] Zur Etymologie des Begriffs Grimm: Deutsches Wörterbuch, Nietzsche habe den Begriff 'zum schlagwort geprägt', somit popularisiert. Die erste Verwendung des Begriffs in Frankreich notiert der ›Robert‹ für das Jahr 1898 in der Form «surhomme», für das Jahr 1893 in der Form «superhomme». Im 16. Jahrhundert ist jedoch schon das Attribut «surhumain» belegt. Die ›Enciclopedia italiana‹ nennt Nietzsche als Inspirator der Verwendung des Begriffs in Italien seit D'Annunzio.
[6] Bianquis: Nietzsche en France, 13.
[7] Marinetti (›Guerra sola igiene del mondo‹): Teoria, 304, sowie Leube: Freiheitskonzept, 115.
[8] Valéry: Cahiers II, 167.
[9] Valéry: Cahiers I, 337.
[10] Valéry: Cahiers I, 324.
[11] Valéry: Cahiers II, 1105.
[12] Ebd.
[13] Marinetti: Teoria, 306 f.
[14] Benda: Jeunesse d'un clerc, 276 f.
[15] Timms: Treason of the Intellectuals, 22.
[16] Heetfeld: Moi pur, 21.
[17] Lioure: Idée d'ordre, 225.
[18] Benz: Übermensch, 129.
[19] Goulet: Fiction et vie sociale, 474.
[20] Gide: Journal I, 990, und Schneyder: Gide lecteur de Nietzsche, 203.
[21] Salinari: Miti e coscienza, 77, und Piga: Mito del superuomo, 61.

[22] Deudon: Nietzsche, 50.
[23] Piga: Mito del superuomo, 95f.
[24] Holdheim: Gide and Nietzsche, 38ff. und 244.
[25] Holdheim: Gide and Nietzsche, 42ff. und 210ff.
[26] Holdheim: Gide and Nietzsche, 189.
[27] Deleuze/Guattari: Philosophie, 55.

Grenzbewußtsein als Unglück

[1] Schnitzler: Erzählungen, 49.
[2] Schnitzler: Erzählungen, 50.
[3] Kasack: Stadt hinter dem Strom, 388ff.
[4] Kasack: Stadt hinter dem Strom, 390.
[5] Montherlant: Romans I, 888.
[6] Nietzsche: Werke II, 1072.
[7] Nietzsche: Werke II, 865.
[8] Nietzsche (›Der Fall Wagner‹): Werke II, 913.
[9] Nietzsche (›Also sprach Zarathustra‹): Werke II, 310.
[10] Sperber: Wirklichkeit in der Literatur, 63.
[11] Gide: Journal II, 353.
[12] Gide: Journal II, 354.
[13] Gide: Romans, 680f.
[14] Gide: Romans, 701.
[15] Gide: Romans, 701f.
[16] Gide: Romans, 703.
[17] Gide: Romans, 703f.
[18] Gide: Romans, 706.
[19] Gide: Romans, 693.
[20] Gide: Romans, 878 und 879f.
[21] Gide: Romans, 879.
[22] Gide: Romans, 885.
[23] Gide: Romans, 891.
[24] Gide: Romans, 915.
[25] Gide: Romans, 899.
[26] Gide: Romans, 924.
[27] Gide: Romans, 929.
[28] Gide: Romans, 930.
[29] Gide: Romans, 161.
[30] Nietzsche (›Morgenröte‹): Werke I, 1261f.
[31] Gide: Romans, 381.
[32] Ebd.
[33] Gide: Romans, 384.
[34] Gide: Romans, 383.
[35] Nietzsche: Werke I, 440f.

[36] Gide: Romans, 385.
[37] Gide: Romans, 383.
[38] Gide: Romans, 381 und 397.
[39] Gide: Romans, 400.
[40] Gide: Romans, 423.
[41] Gide: Romans, 398.
[42] Nietzsche: Werke II, 372.
[43] Gide: Romans, 438.
[44] Gide: Romans, 455.
[45] Montherlant: Chaos, 267.
[46] Montherlant: Chaos, 265.
[47] Benn: Gesammelte Werke III, 649.
[48] Pascal (›Pensées‹): Œuvres complètes, 1103.
[49] Pascal: Œuvres complètes, 1156.
[50] Pascal: Œuvres complètes, 1156f.
[51] Chateaubriand: Génie du christianisme, 687.
[52] Chateaubriand: Génie du christianisme, 696.
[53] Pascal: Œuvres complètes, 1123ff.
[54] Chateaubriand: Génie du christianisme, 686f.
[55] Feuerbach: Wesen des Christentums, 118.
[56] Nerval (›Aurélia‹): Œuvres I, 359.
[57] Gide: Journal II, 439.
[58] Begriff nach Spitzer: Stil- und Literaturstudien.
[59] Nietzsche: Werke I, 440f.
[60] Nietzsche: Werke I, 441.
[61] Nietzsche: Werke II, 481.
[62] D'Annunzio: Romanzi II, 560.
[63] D'Annunzio: Romanzi II, 561.
[64] D'Annunzio: Romanzi I, 653f.
[65] Baudelaire: Œuvres, 9f.
[66] D'Annunzio: Romanzi II, 405.
[67] Nietzsche (›Aus dem Nachlaß der Achtzigerjahre‹): Werke III, 440.
[68] D'Annunzio: Romanzi II, 535.
[69] Valéry: Cahiers I, 1120.
[70] Valéry (›Eupalinos ou l'architecte‹): Œuvres II, 98.
[71] Nietzsche (›Morgenröte‹): Werke I, 1143.
[72] Nietzsche (›Die Geburt der Tragödie‹): Werke I, 115.
[73] Nietzsche (›Über die Zukunft unserer Bildungsanstalten‹): Werke III, 231. Vgl. a. Schiller (›Was ist und zu welchem Ende studiert man Universalgeschichte?‹): Sämtliche Werke IV, 752.
[74] Nietzsche (›Morgenröte‹): Werke I, 1086.
[75] Gide: Journal II, 126.
[76] Nietzsche (›Jenseits von Gut und Böse‹): Werke II, 616.
[77] Nietzsche: Werke II, 622.
[78] Feuerbach: Wesen des Christentums, 250.

[79] Marinetti: Teoria, 287.
[80] Barrès: Déracinés, 115.
[81] Marinetti: Teoria, 287.
[82] Marinetti: Teoria, 290.
[83] Marinetti: Teoria, 243.
[84] Marinetti: Teoria, 267.
[85] Hegel (›Phänomenologie des Geistes‹): Werke III, 163 ff.
[86] Hegel: Werke III, 150.
[87] Nietzsche (›Die fröhliche Wissenschaft‹): Werke I, 116.
[88] Schiller (›Über naive und sentimentalische Dichtung‹): Sämtliche Werke V, 704.
[89] Nietzsche (›Fünf Vorreden‹): Werke III, 269 f.
[90] Nietzsche: Werke II, 391.
[91] Proust: A la recherche du temps perdu I, 4.
[92] Chateaubriand: Génie, 488.
[93] Chateaubriand: Génie, 490.
[94] Goethe (›Faust‹): Poetische Werke IV, 471.
[95] Ebd.
[96] Baudelaire: Œuvres, 173.
[97] Marinetti: Mafarka, 233.
[98] Marinetti: Mafarka, 229 und Baudelaire (›Elévation‹): Œuvres, 10.
[99] Marinetti: Mafarka, 169.
[100] Apollinaire (›Les mamelles de Tirésias‹): Œuvres poétiques, 900.
[101] Apollinaire: Œuvres poétiques, 908.
[102] Apollinaire: Œuvres poétiques, 905 f.
[103] Leiris: L'âge d'homme, 28.
[104] D'Annunzio: Romanzi I, 618.
[105] D'Annunzio: Romanzi I, 617 f.
[106] D'Annunzio: Romanzi I, 626.
[107] Canetti: Masse und Macht, 249 f.
[108] D'Annunzio: Romanzi I, 372.
[109] D'Annunzio: Romanzi I, 411.
[110] D'Annunzio: Romanzi I, 412.
[111] D'Annunzio: Romanzi I, 405, und Gide: Romans, 428.
[112] D'Annunzio: Romanzi I, 551, und Gide: Romans, 156.
[113] Gide: Romans, 466.
[114] D'Annunzio: Romanzi I, 498.
[115] D'Annunzio: Romanzi I, 489.
[116] Hegel: Werke III, 150.
[117] Gide: Romans, 1237.
[118] Gide: Romans, 1245.
[119] Gide: Romans, 1239.
[120] Gide: Romans, 1241.
[121] Gide: Romans, 1248.

Die Lebensbedingungen der Intellektuellen

1. Flaubert: Œuvres I, 556.
2. Mallarmé (›La littérature‹): Œuvres complètes, 850.
3. Gide: Romans, 7.
4. D'Annunzio: Tragedie I, 117.
5. D'Annunzio: Romanzi I, 410.
6. Gide: Romans, 108.
7. Mallarmé: Œuvres complètes, 38.
8. Gide: Romans, 459.
9. Gide: Romans, 163.
10. Gide: Romans, 899.
11. Barrès: Homme libre, 30.
12. Barrès: Déracinés, 75.
13. Barrès: Déracinés, 72 und 197.
14. Fogazzaro: Il santo, 50.
15. Fogazzaro: Piccolo mondo antico, 63.
16. Fogazzaro: Piccolo mondo antico, 330f.
17. D'Annunzio: Romanzi I, 327ff.
18. D'Annunzio: Romanzi I, 330.
19. D'Annunzio: Romanzi I, 328.
20. D'Annunzio: Romanzi I, 332.
21. Marinetti: Teoria, 138.
22. Marinetti (›Guerra sola igiene del mondo‹): Teoria, 305.
23. Baudelaire: Œuvres, 63.
24. Marinetti (›Guerra sola igiene del mondo‹): Teoria, 304.
25. Marinetti (›La cinematografia‹): Teoria, 214.
26. Ebd.
27. Gide (›De l'importance du public‹): Nouveaux prétextes, 34.
28. Hugo: Notre-Dame de Paris, 198.
29. Nietzsche: Werke III, 231.
30. Nietzsche: Werke III, 243f.
31. Nietzsche (›Also sprach Zarathustra‹): Werke II, 339.
32. Gide: Romans, 248.
33. Gide: Romans, 960.
34. Gide: Romans, 519f.
35. Gide: Romans, 1160f.
36. Gide: Romans, 577.
37. Gide: Romans, 557.
38. D'Annunzio: Romanzi I, 687, 821 und 825.
39. D'Annunzio: Romanzi I, 763.
40. Nietzsche (›Der Antichrist‹): Werke II, 1235.
41. Valéry: Cahiers I, 30.
42. Valéry (›Tel quel‹): Œuvres II, 612f.
43. Valéry: Cahiers I, 209.

[44] Valéry: Cahiers I, 742f.
[45] Gide: Prétextes, 147.
[46] Gide: Prétextes, 149.
[47] Valéry: Cahiers I, 131.
[48] Montherlant (›Le solstice de juin‹): Essais, 921.
[49] Valéry: Cahiers I, 274.
[50] Valéry: Cahiers I, 31.
[51] Valéry: Cahiers I, 303.
[52] Valéry: Cahiers I, 297.
[53] Valéry (›Lettre sur Mallarmé‹): Œuvres I, 637.
[54] Montherlant: Théâtre, 1144.
[55] Gide: Journal II, 322.
[56] Ebd.
[57] Huysmans: A rebours, 332.
[58] Huysmans: A rebours, 333.
[59] Maritain: Art et scolastique, 56.
[60] Maritain: Art et scolastique, 55f.
[61] Burckhardt: Griechische Kulturgeschichte I, 42.
[62] Nietzsche (›Aus dem Nachlaß der Achtzigerjahre‹): Werke III, 709.
[63] D'Annunzio: Romanzi I, 1028.
[64] Montherlant: Théâtre, 502.
[65] Ebd.
[66] Montherlant: Théâtre, 516.
[67] Simmel: Philosophie des Geldes, 305.
[68] Marx/Engels: Werke III, 381.
[69] Simmel: Philosophie des Geldes, 258.
[70] Gide: Journal I, 1159.
[71] Gide (›Conversations avec un Allemand‹): Œuvres complètes, 141.
[72] Nerval (›Correspondance‹): Œuvres I, 797, ferner 792, 798, 811, 832.
[73] Nerval: Œuvres I, 817.
[74] Nerval (›Les filles du feu‹): Œuvres I, 161.
[75] Nerval (›Promenades et souvenirs‹): Œuvres I, 121 und 125.
[76] Flaubert: Œuvres I, 604.
[77] Barrès: Homme libre, 225 und 15.
[78] Barrès: Déracinés, 238, 169, 164, 133.
[79] Barrès: Déracinés, 185.
[80] Baudelaire: Œuvres, 304ff.
[81] Barrès: Déracinés, 306.
[82] Heine (›Französische Zustände‹): Sämtliche Schriften III, 233.
[83] Nietzsche (›Morgenröte‹): Werke I, 1151.
[84] Simmel: Philosophie des Geldes, 305.
[85] Ebd.
[86] Baudelaire: Œuvres, 304f.
[87] Baudelaire· Œuvres, 479.
[88] Ebd.

[89] Marinetti: Teoria, 36.
[90] Koppen: Schönheit, Tod und Teufel, 155.
[91] Marinetti (›Guerra sola igiene del mondo‹): Teoria, 279.
[92] Marinetti: Teoria, 308.
[93] Evangelium nach Matthäus 21, 12ff.
[94] Marinetti: Teoria, 447.
[95] Marinetti: Teoria, 393.
[96] Marinetti: Teoria, 427.
[97] Marinetti: Teoria, 419.
[98] Marinetti (›Futurismo e fascismo‹): Teoria, 536.
[99] Marinetti (›Democrazia futurista‹): Teoria, 431.
[100] Marinetti: Teoria, 432.
[101] Leopardi: Poesie e prose, 6ff.
[102] Marinetti (›Guerra sola igiene del mondo‹): Teoria, 287.
[103] Marinetti: Teoria, 155f.
[104] Marinetti: Teoria, 153 und 157.
[105] Marinetti: Teoria, 177.
[106] Marinetti: Teoria, 157.
[107] Carteggio D'Annunzio – Mussolini, 144.
[108] Gide: Journal I, 870.
[109] Gide: Journal I, 778.
[110] Gide: Romans, 428.
[111] Gide: Romans, 427f.
[112] Gide: Romans, 447.
[113] Gide: Romans, 998f.
[114] Gide: Romans, 303.
[115] Gide: Journal I, 1293f.
[116] Canetti: Masse und Macht, 204.
[117] Musil: Mann ohne Eigenschaften, 107.
[118] Musil: Mann ohne Eigenschaften, 108.
[119] Salmon: Souvenirs sans fin I, 50.
[120] Gide: Journal I, 565.
[121] Nietzsche (›Aus dem Nachlaß der Achtzigerjahre‹): Werke III, 916.
[122] Nietzsche (›Menschliches, Allzumenschliches‹): Werke I, 469.
[123] Baier: Gesellschaft, 6ff.
[124] Nietzsche (›Aus dem Nachlaß der Achtzigerjahre‹): Werke III, 435.
[125] Valéry: Œuvres II, 929ff.
[126] Valéry: Œuvres II, 930.
[127] Valéry (›La liberté de l'esprit‹): Œuvres II, 1084.
[128] Valéry: Œuvres II, 1085.
[129] Valéry: Œuvres II, 1090.
[130] Valéry: Œuvres II, 1091.
[131] Valéry: Cahiers II, 1447.
[132] Valéry: Cahiers II, 1533 und 1552.
[133] Valéry (›La crise de l'esprit‹): Œuvres I, 988.

[134] Valéry: Œuvres I, 989.
[135] Valéry (›Propos sur l'intelligence‹): Œuvres I, 1056.
[136] Valéry: Cahiers II, 1448.
[137] Valéry: Cahiers II, 1455.
[138] Valéry: Cahiers II, 1480.
[139] Nietzsche (›Jenseits von Gut und Böse‹): Werke II, 728.
[140] D'Annunzio: Romanzi I, 35 f., und Nietzsche (›Brief an Peter Gast vom 19. 2. 1883‹): Werke III, 1201.
[141] D'Annunzio: Romanzi I, 814 und 832.
[142] D'Annunzio: Romanzi I, 411.
[143] Nietzsche (›Menschliches, Allzumenschliches‹): Werke I, 779.
[144] D'Annunzio: Romanzi II, 862 und 876.
[145] D'Annunzio: Romanzi II, 610.
[146] D'Annunzio (›Le vergini delle rocce‹): Romanzi II, 486.
[147] Barrès: Déracinés, 241.
[148] Barrès: Déracinés, 124.
[149] Barrès: Jardin de Bérénice, 35.
[150] Barrès: Jardin de Bérénice, 77.
[151] Barrès: Homme libre, III (Préface).
[152] Barrès: Homme libre, 179.
[153] Gide: Journal II, 9.
[154] Lampedusa: Il gattopardo, 151.
[155] Gide: Journal I, 472.
[156] Gide: Journal I, 27.
[157] Valery (›Propos sur l'intelligence‹): Œuvres I, 1056.
[158] Gide: Journal I, 579.
[159] Gide: Journal I, 486.
[160] Marinetti (›Contro Venezia passatista‹): Teoria, 34.
[161] Gide: Journal II, 66.
[162] Gide: Journal I, 513.
[163] Nietzsche (›Jenseits von Gut und Böse‹): Werke II, 718.
[164] Goethe: Werke IV, 187.
[165] Stendhal: Romans I, 288 und 557.

Eigenschaften eines Übermenschen

[1] Baudelaire: Œuvres, 299 f.
[2] Baudelaire: Œuvres, 300.
[3] Baudelaire: Œuvres, 303.
[4] Nietzsche: Werke II, 139.
[5] Nietzsche (›Aus dem Nachlaß der Achtzigerjahre‹): Werke III, 685.
[6] Valéry: Cahiers I, 597.
[7] Musil: Mann ohne Eigenschaften, 17.
[8] Gide (›Les nourritures terrestres‹): Romans, 155.

[9] Gide: Romans, 274.
[10] Gide: Romans, 221.
[11] Salmon: Souvenirs sans fin I, 29, Baudelaire (›L'œuvre et la vie de Delacroix‹): Œuvres, 1122, Pascal (›Pensées‹): Œuvres 1116.
[12] Gide: Journal II, 478.
[13] Gide: Journal II, 395.
[14] Gide: Journal II, 361.
[15] Gide: Journal II, 516.
[16] Gide (›Si le grain ne meurt‹): Journal II, 522.
[17] Nietzsche: Werke III, 343f.
[18] Nietzsche: Werke III, 364.
[19] Gide (›La tentative amoureuse‹): Romans, 84.
[20] Leopardi (›L'infinito‹): Poesie e prose, 34.
[21] Gide: Romans, 84.
[22] Gide: Romans, 34.
[23] Gide: Romans, 44.
[24] Gide (›La tentative amoureuse‹): Romans, 74.
[25] Gide (›La tentative amoureuse‹): Romans, 80, 81, 82, und Gide (›Paludes‹): Romans, 92, 119 und 120.
[26] D'Annunzio: Romanzi II, 397.
[27] D'Annunzio: Romanzi II, 433.
[28] D'Annunzio: Romanzi II, 413.
[29] D'Annunzio: Teatro I, 124, 125 und 145.
[30] D'Annunzio: Teatro I, 233.
[31] D'Annunzio: Romanzi II, 623.
[32] D'Annunzio: Romanzi II, 625.
[33] D'Annunzio: Romanzi II, 607.
[34] D'Annunzio: Romanzi II, 535.
[35] D'Annunzio: Romanzi II, 505.
[36] Nietzsche: Werke II, 463.
[37] Valéry: Cahiers I, 192.
[38] Valéry: Cahiers I, 193.
[39] Nietzsche: Werke II, 277.
[40] Nietzsche: Werke II, 360.
[41] Nietzsche: Werke I, 133.
[42] D'Annunzio: Romanzi I, 36.
[43] D'Annunzio: Romanzi I, 115.
[44] D'Annunzio: Romanzi II, 413.
[45] D'Annunzio: Romanzi II, 483.
[46] D'Annunzio: Romanzi II, 534f.
[47] D'Annunzio: Romanzi II, 928f.
[48] Montherlant (›Les bestiaires‹): Romans I, 392.
[49] Montherlant: Romans I, 411.
[50] Montherlant: Romans I, 385.
[51] Montherlant: Romans I, 399.

[52] Montherlant: Romans I, 404.
[53] Montherlant: La rose de sable, 307.
[54] Montherlant: La rose de sable, 232.
[55] Weber: Wirtschaft und Gesellschaft, 140.
[56] D'Annunzio: Romanzi II, 608.
[57] D'Annunzio: Romanzi II, 660.
[58] D'Annunzio: Romanzi II, 631.
[59] Fogazzaro: Il santo, 213 ff.
[60] Fogazzaro: Il santo, 72.
[61] Fogazzaro: Il santo, 382.
[62] Fogazzaro: Il santo, 462.
[63] Gide: Romans, 343.
[64] Gide: Romans, 346.
[65] Gide: Romans, 345.
[66] Gide: Romans, 359.
[67] Marinetti: Mafarka, 170.
[68] Barrès: Sous l'œil des barbares, 23.
[69] Barrès: Homme libre, 91.
[70] Barrès: Jardin de Bérénice, 179 ff.
[71] Gide: Romans, 3 f.
[72] Gide: Romans, 7.
[73] Gide: Romans, 10.
[74] Valéry: Œuvres I, 82.
[75] Valéry (›Fragments du Narcisse‹): Œuvres I, 122.
[76] D'Annunzio: Romanzi II, 443.
[77] D'Annunzio: Romanzi II, 873.
[78] Ebd.
[79] D'Annunzio: Romanzi I, 959 f.
[80] D'Annunzio: Romanzi I, 587.
[81] D'Annunzio: Romanzi I, 536.
[82] D'Annunzio: Romanzi I, 372.
[83] Gide: Œuvres complètes IX, 182.
[84] Gide: Œuvres complètes IX, 149.
[85] Gide: Œuvres complètes IX, 267.
[86] Gide: Journal I, 41.
[87] Gide: Romans, 583.
[88] Gide: Romans, 518.
[89] Gide: Romans, 541.
[90] Gide: Romans, 542.
[91] Gide: Romans, 550.
[92] Gide: Romans, 760.
[93] Gide: Romans, 767.
[94] Gide: Romans, 769.
[95] Gide: Romans, 775 ff.
[96] Gide: Romans, 844.

[97] Gide: Romans, 850.
[98] Gide: Romans, 855.
[99] Gide: Romans, 873.
[100] Gide: Journal I, 278.
[101] Gide: Journal II, 31.
[102] Gide: Romans, 1046.
[103] Gide: Romans, 1022.
[104] Gide: Romans, 1080.
[105] Gide: Romans, 4.
[106] Gide: Romans, 1189.
[107] Valéry: Cahiers II, 1220.
[108] Nietzsche: Werke II, 1008.
[109] Gide: Romans, 400.
[110] Habermas: Rekonstruktion des Historischen Materialismus, 93.
[111] Fogazzaro: Il santo, 69.
[112] Fogazzaro: Il santo, 70.
[113] Fogazzaro: Il santo, 69.
[114] Fogazzaro: Il santo, 348.
[115] Fogazzaro: Il santo, 221.
[116] Ebd.
[117] Fogazzaro: Il santo, 121f.
[118] Nietzsche: Werke II, 388.
[119] Gide: Romans, 153.
[120] Gide: Romans, 154.
[121] Gide (›Les nouvelles nourritures‹): Romans, 291.
[122] Gide: Romans, 429.
[123] Gide: Romans, 428.
[124] Gide: Romans, 425.
[125] Nietzsche (›Jenseits von Gut und Böse‹): Werke II, 625.
[126] Gide: Romans, 881.
[127] Ebd.
[128] Gide: Romans, 885.
[129] Gide: Romans, 898.
[130] Gide: Romans, 899.
[131] Gide: Romans, 915.
[132] Gide: Romans, 905.
[133] Gide: Romans, 927.
[134] Gide: Romans, 915.
[135] Gide: Romans, 940.
[136] Gide: Romans, 1091.
[137] Gide: Romans, 1231f.
[138] Nietzsche (›Die Fröhliche Wissenschaft‹): Werke II, 168.
[139] Gide: Romans, 486ff.
[140] Barrès: Déracinés, 19.
[141] Barrès: Déracinés, 27 und 89.

142 Montherlant: Essais, 32.
143 Barrès: Déracinés, 241.
144 Nietzsche: Werke II, 582.
145 Nietzsche (›Menschliches, Allzumenschliches‹): Werke I, 878.
146 Nietzsche (›Jenseits von Gut und Böse‹): Werke II, 582f.
147 Nietzsche: Werke II, 453.
148 Nietzsche: Werke II, 323.
149 Ebd.
150 Nietzsche: Werke III, 423.
151 Nietzsche: Werke II, 340.
152 Nietzsche: Werke II, 298.
153 Nietzsche: Werke II, 289.
154 Marinetti: Teoria, 14.
155 D'Annunzio: Romanzi II, 838f.
156 Barrès: Déracinés, 421.
157 Marinetti (›Guerra sola igiene del mondo‹): Teoria, 290.
158 Marinetti (›Manifesto del Futurismo‹): Teoria, 13.
159 Marinetti (›Al di là del Communismo‹): Teoria, 488.
160 Marinetti (›Manifesto del Futurismo‹): Teoria, 10.
161 D'Annunzio (›Il fuoco‹): Romanzi II, 842.
162 Ebd.
163 D'Annunzio: Romanzi II, 838.
164 D'Annunzio: Romanzi II, 1142 und 905.
165 D'Annunzio: Romanzi II, 901.
166 D'Annunzio: Romanzi II, 918.
167 D'Annunzio: Romanzi II, 865 und 869.
168 D'Annunzio: Romanzi II, 1046.
169 D'Annunzio: Romanzi II, 911.
170 D'Annunzio: Romanzi I, 6.
171 Barrès: Jardin de Bérénice, 1.
172 Barrès: Sous l'œil des barbares, 22.
173 Barrès: Sous l'œil des barbares, 290.
174 Barrès: Déracinés, 313.
175 Barrès: Déracinés, 278.
176 D'Annunzio: Romanzi II, 1180.
177 D'Annunzio: Romanzi II, 405.
178 D'Annunzio: Romanzi II, 1005.
179 Ebd.
180 Valéry: Cahiers I, 371.
181 Valéry (›Au sujet d'Eureka‹): Œuvres I, 860.
182 Valéry: Cahiers I, 328.
183 Valéry: Cahiers I, 355.
184 Valéry: Cahiers I, 353.
185 Valéry: Cahiers I, 341.
186 Baudelaire (›Le soleil‹): Œuvres, 79.

[187] Montherlant (›Le songe‹): Romans, 34.
[188] Montherlant: Romans, 27.
[189] Montherlant (›Les bestiaires‹): Romans, 431f.
[190] Montherlant: Romans, 432.
[191] Montherlant: Romans, 526.
[192] Gide: Romans, 1147.
[193] Gide: Romans, 858.
[194] Gide: Romans, 312.
[195] Gide: Romans, 501.
[196] Gide: Romans, 809.
[197] Gide: Romans, 933.
[198] Gide: Romans, 1248.
[199] Gide: Romans, 305.
[200] Nietzsche: Werke II, 286.
[201] Nietzsche: Werke II, 281.
[202] Gide: Romans, 119.
[203] Gide (›Les faux-monnayeurs‹): Romans, 1214.

Räume und Zeiten des Übermenschen

[1] Nietzsche: Werke III, 630.
[2] Marinetti: Teoria, 16.
[3] Marinetti: Teoria, 22.
[4] Marinetti: Teoria, 1037.
[5] Rimbaud: Œuvres complètes, 29.
[6] D'Annunzio: Romanzi II, 956.
[7] D'Annunzio: Romanzi II, 998.
[8] D'Annunzio: Romanzi II, 999.
[9] D'Annunzio: Romanzi II, 1005.
[10] D'Annunzio: Romanzi II, 571.
[11] D'Annunzio: Romanzi II, 573.
[12] D'Annunzio: Romanzi II, 603.
[13] D'Annunzio: Romanzi II, 711.
[14] D'Annunzio: Romanzi II, 607.
[15] D'Annunzio: Romanzi II, 411.
[16] D'Annunzio: Romanzi II, 412.
[17] D'Annunzio: Romanzi II, 415.
[18] Ebd.
[19] D'Annunzio: Romanzi II, 416.
[20] D'Annunzio: Romanzi I, 5.
[21] D'Annunzio: Romanzi I, 315.
[22] D'Annunzio: Romanzi I, 53.
[23] D'Annunzio: Romanzi I, 24.
[24] D'Annunzio: Romanzi I, 359.

25 D'Annunzio: Romanzi I, 367.
26 D'Annunzio: Romanzi I, 69.
27 Nietzsche (›Götzendämmerung‹): Werke II, 1015.
28 Barrès: Jardin de Bérénice, 198f.
29 Barrès: Homme libre, 149.
30 Barrès: Homme libre, 131.
31 Barrès: Déracinés, 123.
32 Barrès: Déracinés, 464.
33 Barrès: Déracinés, 466.
34 Gide: Théâtre, 272.
35 Gide: Théâtre, 269.
36 Gide: Théâtre, 297.
37 Gide: Journal II, 526.
38 Gide: Journal II, 55, 126 und 1137.
39 Gide: Prétextes, 48.
40 Gide: Prétextes, 50.
41 Gide: Nouveaux Prétextes, 22.
42 Gide: Romans, 896.
43 Gide: Romans, 526.
44 Gide: Romans, 519.
45 Gide: Romans, 496.
46 Gide: Romans, 597.
47 Gide: Romans, 1208.
48 Gide: Romans, 1235f.
49 Gide: Romans, 1248.
50 Gide: Romans, 490.
51 Gide: Romans, 5.
52 Gide: Romans, 10.
53 Gide (›In Memoriam Mallarmé‹): Prétextes, 215.
54 Gide: Romans, 937.
55 Nietzsche: Werke II, 383.
56 Nietzsche: Werke I, 1092f.
57 Nietzsche: Werke II, 773.
58 Ebd.
59 Nietzsche (›Der Antichrist‹): Werke II, 1195.
60 Nietzsche (›Ecce Homo‹): Werke II, 1152.
61 Nietzsche (‹Aus dem Nachlaß der Achtzigerjahre›): Werke III, 503.
62 Nietzsche (›Menschliches, Allzumenschliches‹): Werke I, 810.
63 Valéry: Cahiers I, 1263.
64 Valéry: Cahiers I, 1265.
65 Valéry: Cahiers I, 1267.
66 Valéry: Cahiers I, 1305.
67 Valéry: Cahiers I, 1264.
68 Valéry: Cahiers I, 1330.
69 Gide: Romans, 877.

[70] Gide: Romans, 705 f.
[71] Gide: Romans, 1248.
[72] Gide: Romans, 146.
[73] Barrès: Jardin de Bérénice, 79 f.
[74] Barrès: Jardin de Bérénice, 43, 126 und 141.
[75] Barrès: Jardin de Bérénice, 35.
[76] D'Annunzio: Romanzi II, 405.
[77] D'Annunzio: Romanzi II, 422, 433 (Odysseus), 429 (Prometheus), 468 (Bourbonen), 512 f. (Franz von Assisi), 483, 514, 533 und 545 (Dante), 413 (Garibaldi).
[78] D'Annunzio: Romanzi II, 536 ff.
[79] D'Annunzio: Romanzi II, 373 und 465.
[80] D'Annunzio: Romanzi I, 421.
[81] Baudelaire: Œuvres, 1158.
[82] D'Annunzio: Romanzi I, 801.
[83] Gide: Romans, 1096.
[84] Gide: Romans, 60.
[85] Gide: Romans, 65.

Auswahlbibliographie

Altieri, Ch.: Ecce Homo – Narcissism, Power, Pathos, and the Status of Autobiographical Representations, in: D. T. O'Hara (Hrsg.): Why Nietzsche Now? A Boundary 2 Symposium, in: Boundary 2, 9/10 (1981), 389–413.
Apollinaire, G.: Œuvres poétiques, hrsg. v. M. Adéma u. M. Décaudin, Paris 1965.
Baier, H.: Die Gesellschaft – ein langer Schatten des toten Gottes, in: Nietzsche-Studien 10/11 (1981/1982), 6–33.
Baroni, Ch.: Nietzsche éducateur – De l'homme au surhomme, Paris 1961.
Barrès, M.: Le jardin de Bérénice, Paris 1920.
Barrès, M.: Les déracinés, Paris 1906.
Barrès, M.: Sous l'œil des barbares, Paris 1913.
Barrès, M.: Un homme libre, Paris 1921.
Bastet, A.: La politique de l'esprit: Valéry et le ›Discours sur Goethe‹, in: Bulletin des études valéryennes 28 (1981), 53–81.
Baudelaire, Ch.: Œuvres complètes, hrsg. v. Y.-G. Le Dantec u. C. Pichois, Paris 1961.
Bauer, R.: Décadence bei Nietzsche – Versuch einer Bestandsaufnahme, in: J. P. Strelka (Hrsg.): Literary Theory and Criticism – Festschrift in Honor of René Wellek, Bern/Frankfurt a. M./New York 1984, I, 35–68.
Becker, J. M.: D'Annunzio and Darwinism – From the 'giaguaro famelico' to the ‚nazione eletta‘, in: Italica 67, 2 (1990), 181–195.
Becker, J. M.: D'Annunzio, Orientalism and Imperialism, in: Stanford Italian Review 9, 1–2 (1990), 87–103.
Becker, J. M.: D'Annunzio, Socialism, and Poetry, in: Modern Language Notes 105, 1 (1990), 74–86.
Beier, P.: Reflexion und Praxis – Untersuchungen zu Nietzsches sinn-losem Entwurf menschlichen Sein-könnens, München 1973.
Benda, J.: La jeunesse d'un clerc suivi de Un régulier dans le siècle et de Exercice d'un enterré vif, Paris 1968.
Benda, J.: La trahison des clercs, Paris 1927.
Benjamin, W.: Charles Baudelaire – Ein Lyriker im Zeitalter des Hochkapitalismus, Frankfurt a. M. 1974.
Benn, G.: Gesammelte Werke in acht Bänden, hrsg. v. D. Wellershoff, Wiesbaden 1960.
Bentley, E.: The Cult of the Superman – A Study of the Idea of Heroism in Carlyle and Nietzsche, with Notes on Other Hero-Worshippers of Modern Times, London 1947.
Benz, E (Hrsg.): Der Übermensch – Eine Diskussion, Zürich/Stuttgart 1961.

Bergson, H.: La pensée et le mouvant – Essais et conférences, Paris 1934.
Bethlenfalvay, M.: Les visages de l'enfant dans la littérature française du XIXe siècle – Esquisse d'une typologie, Genf 1979.
Bianquis, G.: Nietzsche en France, Paris 1929.
Biondi, M.: D'Annunzio politico, in: Il Ponte 45, 1 (1989), 127–138.
Biser, E.: Nietzsche als Mythenzerstörer und Mythenschöpfer, in: Nietzsche-Studien 14 (1985), 96–109.
Blüher, K. A.: Valéry's 'sacrifizio dell'intelletto', in: Forschungen zu Valéry 2 (1989), 49–52.
Böning, T.: Metaphysik, Kunst und Sprache beim frühen Nietzsche, Berlin 1988.
Bondy, F.: Gabriele d'Annunzio – fast ein Führer, in: Neue Deutsche Hefte 30, 3 (1983), 538–552.
Boudot, P.: Nietzsche et l'au-delà de la liberté – Nietzsche et les écrivains français de 1930 à 1960, Paris 1970.
Bradley, M. C.: Nietzsche's Critique of Pure Reason – With a Nietzschean Critique of ›Parsifal‹, in: Neophilologus 72 (1988), 394–403.
Bräutigam, B.: Verwegene Kunststücke – Nietzsches ironischer Perspektivismus als schriftstellerisches Verfahren, in: Nietzsche-Studien 6 (1977), 45–63.
Brée, G.: André Gide – L'insaisissable Protée, Paris 1953.
Bremer, D.: Platonisches, Antiplatonisches – Aspekte der Platon-Rezeption in Nietzsches Versuch einer Wiederherstellung des frühgriechischen Daseinsverständnisses, in: Nietzsche-Studien 8 (1979), 39–103.
Broc-Lapayre, M.: Le chef d'orchestre danubien furibond et Monsir Fallerie, in: Valéry – La philosophie, les arts, le langage, Cahier du groupe de recherches sur la philosophie et le langage, Université des Sciences Sociales de Grenoble 1989, 75–83.
Brunelli, G. A.: Cesare e Orfeo, emblematiche figure dell'artista che crea, e Narciso, in Paul Valéry 'Jeune poète' (1887–1892), in: Siculorum Gymnasium N. S. 31 (1978), 255–279.
Burckhardt, J.: Griechische Kulturgeschichte, 4 Bde., München ²1982.
Canetti, E.: Masse und Macht, Frankfurt a. M. ²1981.
Carrouges, M.: La mystique du surhomme, Paris 1948.
Carteggio D'Annunzio – Mussolini (1919–1938), hrsg. v. R. de Felice u. E. Mariano, Mailand ²1971.
Cattaui, G.: Orphisme et prophétie chez les poètes français 1850–1950, Paris 1965.
Cetrangolo, E.: Il significato della vita nell'arte dannunziana, in: Il Veltro 32, 5–6 (1988), 521–532.
Chaix-Ruy, J.: L'avènement du surhomme – Nietzsche, Marcello-Fabri, Kazantzaky, in: Synthèses 21 (1966), 176–193.
Chateaubriand, F. R. de: Essai sur les révolutions – Génie du christianisme, Paris 1978.
Colia, A.: D'Annunzio, Nietzsche e il superuomo – In margine al giudizio di

Croce sul poeta abruzzese, in: Rivista di Studi Crociani 18, 4 (1981), 375–395.

D'Annunzio, G.: Prose di romanzi, 2 Bde., Mailand ⁹1978.

D'Annunzio, G.: Tragedie, sogni e misteri I, Mailand 1949.

Davies, J.: The Future Market – Marinetti and the Fascists of Milan, in: E. Timms/P. Collier (Hrsg.): Visions and Blueprints, Manchester 1988, 82–97.

De Felice, R.: D'Annunzio nella vita politica italiana, in: Il Veltro 32, 5–6 (1988), 469–479.

Deleuze, G./F. Guattari: Qu'est-ce que la philosophie?, Paris 1991.

Deudon, E. H.: Nietzsche et ses premiers critiques français (1891–1900), in: Revue de littérature comparée 59 (1985), 43–67.

Diethe, C.: Sex and the Superman – An Analysis of the Pornographic Content of Marinetti's ›Mafarka le futuriste‹, in: G. Day/C. Bloom: Perspectives on Pornography – Sexuality in Film and Literature, Houndsmille/Basingstoke/Hampshire/London 1988, 159–174.

Disertori, B.: Saggi su D'Annunzio, in: Il Cristallo 23, 1 (1981), 57–86.

Djuric, M.: Das nihilistische Gedankenexperiment mit dem Handeln, in: Nietzsche-Studien 9 (1980), 142–173.

Dresler, A.: Der politische Futurismus als Vorläufer des italienischen Faschismus (1929), in: M. Hardt (Hrsg.): Literarische Avantgarden (Wege der Forschung 648), Darmstadt 1989, 229–239.

Eco, U.: Il superuomo di massa, Mailand 1978.

Elias, N.: Der Prozeß der Zivilisation, 2 Bde., Frankfurt a. M. 1977.

Faletti, H. E.: An Aesthetic Perspective of Gide and Nietzsche – The Problem of Decadence for Creative Effort, in: Revue de littérature comparée 52 (1978), 39–59.

Feuerbach, L.: Das Wesen des Christentums, Berlin (DDR) ²1984.

Fischer, K. R.: Nazism as a Nietzschean 'Experiment', in: Nietzsche-Studien 5 (1976), 116–122.

Fishbane, J.: From Decadence to Nationalism in the Early Writings of Maurice Barrès, in: Nineteenth Century French Studies 13 (1984/1985), 266–278.

Flaubert, G.: Œuvres I, hrsg. v. A. Thibaudet u. R. Dumesnil, Paris 1951.

Fleischer, M.: Der 'Sinn der Erde' und die Entzauberung des Übermenschen, Darmstadt 1993.

Fogazzaro, A.: Il santo, Mailand 1906.

Fogazzaro, A.: Piccolo mondo antico, hrsg. v. A. M. Moroni, Mailand ¹¹1984.

Fogel, G. L.: Nietzsches Gedanke der Überwindung der Metaphysik, Heidelberg 1980.

Franklin, U.: The Broken Angel – Myth and Method in Valéry, Chapel Hill 1984.

Gaède, E.: Nietzsche et Valéry – Essai sur la comédie de l'esprit, Paris 1962.

Gandillac, M. de: Muß und kann das höchstbegabte Individuum Freunde und

Gönner gewinnen? Über Nietzsches Zarathustra und einige Erfahrungen und Erlebnisse des Dichters, in: Nietzsche – kontrovers 2 (1982), 109–125.

Gebhard, W.: Nietzsches Totalismus – Philosophie der Natur zwischen Verklärung und Verhängnis, Berlin/New York 1983.

Gebhard, W.: Zur Gleichnissprache Nietzsches – Probleme der Bildlichkeit und Wissenschaftlichkeit, in: Nietzsche-Studien 9 (1980), 61–90.

Gide, A.: Journal 1889 – 1939 (Journal I), Paris 1951.

Gide, A.: Journal 1939 – 1949 – Souvenirs (Journal II), Paris 1954.

Gide, A.: Nouveaux prétextes, Paris 1947.

Gide, A.: Œuvres complètes, hrsg. v. L. Martin-Chauffier, 15 Bde., Paris 1932–1939.

Gide, A.: Prétextes, Paris 1947.

Gide, A.: Romans, récits et sorties, œuvres lyriques, hrsg. v. Y. Davet u. J.-J. Thierry, Paris 1959.

Gide, A.: Théâtre, Paris ²1969.

Giobbi, G.: Gabriele D'Annunzio and Thomas Mann – Venice, Art and Death, in: Journal of European Studies 19, 1 (1989), 55–68.

Goethe, J. W.: Poetische Werke IV, Berlin (DDR)/Weimar ²1973.

Goulet, A.: Fiction et vie sociale dans l'œuvre d'André Gide, Paris 1986.

Goulet, A.: Jeux de miroirs paludéens: l'inversion généralisée, in: Bulletin des Amis d'André Gide 16 (1988), 23–51.

Goulet, A.: L'écriture de l'acte gratuit, in: Cahiers André Gide 6 – Perspectives contemporaines – Actes du Colloque André Gide (Toronto, 1975), Paris 1979, 177–201.

Grimm, R.: Antiquity as Echo and Disguise: Nietzsche's ›Lied eines theokritischen Ziegenhirten‹, Heinrich Heine, and the Crucified Dionysus, in: Nietzsche-Studien 14 (1985), 201–249.

Grimm, R./J. Hermand (Hrsg.): Karl Marx und Friedrich Nietzsche, Königstein i. Ts. 1978.

Haar, M.: La critique nietzschéenne de la subjectivité, in: Nietzsche-Studien 12 (1983), 80–110.

Haar, M.: Nietzsche et le dépassement de la métaphysique, Paris 1993.

Haase, M.-L.: Der Übermensch in ›Also sprach Zarathustra‹ und im Zarathustra-Nachlaß 1882–1885, in: Nietzsche-Studien 13 (1984), 228–244.

Habermas, J.: Zur Rekonstruktion des Historischen Materialismus, Frankfurt a. M. 2/1976.

Harrison, T.: D'Annunzio's Poetics: The Orphic Conceit, in: Annali d'Italianistica 5 (1978), 60–73.

Heetfeld, U.: Das 'Moi pur' in den Cahiers Paul Valérys – Untersuchungen zu einem philosophischen Experiment, Frankfurt a. M. 1986.

Hegel, G. W. F.: Phänomenologie des Geistes, hrsg. v. E. Moldenhauer u. K. M. Michel, in: Werke III, Frankfurt a. M. 1986.

Heine, H.: Sämtliche Schriften, hrsg. v. K. Briegleb, 6 Bde., München 1971.

Hessenauer, A.: Narcissism in the Poetry and Art of Valéry, in: Research Studies 50 (1982), 21–32.

Hinterhäuser, H.: Fin de siècle, München 1977.
Hoffmann-Maxis, A.: Paradoxie der Fiktion – Literarische Venedig-Bilder von 1797 bis 1984 – Eine Problemgeschichte, Berlin/New York 1993.
Holdheim, W. W.: Gide and Nietzsche, Yale Univ. 1955, Ann Arbor (Mich.) 1970.
Hugo, V.: Notre-Dame de Paris, hrsg. v. L. Cellier, Paris 1967.
Huysmans, J.-K.: A rebours, hrsg. v. H. Juin, Paris 1975.
Ihring, P.: Die jugendliche Gemeinschaft zwischen Mythos und Wirklichkeit – Motivtypologische Studien zum französischen Adoleszenzroman von 1900 bis 1940, Bonn 1989.
Joll, J.: Intellectuals in Politics – Three biographical essays, London 1960.
Jovanovski, T.: Toward the Animation of Nietzsche's Übermensch, in: Man and World 22, 1 (1989), 71–95.
Kaas, H.: Der Dämon der Möglichkeit – Bemerkungen zur Methode Valérys, in: Akzente 27 (1980), 47–56.
Kaiser, G.: Wie die Dichter lügen – Dichten und Leben in Nietzsches ersten beiden Dionysos-Dithyramben, in: Nietzsche-Studien 15 (1986), 184–224.
Karabon, A.: Gide avant ›Paludes‹ ou comment Narcisse devient romancier, in: Littératures 17 (1987), 141–151.
Kasack, H.: Die Stadt hinter dem Strom, Frankfurt a. M. 1983.
Kaufmann, W.: Nietzsche – Philosopher, Psychologist, Antichrist, Princeton 1950. (Dt. Ausgabe übersetzt v. J. Salaquarda, Darmstadt 1988.)
Kaulbach, F.: Nietzsches Idee einer Experimentalphilosophie, Köln/Wien 1980.
Kleist, H. v.: Sämtliche Werke und Briefe, hrsg. v. H. Sembdner, München 4/1965.
Köster, P.: Der sterbliche Gott – Nietzsches Entwurf übermenschlicher Größe, Meisenheim a. Glan 1972.
Kopp, R.: Nietzsche, Baudelaire, Wagner – A propos d'une définition de la décadence, in: Travaux de littérature 1 (1988), 203–216.
Kowarik, St.: Zeitlose Annäherungsversuche an Unzeitgemäße – Betrachtungen zu Friedrich Nietzsche und André Gide, Essen 1984.
Krause, J.: 'Märtyrer und Prophet' – Studien zum Nietzsche-Kult in der bildenden Kunst der Jahrhundertwende, Berlin/New York 1984.
Lampedusa, G. T. di: Il gattopardo, Mailand ^{30}1979.
Lang, R.: André Gide et la pensée allemande, Paris 1949.
Lavagetto, M.: 'Cosa ce ne faremmo di un Friedrich Nietzsche immaginario?', in: Sigma 17, 1 (1984), 116–132.
Lee, J.-W.: Strukturen der Macht bei Machiavelli und Nietzsche, in: W. Gebhard (Hrsg.): Friedrich Nietzsche – Willen zur Macht und Mythen des Narziß – Bayreuther Nietzsche-Kolloquium 1985, Frankfurt a. M./Bern/New York/Paris 1989, 11–28.
Leiris, M.: L'âge d'homme, Paris 1973.
Leopardi, G.: Poesie e prose, hrsg. v. S. A. Nulli, Mailand ^{3}1972.

Leube, E.: Das Freiheitskonzept des italienischen Futurismus – Zur historischen Begründung einer literarischen Avantgarde, in: W. Hempel (Hrsg.): Die Idee der Freiheit in der Literatur der romanischen Völker, Tübingen 1978.

Lioure, M.: L'idée d'ordre et de désordre dans l'œuvre de Valéry, in: Travaux de littérature 1 (1988), 217–228.

Mallarmé, St.: Œuvres complètes, hrsg. v. H. Mondor u. G. Jean-Aubry, Paris 1984.

Mann, M.: Le thème de la découverte de soi dans la deuxième partie de ›Si le grain ne meurt‹ et ›L'immoraliste‹, in: Chimère 18, 2 (1986), 53–66.

Margreiter, R.: Ontologie und Gottesbegriffe bei Nietzsche – Zur Frage einer 'Neuentdeckung Gottes' im Spätwerk, Meisenheim a. Glan 1978.

Marinetti, F. T.: Mafarka le futuriste, Paris 1984.

Marinetti, F. T.: Teoria e invenzione futurista, hrsg. v. L. de Maria, Mailand 1983.

Maritain, J.: Art et Scolastique, Paris [4]1987.

Marshall, W. J.: André Gide and the U. S. S. R. – A Re-Appraisal, in: Australian Journal of French Studies 20 (1983), 37–49.

Marti, U.: Der Plebejer in der Revolte – Ein Beitrag zur Genealogie des 'höheren Menschen', in: Nietzsche-Studien 18 (1989), 550–572.

Marx, K./F. Engels: Werke III, Berlin (DDR) 1969.

Masson, P.: André Gide – voyage et écriture, Lyon 1983.

Masson, P.: Sartre lecteur de Gide: authenticité et engagement, in: Bulletin des amis d'André Gide 17 (1989), 189–214.

Mayer, F. u. M.: Die Perspektiven – Optik des Lesens – Anmerkungen zu Nietzsches ›Nur Narr! Nur Dichter!‹, in: Sprache im technischen Zeitalter 1986, 206–214.

Mc Ginn, R. E.: Verwandlungen von Nietzsches Übermenschen in der Literatur des Mittelmeerraumes – D'Annunzio, Marinetti und Kazantzakis, in: Nietzsche-Studien 10/11 (1981/1982), 597–608.

Meckel, M.: Der Weg Zarathustras als der Weg des Menschen – Zur Anthropologie Nietzsches im Kontext der Rede von Gott im ›Zarathustra‹, in: Nietzsche-Studien 9 (1980), 174–208.

Menzella, S. T.: Le clerc devant la crise – Julien Benda dans les années trente, in: Studi francesi 30 (1986), 417–426.

Meyer, R. M.: Der Übermensch: Eine wortgeschichtliche Skizze, in: Zeitschrift für Deutsche Wortschöpfung 1 (1901), 3–25.

Mohr, J.: Der Mensch als der Schaffende – Nietzsches Grundlegung eines neuen Selbstverständnisses des Menschen, Bern/Frankfurt a. M./Las Vegas 1977.

Montherlant, H. de: Essais, hrsg. v. P. Sipriot, Paris 1963.

Montherlant, H. de: La rose de sable, Paris 1968.

Montherlant, H. de: Le chaos et la nuit, Paris 1963.

Montherlant, H. de: Romans et œuvres de fiction non théâtrales I, Paris 1980.

Montherlant, H. de: Théâtre, Paris 1972.

Mosse, G. L.: The Poet and the Exercise of Political Power – Gabriele D'Annunzio, in: Yearbook of Comparative and General Literature 22 (1973), 32–41.

Moutote, D.: Note sur ›Les Faux-Monnayeurs‹ et Nietzsche, in: Bulletin des Amis d'André Gide 18 (1990), 525–534.

Moutote, D.: La fonction créatrice dans le Journal 1889–1939 d'André Gide, in: Bulletin des Amis d'André Gide 17 (1989), 155–174.

Moutote, D.: Le Moi et Autrui, in: Cahiers du 20e siècle 11 (1979), 23–40.

Müller-Lauter, W.: Nietzsches Auf-lösung des Problems der Willensfreiheit, in: S. Bauschinger u. a. (Hrsg.): Nietzsche heute – Die Rezeption seines Werkes nach 1968, Bern/Stuttgart 1988, 23–73.

Musil, R.: Der Mann ohne Eigenschaften, hrsg. v. A. Frisé, Hamburg ³1974.

Nehamas, A.: Nietzsche – Life as Literature, Cambridge (Mass.)/London (England) 1985.

Nerval, G. de: Œuvres I, hrsg. v. A. Béguin u. J. Richer, Paris 1974.

Neumann, H.: Superman or Last Man? Nietzsche's Interpretation of Athens and Jerusalem, in: Nietzsche-Studien 5 (1976), 1–28.

Nietzsche, F.: Werke in drei Bänden, hrsg. v. K. Schlechta, München/Darmstadt ⁷1973.

Pascal, B.: Œuvres complètes, hrsg. v. J. Chevalier, Paris 1954.

Pestalozzi, K.: Nietzsches Baudelaire-Rezeption, in: Nietzsche-Studien 7 (1978), 158–178.

Peylet, G.: La quête de Monsieur Teste, 'mystique sans Dieu', in: Information littéraire 37 (1985), 108–113.

Piga, F.: Il mito del superuomo in Nietzsche e D'Annunzio, Florenz 1979.

Proust, M.: A la recherche du temps perdu, hrsg. v. P. Clarac u. A. Ferré, 3 Bde., Paris 1954.

Raether, M.: Der Acte gratuit, Heidelberg 1980.

Reichel, N.: Der Dichter in der Stadt, Frankfurt a. M./Bern 1982.

Reichel, N.: Der erzählte Raum, Darmstadt 1987.

Reichel, N.: Der Philosoph des Handelns und der Reiz des Bösen, in: Arcadia 24 (1989), 25–52.

Reschke, R.: Die Angst vor dem Chaos – Friedrich Nietzsches Plebiszit gegen die Masse, in: Nietzsche-Studien 18 (1989), 290–300.

Riffaterre, H.: L'orphisme dans la poésie romantique, Paris 1970.

Rimbaud, A.: Œuvres complètes, hrsg. v. A. Adam, Paris 1972.

Russell, B.: L'homme héroïque chez Gide et chez Nietzsche, Aix-en-Provence 1975.

Salaquarda, J.: Der Antichrist, in: Nietzsche-Studien 2 (1973), 91–136.

Salinari, C.: Miti e coscienza del decadentismo italiano, Mailand 1960.

Salmon, A.: Souvenirs sans fin I, Paris ²1955.

Savage Brosman, C.: Gide et le démon, in: Claudel Studies 13, 2 (1986), 46–56.

Schiller, F.: Sämtliche Werke IV und V, hrsg. v. G. Fricke u. H. G. Göpfert, München ⁴1966.

Schmeling, M.: Prometheus in Paris – Komparatistische Überlegungen zum Ertrag der Intertextualitätsdebatte am Beispiel Gides, in: Arcadia 23 (1988), 149–165.

Schmid, U.: Zur Konzeption des 'homme supérieur' bei Stendhal und Balzac – Mit einem Ausblick auf Alexandre Dumas Père, Frankfurt a. M./Bern/New York/Paris 1991.

Schnapp, J.: Nietzsche's Italian Style – Gabriele D'Annunzio, in: Stanford Italian Review 6, 1–2 (1986), 247–263.

Schneider, U.: Grundzüge einer Philosophie des Glücks bei Nietzsche, Berlin/New York 1983.

Schnitzler, A.: Erzählungen, Frankfurt a. M. 1987.

Schnyder, P.: Gide lecteur de Nietzsche, in: Travaux de littérature 3 (1990), 203–227.

Schott, Ch.: Das Böse bei Nietzsche – Fragment zur Individualität der Moral, Heidelberg 1981.

Simmel, G.: Philosophie des Geldes, Frankfurt a. M. 1989.

Soentgerath, A.: Pädagogik und Dichtung – Das Kind in der Literatur des 20. Jahrhunderts, Stuttgart/Berlin/Köln/Mainz 1967.

Söring, J.: Incipit Zarathustra – Vom Abgrund der Zukunft, in: Nietzsche-Studien 8 (1979), 334–361.

Spacagna, A.: La parole et la Parole dans La Symphonie pastorale, in: Bulletin des Amis d'André Gide 15 (1987), 17–26.

Spackman, B.: Il verbo (e)sangue – Gabriele D'Annunzio and the Ritualization of Violence, in: Quaderni d'Italinistica 4, 2 (1983), 218–229.

Spackman, B.: Nietzsche, D'Annunzio, and the Scene of Convalescence, in: Stanford Italian Review 6, 1–2 (1986), 141–157.

Spackman, B.: The Fascist Rhetoric of Virility, in: Stanford Italian Review 8, 1–2 (1990), 81–101.

Sperber, M.: Die Wirklichkeit in der Literatur des 20. Jahrhunderts, München 1983.

Spitzer, L.: Romanische Stil- und Literaturstudien, Marburg 1931.

Stackelberg, R.: Nietzsche and the Nazis – The 'völkisch' Reaction of Nietzsche's Thought, in: Research Studies 51 (1983), 36–46.

Stefanis, G. O. de: L'innocente – Il mito del superuomo e il mondo della 'trascendenza deviata', in: Forum Italicum 20, 1 (1986), 83–99.

Stendhal: Romans et nouvelles I, hrsg. v. H. Martineau, Paris 1956.

Stephens, A.: Nietzsche und Narziß – Die Verarmung der Fiktionen, in: Gebhard, W. (Hrsg.): Friedrich Nietzsche – Willen zur Macht und Mythen des Narziß, Bayreuther Nietzsche-Kolloquium 1985, Frankfurt a. M./Bern/New York/Paris 1989, 131–169.

Sternhell, Z.: Maurice Barrès et le nationalisme français, Paris 1972.

Stierle, K.: Valérys ›Le cimetière marin‹ und Nietzsches ›Großer Mittag‹, in: M. Fuhrmann u. a. (Hrsg.): Text und Applikation – Theologie, Jurisprudenz und Literaturwissenschaft im hermeneutischen Gespräch, München 1981, 311–322.

Strauss, G.: La part du diable dans l'œuvre d'André Gide, Paris 1983.
Taussat, R.: Le surhomme et son lecteur, in: Europe 542 (1974), 143–148.
Theis, R.: André Gide – Ernst Curtius et l'Europe, in: Bulletin des Amis d'André Gide 16 (1988), 81–132.
Timms, E.: Treason of the Intellectuals? Benda, Benn and Brecht, in: E. Timms/P. Collier (Hrsg.): Visions and Blueprints, Manchester 1988, 18–32.
Tison-Braun, M.: L'introuvable origine – Le problème de la personnalité au seuil du XXe siècle, Genf 1981.
Trillhaas, W.: Nietzsches ›Priester‹, in: Nietzsche-Studien 12 (1983), 32–50.
Valéry, P.: Cahiers I, hrsg. v. J. Robinson-Valéry, Paris ²1983.
Valéry, P.: Cahiers II, hrsg. v. J. Robinson, Paris 1974.
Valéry, P.: Œuvres I, hrsg. v. J. Hytier, Paris ²1980.
Valéry, P.: Œuvres II, hrsg. v. J. Hytier, Paris ²1977.
Vanoncini, A.: Connaissance et écriture dans ›Ainsi parlait Zarathoustra‹ et 'Le culte du moi', in: Revue de littérature comparée 64 (1990), 511–526.
Villani, S.: Gladiator et le césarisme de Valéry, in: Revue des lettres modernes 659–663 (1983), 69–77.
Waite, G.: Zarathustra or the Modern Prince – The Problem of Nietzschean Political Philosophy, in: S. Bauschinger u. a. (Hrsg.): Nietzsche heute – Die Rezeption seines Werkes nach 1968, Bern/Stuttgart 1988, 227–250.
Walker, D. H.: Gide, Darwin et les théories évolutionnistes, in: Bulletin des Amis d'André Gide 19 (1991), 63–73.
Weber, M.: Wirtschaft und Gesellschaft – Grundriß einer verstehenden Soziologie, hrsg. v. J. Winckelmann, Tübingen ⁵1972.
Weinberg, K.: On Gide's Prométhée – Private Myth and Public Mystification, Princeton (N. J.) 1972.
Zolla, E. (Hrsg.): Il superuomo e i suoi simboli nelle letterature moderne, 6 Bde., Florenz 1971–1979.